Gestion de projets de développement international et d'action humanitaire

Sophie Brière, Yvan Conoir et Yves Poulin

Gestion de projets de développement international et d'action humanitaire

Avec la participation de Stéphanie Maltais et Isabelle Auclair

PUL

Presses de l'Université Laval

Les Presses de l'Université Laval reçoivent chaque année du Conseil des Arts du Canada et de la Société de développement des entreprises culturelles du Québec une aide financière pour l'ensemble de leur programme de publication.

Nous reconnaissons l'aide financière du gouvernement du Canada par l'entremise du Fonds du livre du Canada pour nos activités d'édition.

Financé par le gouvernement du Canada
Funded by the Government of Canada | Canada

Maquette de couverture : Laurie Patry

Mise en pages : Diane Trottier

ISBN 978-2-7637-1818-7
PDF 9782763718194

Dépôt légal 2e trimestre 2016

Réimpression 3e trimestre 2017

Les Presses de l'Université Laval
www.pulaval.com

Table des matières

Liste des figures et tableaux

Liste des acronymes

ACDI :	Agence canadienne de développement international
ALNAP :	Active Learning Network for Accountability and Performance in Humanitarian Action
APD :	Aide publique au développement
BCAH :	Bureau de la coordination des affaires humanitaires
CAD :	Comité d'aide au développement
CEDEF :	Convention sur l'élimination de toutes les formes de discrimination à l'égard des femmes
CERF :	Fonds central d'intervention d'urgence
CICR :	Comité international de la Croix-Rouge
CPI :	Comité permanent interorganisations
DAHI :	Direction de l'assistance humanitaire internationale
DFID :	Département du développement international du gouvernement britanique
DIAH :	Développement international et action humanitaire
DIH :	Droit international humanitaire
DSS :	Département de la sûreté et de la sécurité
EAH :	Évaluation de l'action humanitaire (EHA : Evaluation of Humanitarian Action)
EFH :	Égalité entre les femmes et les hommes
EIE :	Évaluation des impacts environnementaux
ERF :	Fonds d'intervention d'urgence
ÉSPT :	État de stress post-traumatique (PTSD : Post-Traumatic Stress Disorder)
FAO :	Organisation des Nations Unies pour l'alimentation et l'agriculture (FAO : Food and Agriculture Organization of the United Nations)
FMI :	Fonds monétaire international
GAR :	Gestion axée sur les résultats
HAP :	Humanitarian Accountability Partnership
HCDH :	Haut-Commissariat aux droits de l'homme
IRA :	Infection respiratoire aiguë
LCEE :	Loi canadienne sur l'évaluation environnementale

LRRD :	Linking Relief, Rehabilitation and Development
MAECD :	Ministère des Affaires étrangères, du Commerce et du Développement du Canada
MCDA :	Military and Civil Defense Assets
MDM :	Médecins du Monde
MINUSS :	Mission des Nations Unies au Soudan du Sud
MINUSTAH :	Mission des Nations Unies pour la stabilisation en Haïti
MSF :	Médecins sans frontières
NU :	Nations Unies
OCDE :	Organisation de coopération et de développement économiques
OCHA :	Office for the Coordination of Humanitarian Affairs (voir BCAH)
ODD :	Objectif de développement durable
OIM :	Organisation internationale pour les migrations
OMD :	Objectif du millénaire pour le développement
OMS :	Organisation mondiale de la santé
ONG :	Organisation non gouvernementale
ONGI :	Organisation non gouvernementale internationale
ONU :	Organisation des Nations Unies
OTAN :	Organisation du traité de l'Atlantique Nord
PAHI :	Programme d'assistance humanitaire international
PAGER :	Groupe d'action sur la politique d'intervention d'urgence
PAM :	Programme alimentaire mondial
PDNA :	Post Disaster Needs Assessments
PMI :	Project Management Institute
PMO :	Plan de mise en œuvre
PNUD :	Programme des Nations Unies pour le développement
PTA :	Plan de travail annuel
RTE :	Real-Time Evaluation (évaluation en temps réel)
TDR :	Termes de référence
UNDAC :	United Nations Disaster Assessment and Coordination
UNDSS :	United Nations Department of Safety and Security
UNESCO :	Organisation des Nations Unies pour l'éducation, la science et la culture
UNHCR :	Haut-Commissariat des Nations Unies pour les réfugiés
UNICEF :	Fonds des Nations Unies pour l'enfance
URD :	Urgence Réhabilitation Développement
USAID :	Agence des États-Unis pour le développement international

Remerciements

La publication de ce livre a été rendue possible grâce au soutien du département de management de la Faculté des sciences de l'administration de l'Université Laval. Merci aux étudiants et aux étudiantes de la maîtrise en gestion du développement international et action humanitaire qui nous ont fait des commentaires lors des cours pour lesquels le matériel du présent ouvrage a été utilisé. Un merci particulier à Stéphanie Maltais, candidate au doctorat, et à Isabelle Auclair, professeure au département de management, pour leur relecture, leurs suggestions et les modifications apportées à ce livre. Nous tenons à remercier également monsieur Denis Dion, directeur général, et monsieur André Baril, éditeur, des Presses de l'Université Laval pour leur appui et conseils. Merci enfin à tous ceux et celles, au Nord comme au Sud, qui ont participé aux projets de développement international et d'action humanitaire et qui nous ont inspirés tout au long de la rédaction de cet ouvrage.

Introduction

Il se réalise une multitude de projets en développement international et en action humanitaire dans le monde chaque année. Une grande proportion de l'aide internationale passe effectivement par la réalisation de projets de différente envergure et touchant une très grande variété de secteurs. À la fois saluée par la méthode rigoureuse qu'elle propose et critiquée par son manque de souplesse, la gestion de projet s'impose encore aujourd'hui comme un processus indispensable à l'acheminement de l'aide internationale.

Réalisée dans un environnement complexe caractérisé par des enjeux de pauvreté et d'inégalité, une reddition de comptes à l'égard des bailleurs de fonds, des conditions locales précaires et en constante mutation et une présence de multiples parties prenantes et d'un réseau d'acteurs aux besoins diversifiés, l'étude de la gestion de projet demeure une nécessité pour les actuels et futurs intervenants dans le domaine. En plus de maîtriser les concepts et processus de base propres à cette discipline, les personnes réalisant des projets doivent continuellement se questionner sur l'amélioration de leurs pratiques tant sur le plan des outils utilisés que dans la gestion des aspects humains si importants au succès et à la durabilité des projets.

C'est dans ce contexte que ce livre a été conçu. Cet ouvrage vise dans un premier temps à répondre aux besoins des cours en gestion de projet en développement international et action humanitaire de premier et deuxième cycle universitaire. Il est d'abord le fruit d'une mise en commun de notes, diapositives, présentations, études de cas, lectures, recherches et travaux réalisés dans le cours. Après plusieurs années d'enseignement, le temps était venu de lier le tout pour donner aux étudiants et étudiantes une lecture complète et cohérente de la matière dans un contexte où les formules d'enseignement se transforment vers des formules d'apprentissage à distance ou hybride. Dans cette optique, cet ouvrage représente une plus-value importante pour les différents cours, lesquels sont complétés par des échanges et des exercices pratiques.

Cela dit, cet ouvrage a également été conçu pour ceux et celles qui souhaitent s'initier ou approfondir les concepts et pratiques liés aux différentes étapes de la gestion de projet dans un ou plusieurs pays en voie de développement. C'est pourquoi il reprend l'essentiel des étapes du cycle de vie du projet de la conception à l'évaluation. En ce sens, il permet de guider les lecteurs et lectrices à la fois vers une meilleure compréhension de ce type de projet et dans la rédaction et la mise en œuvre d'un projet dans le domaine. Issu de lectures théoriques et d'une expérience pratique des auteurs, ce livre contient l'essentiel des concepts à connaître, mais également des conseils et des outils uniques colligés au fil du temps n'ayant fait l'objet d'aucune publication. Il existe bien à ce jour des ouvrages ou des documents sur la gestion de projets internationaux, mais aucun ne présentait de façon satisfaisante et complète, à nos yeux, l'ensemble des concepts et outils permettant d'entreprendre concrètement une démarche de projet cohérente, accessible et utile.

Dans un contexte où les liens entre le monde du développement international et de l'action humanitaire sont de plus en plus souhaités et requis, cet ouvrage se veut aussi une contribution à une compréhension intégrée de la gestion de projet dans ces deux domaines d'expertise. Nous sommes convaincus de l'importance d'assurer un continuum dans les interventions humanitaires et de développement. Ce livre montre de façon novatrice qu'il est possible d'adopter des valeurs, des principes et une approche commune tout en mettant de l'avant les distinctions et nuances qui s'imposent pour une compréhension optimale des différents enjeux et défis des projets, qu'ils soient humanitaires ou de développement.

Parmi ces valeurs, principes et approches, des choix éditoriaux ont été faits dans cet ouvrage. Un accent a été volontairement mis sur les personnes qui forment les projets tant dans la prise en compte de leur diversité que pour leur essentielle participation à toutes les étapes du projet. Cet enjeu constitue un défi constant pour lequel il n'existe malheureusement pas de recettes miracles, mais pour lequel il est possible de faire une réflexion soutenue et de proposer des pistes d'action transversales à l'ensemble de la démarche. Celle-ci repose ainsi sur la réalisation de projets émergents du terrain, équitables, accessibles, participatifs, durables et profitables à un plus grand nombre d'individus.

Ce livre est concrètement divisé en cinq chapitres. Le premier présente les principales notions de base en gestion de projet, mais surtout l'essentielle contextualisation à l'environnement du développement international et de l'action humanitaire pour lequel plusieurs organisations, notamment non gouvernementales, assurent la gouvernance d'une multitude de projets. Le deuxième entame les étapes du cycle de vie du projet en présentant la conception du projet. Cette phase est la plus créative et conceptuelle, car elle vise à cerner une problématique de développement et à la traduire dans une séquence logique qui permettra de définir le projet dans ses résultats souhaités tout en tenant compte des risques, de sa faisabilité et de sa durabilité. Elle vise également à établir les bases du projet pour la participation des parties prenantes et les modalités de gestion du projet. Le troisième chapitre complète cette définition du projet en procédant de façon plus concrète et détaillée à la planification d'un projet dans sa dimension technique (temps, coûts), ces dimensions étant toujours adaptées aux spécificités de l'environnement du développement international et de l'action humanitaire.

Le quatrième chapitre présente un aspect important de la gestion de projet, mais parfois occulté dans les ouvrages sur le sujet. Compte tenu du temps et de l'importance accordée à la définition et à la planification du projet, on tient souvent pour acquise sa réalisation, en estimant que le projet se déroulera tel qu'on l'avait prévu. L'expérience montre toutefois que la mise en œuvre du projet doit être abordée dans toutes ses dimensions que ce soit au niveau du démarrage du projet, de la réalisation des activités prévues, de la gestion des équipes, du rôle du ou de la gestionnaire de projet que du suivi continu de la performance du projet jusqu'à sa clôture. Enfin, le dernier chapitre aborde également une opération qui prend de plus en plus d'importance dans un contexte d'amélioration continue des projets, soit l'évaluation de mi-parcours ou à la fin du projet. Réalisée par l'équipe projet ou des consultants externes, cet exercice se doit d'être bien planifié et réalisé, ce à quoi ce dernier chapitre souhaite contribuer.

CHAPITRE 1

Les caractéristiques du projet de développement international et d'action humanitaire

1.1 INTRODUCTION

Ce premier chapitre présente les principales notions de base en gestion de projet, la définition d'un projet et son cycle de vie ainsi que les caractéristiques et l'environnement des projets. Il présente les spécificités des projets internationaux et celles particulières au développement international et à l'action humanitaire. En plus de ces caractéristiques, les dimensions liées à la réussite et aux leçons apprises de ce type de projet sont abordées dans la perspective de mieux les concevoir et les réaliser. La gouvernance du projet au sein de l'organisation figure également comme une condition de succès dans la perspective ou le projet doit être arrimé à la mission et à la nature de l'organisation.

1.2 DÉFINITION D'UN PROJET

Nous avons tous une idée intuitive de ce qu'est un projet. Le mot «projet» est d'ailleurs utilisé très fréquemment dans le langage courant et dans la vie privée, pensons par exemple à un projet de voyage pour les vacances ou au projet de se construire une maison. Dans un ouvrage dédié à la gestion de projets internationaux, il convient de définir dès le départ de façon plus formelle la notion de projet. Il existe plusieurs définitions, mais aux fins de cet ouvrage, la définition suivante a été retenue, car elle résume bien les principaux éléments pertinents: *un projet est un effort complexe, non répétitif et unique, limité par des contraintes de temps, de budget et de ressources ainsi que par des spécifications d'exécution conçues pour satisfaire les besoins d'un client* (Gray et Larson, 2007).

Un des éléments de cette définition fait référence à la complexité. Un projet n'est pas une seule activité, mais un ensemble d'activités dont il faudra coordonner la réalisation. Généralement, un projet est une « opération » unique et nous ne disposons pas d'une deuxième chance pour le réussir ; il faut bien faire à la première tentative, ce qui requiert dans ce contexte une certaine forme d'innovation. Le projet est ainsi une mise en route temporaire en vue de créer un produit et un service spécifique (PMBOK, 2013). Cette définition fait aussi apparaître le fait qu'un projet est limité dans le temps, il a un début et une fin. Dans le monde dans lequel nous vivons, les responsables d'un projet doivent composer avec une limitation des ressources, notamment le budget dont ils disposent.

Un autre élément essentiel de cette définition est le fait qu'un projet est entrepris en vue d'un résultat final concret – ce que nous appellerons plus tard le « bien livrable » ou l'« extrant » du projet qui devra répondre aux attentes du client, des bénéficiaires ou de l'organisation qui en a demandé la réalisation. Si le projet consiste à mettre en place un dispensaire dans un village, au terme de sa réalisation, il faudra constater qu'un lieu équipé adéquatement est disponible pour accueillir des personnes requérant certains soins de santé. Si le projet vise à lutter contre la malnutrition sévère dans un contexte humanitaire, l'organisation sera à même de mesurer le lien prévalant entre la mise en place d'un programme nutritionnel supplémentaire et l'amélioration du statut nutritionnel des populations ciblées par le projet.

Le résultat final concret du projet est nécessairement destiné à un client : dans la plupart des cas une organisation ou un groupe de personnes que l'on appellera les « bénéficiaires » du projet. La notion de client est surtout utilisée lors de projets réalisés par le secteur privé. Dans le cas de projet en développement international et action humanitaire (DIAH), on utilise davantage les notions de partenaires, organisations, bénéficiaires, communautés, etc. Dans plusieurs des cas, un projet requiert aussi la présence de spécialistes issus de différentes disciplines et est entrepris par une organisation qui doit par ailleurs poursuivre ses activités courantes. Par exemple, le ministère de l'Éducation d'un pays qui mène un projet de réforme de l'enseignement de base doit le faire tout en continuant à assurer le fonctionnement normal du réseau des établissements scolaires. Le projet de réforme sera en compétition avec les activités courantes pour l'obtention des ressources habituellement limitées du ministère et, éventuellement, en compétition avec d'autres projets menés par le ministère.

Face à une crise humanitaire, différentes organisations non gouvernementales (ONG) de développement doivent souvent réorienter leur programmation pour être en mesure de répondre adéquatement à une urgence soudaine, avec le personnel et les ressources existantes, ce qui peut handicaper une programmation inscrite sur un échéancier pluriannuel. Par contre, les ONG qui se vouent exclusivement à des fonctions humanitaires n'ont pas à mener un double travail. Les ONG « urgentistes », souvent issues du mouvement « sans frontiérisme », ont à entrer dans une crise humanitaire et à en sortir dans des délais assez rapides. À titre illustratif, Médecins sans frontières (MSF) n'est restée présente que quelques semaines au secours des personnes affectées par le tsunami de 2004 dans l'Océan indien au large de l'île indonésienne de Sumatra. Une fois les plaies physiques pansées, il fallait laisser la place aux États et au travail de reconstruction. S'ensuivit une demande d'autorisation auprès des donateurs de l'organisation pour rediriger le reste des fonds recueillis vers d'autres « crises oubliées ». D'autres ONG humanitaires s'inscrivent par contre dans une logique dite de l'« humanitaire durable » (Mattei, 2005), laquelle vise à ne pas réduire l'humanitaire aux missions d'urgence, mais à travailler dans la durée avec les populations affectées par une catastrophe. L'inventeur de ce concept, Jean-François Mattei, ancien professeur de médecine et ex-président de la Croix-Rouge française, soutient que « *l'humanitaire ne saurait s'exprimer dans toute sa plénitude s'il reste circonscrit à l'instant court* », mais que l'action humanitaire prend sa réelle dimension « *dans une perspective plus large, qui consiste à donner à chaque vie menacée toutes les chances de se perpétuer*[1] ».

Les projets ont également un cycle de vie dont il sera davantage question à la fin de ce chapitre.

---

1. Jean-François MATTEI, « Urgence humanitaire, et après ? », *Économie et Humanisme*, n° 375, décembre 2005, p. 86.

1.3 L'ENVIRONNEMENT DES PROJETS

Le livrable du projet doit ainsi être produit conformément aux spécifications techniques dans le respect de l'échéance et du budget, ces éléments sont traditionnellement appelés le « triangle d'or ». Toutefois, on estime avec l'expérience que ces contraintes ne sont plus suffisantes pour assurer le succès du projet. Comme l'illustre la figure 1, un projet ne se déroule pas en vase clos, il prend généralement place, d'une part, dans l'environnement interne d'une organisation. Il doit donc composer avec les différents aspects de la vie de l'organisation notamment le contexte stratégique, la culture et les valeurs organisationnelles, la structure et le personnel de l'organisation. Cette analyse sera approfondie par l'étude des parties prenantes et de la faisabilité du projet présentée au chapitre 2.

Figure 1

ENVIRONNEMENT INTERNE

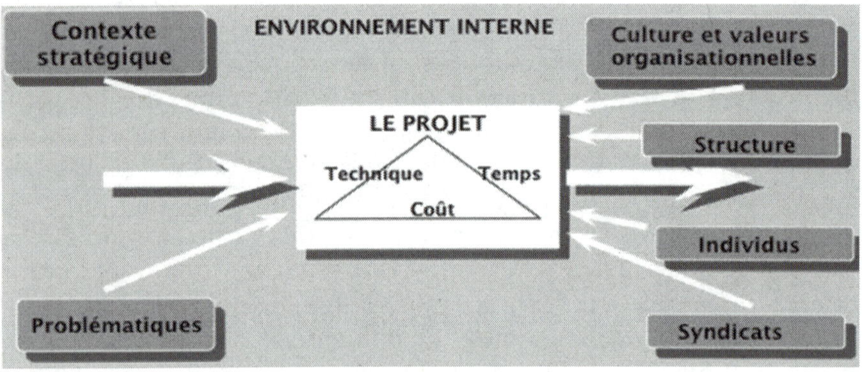

Comme le montre la figure 2, un projet se déroule, d'autre part, dans un contexte où il doit aussi interagir avec des acteurs de l'environnement externe et composer avec des enjeux stratégiques qui émergent dans cet environnement tels que le contexte légal, la conjoncture économique, le contexte politique, le contexte social, etc. Par exemple, on devra évaluer de quelle façon le projet s'inscrit dans le contexte légal, si la conjoncture économique est favorable et de quelle façon il est perçu dans l'opinion publique. Par exemple, si une organisation souhaite développer un centre de formation professionnelle pour favoriser l'insertion des jeunes à l'emploi, il faudra notamment évaluer si la mise en place de ce centre nécessite un permis de la ville ou du ministère de l'Éducation, s'assurer que les autorités locales sont en accord avec le projet et évaluer si d'autres organisations ont déjà mis en place des programmes similaires.

Figure 2
ENVIRONNEMENT EXTERNE

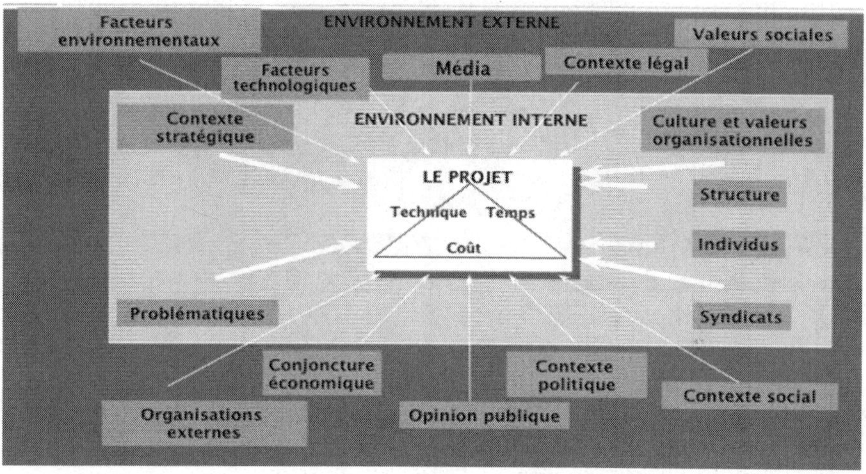

Cette conceptualisation d'un projet dans son environnement s'applique aux projets internationaux, mais elle mérite d'être contextualisée compte tenu de la nature de ce champ d'intervention en constante évolution. À ce sujet, plusieurs ouvrages et documents présentent le contexte de ces projets. Aussi, l'objectif de ce guide n'est pas de reprendre l'ensemble des éléments liés à la gestion internationale, à l'aide internationale où à l'action humanitaire, ce qui pourrait faire l'objet d'un livre en soi[2]. Ce que nous cherchons à faire ressortir dans le présent chapitre est la diversité des caractéristiques devant être prises en compte dans la définition et la mise en œuvre des projets dans le contexte international.

1.4 CARACTÉRISTIQUES DES PROJETS INTERNATIONAUX

Parmi ces caractéristiques, mentionnons tout d'abord l'envergure plus grande des projets internationaux par rapport à

2. Voir notamment Beaudet et Haslam (2014) pour le développement international.

ceux se déroulant à une échelle plus restreinte (Lientz et Rea, 2003; Thomas, 2002). Cette envergure s'explique par le fait que la raison d'être de ces initiatives internationales tend à être plus large et plus complexe, que ces projets se déroulent sur plusieurs sites ou pays et que, contrairement à ce qui se passe dans la plupart des projets plus locaux, plusieurs organisations ou unités indépendantes d'une même organisation sont impliquées. Tel qu'il a été souligné par Lientz et Rea (2003), dans les projets standards, les personnes sont généralement centrées sur le projet et travaillent à proximité les unes des autres alors que dans le cas d'un projet international, les employés sont beaucoup plus sollicités de toutes parts tout en étant éloignés les uns des autres. Ils ont leurs tâches quotidiennes à réaliser au sein de leur organisation en plus d'être impliqués dans d'autres projets locaux. Pour ce qui est des bénéfices attendus, un accent beaucoup plus grand est mis sur l'identification des bénéfices lors de la conception du projet, ce qui n'est pas nécessairement le cas dans les projets traditionnels, parce que les enjeux sont plus grands et qu'il faut accorder plus d'attention à la gestion du projet. Cela peut s'expliquer par le fait que le coût des projets internationaux est généralement plus élevé (frais de transport, de communication, de coordination, etc.) et que les projets internationaux tendent à attirer davantage l'attention du fait que beaucoup d'acteurs individuels ou organisationnels sont impliqués.

Les projets internationaux comportent davantage de risques attribuables en grande partie à la dimension interculturelle. Encore là, cette dimension pourrait faire l'objet d'un ouvrage en soi[3], mais retenons pour l'essentiel quelques éléments devant être considérés pour la gestion de ces projets internationaux selon Lientz et Rea (2003):

- La relation au temps demeure une construction culturelle et, en ce sens, n'est pas conçue de la même façon selon la culture dans laquelle nous sommes. Par exemple, alors que dans certains contextes culturels le respect des échéanciers

3. Voir notamment les travaux de Joseph AOUN. *Les identités multiples,* L'Harmattan, 2012, 248 pages; de Joseph AOUN. *Gérer les différences culturelles*, Québec, Éditions MultiMondes, 2004, 145 pages; de Sylvie CHEVRIER. *Gérer des équipes internationales. Tirer parti de la rencontre des cultures dans les organisations,* Québec, PUL, 2012, 208 pages; et de Sylvie CHEVRIER. *Le management des équipes interculturelles*, Paris, PUF, 2006, 127 pages.

et de la ponctualité est crucial, dans d'autres, le temps sera beaucoup plus malléable. La conception du temps est aussi radicalement différente, par nature, entre projets de développement et projets humanitaires. Les responsables n'ont généralement pas la même lecture de « l'urgence » de la mise en œuvre ou encore du développement du cycle de projet. La multitude de fuseaux horaires peut aussi devenir un enjeu en ce qui concerne les communications ;

- La religion est également un facteur important dans tous les pays. Elle influence la façon dont les gens voient la vie et considèrent le travail. En matière de développement comme d'action humanitaire, le fait d'afficher une raison d'être reposant sur la religion peut présenter le danger de renier certains principes fondamentaux liés à la neutralité et l'impartialité des interventions ;
- La variété des lois et des règlements au sein de différents pays peut donner lieu à des interprétations différentes des lois locales. Si on ignore ces phénomènes ou si on fait des hypothèses non fondées, on peut se retrouver avec des problèmes pouvant affecter sérieusement la réalisation du projet. Il n'est donc pas suffisant de connaître la loi, il faut aussi savoir comment elle est appliquée. Dans un contexte humanitaire, plus spécifiquement, la loi va influer directement sur le régime de protection des populations : droits des femmes, droit d'asile, droit des réfugiés, des personnes déplacées à l'interne, des apatrides, etc. autant de régimes dont la nature particulière va octroyer des droits aux personnes touchées et des obligations aux États, ou l'inverse ;
- La planification opposée à l'action. Dans certaines situations, les membres de l'équipe peuvent vouloir passer beaucoup de temps à discuter du travail à réaliser, ce qui peut générer des problèmes de respect des échéances. *A contrario*, dans l'action humanitaire, particulièrement en situation de première urgence, la priorité est à l'action. Les bailleurs de fonds acceptent le plus souvent que l'accent soit sur le fait de sauver des vies ou des populations en danger, bien avant qu'une formulation de projet soit clairement articulée et présentée ;

- Le recours à certaines technologies doit être envisagé en prenant en considération leur niveau de pénétration dans le pays concerné, de même que le contexte légal et réglementaire. Le niveau de maîtrise de ces technologies par le personnel local est aussi un facteur à considérer.

Ces facteurs sont importants, car ils échappent au contrôle du projet, mais ils peuvent être suivis avec attention au moment de l'analyse de la faisabilité du projet et des risques. Ces aspects seront abordés au chapitre 2.

1.5 SPÉCIFICITÉS DES PROJETS DE DÉVELOPPEMENT INTERNATIONAL ET D'ACTION HUMANITAIRE

À ces caractéristiques s'ajoutent des éléments de complexité propres aux projets de développement international, projets par lesquels la communauté internationale tente d'appuyer les pays dans leur processus de développement. Cela réside principalement dans le fait qu'ils impliquent une variété d'acteurs, notamment des bailleurs de fonds, qui ont chacun leurs priorités et intentions de développement. Ces acteurs, qui ont souvent à coordonner leurs interventions, sont principalement les États et les administrations publiques, les agences nationales de développement (aide bilatérale), les agences et les acteurs du multilatéralisme (Nations Unies, Union européenne, etc.), les institutions financières internationales (Banque mondiale, Fonds monétaire international, Banque africaine de développement), les firmes multinationales et les organisations de la société civile, principalement les ONG (Beaudet et Haslam, 2014). Diverses fondations ont également fait leur apparition comme bailleurs de fonds en développement international, par exemple celle de Bill et Melinda Gates. Les projets de développement international sont instaurés et réalisés dans le cadre d'organisations de différentes natures que ce soient des gouvernements, des entreprises privées, des universités, des écoles professionnelles, des municipalités, des ONG, des coopératives, des syndicats, des organismes humanitaires, des associations, etc.

Ces contextes favorisent l'émergence de caractéristiques spécifiques à ce type de projet (Proulx et Brière, 2013). Diverses études (Hermano et collab. 2013 ; Ika, 2012 ; PMD Pro 1, 2010) soutiennent que les gestionnaires de projets en développement international partagent beaucoup de défis avec leurs homologues œuvrant dans d'autres secteurs (unicité, cycle de vie, etc.), toutefois, certaines particularités leur sont propres (Ika, 2012; PMD Pro 1, 2010). Par exemple, les projets de développement international doivent viser l'obtention de résultats favorisant les changements sociaux et comportementaux, notamment en matière de réduction de la pauvreté, des inégalités et des injustices sociales. Ces projets sont gérés et mis en œuvre dans un éventail de contextes difficiles, par un ensemble complexe de relations avec les intervenants et, enfin, ils visent un transfert de connaissances et un renforcement de capacités. Ces initiatives doivent ainsi répondre à un ensemble de préoccupations liées aux priorités locales et aux exigences des bailleurs de fonds s'inscrivant dans le cadre international des droits de la personne. Ces préoccupations incluent notamment l'égalité entre les hommes et les femmes, le développement durable, les droits de la personne, etc.

Apprendre à appuyer les collectivités locales à devenir des agents efficaces de développement est donc un objectif important au sein de ces projets dans des contextes caractérisés par un besoin de renforcement des capacités locales pour un développement communautaire participatif, de bas salaires et l'absence de budgets adéquats de fonctionnement. Une étude réalisée par Proulx et Brière (2013) recense plus finement certaines particularités des projets dirigés par des gestionnaires de projets de développement international. Elle montre que ces projets requièrent le contact et la participation des parties prenantes compte tenu de l'importance de bien identifier leurs besoins, généralement complexes à cerner, étant donné que la définition des besoins peut ainsi comprendre des écarts de compréhension et de perception entre les différents acteurs nord-sud.

Plusieurs des projets réalisés se retrouvent parfois devant des enjeux multiples et complexes qui interagissent avec des conditions de vie généralement difficiles. Les résultats montrent ainsi une caractéristique fondamentale de ce type de projet, soit que les gestionnaires fonctionnent avec des ressources limitées qui exigent des capacités d'organisation et d'adaptation à des situations imprévues, souvent hors du commun, tant sur le plan personnel que professionnel.

En outre, les défis liés à l'insécurité seront un enjeu central dans plusieurs projets d'action humanitaire se déroulant souvent au sein de conflits majeurs, ou de faible intensité, voire asymétrique. Ces projets nécessitent le recours à des gestionnaires de projets jouissant d'une grande autonomie puisque leurs supérieurs hiérarchiques ne seront pas présents sur le terrain. En plus de se retrouver dans un contexte d'incertitude et d'ambiguïté sur le sens à donner au projet, le gestionnaire ne bénéficiera pas de soutien ni d'encadrement constant. Toutefois, certains gouvernements considèrent ouvertement le financement de lignes budgétaires dédiées à la mise en œuvre de conditions de sécurité satisfaisantes (MAECD, 2013); cela illustre un changement de paradigme en matière de « l'immunité » relative dont ont longtemps bénéficié les travailleurs humanitaires et de développement jusqu'au début des années 1990.

En effet, la sécurité des équipes nationales et internationales des travailleurs de développement et d'action humanitaire est aujourd'hui une préoccupation majeure. Cette préoccupation croissante, particulièrement dans le secteur de l'action humanitaire, a répondu à une explosion fulgurante du nombre de victimes, de meurtres, d'incidents graves, d'attaques ou d'agressions physiques, de viols commis à l'encontre de membres du personnel de toutes les organisations engagées dans l'action humanitaire, Nations Unies, Mouvement de la Croix-Rouge et du Croissant-Rouge et d'organisations non gouvernementales nationales et internationales.

Les chiffres parlent souvent d'eux-mêmes. Pour la seule année 2014, il est estimé que 329 travailleurs humanitaires ont été victimes d'attaques dans 27 pays différents, que 120 d'entre eux ont été tués et 88 blessés. En 2015, le nombre total de travailleurs humanitaires était estimé à plus ou moins 450 000, ce qui donne un taux global d'attaque de 10,5 victimes pour 10 000 personnes présentes sur le terrain. De manière peu surprenante, les pays où se concentre le plus grand nombre d'attaques contre les membres du personnel humanitaire sont des pays pris dans un cycle de violences internes significatives soit l'Afghanistan, la Syrie, le Soudan du Sud, la République centrafricaine et le Pakistan.

La préparation et l'adoption d'une convention pour la protection des travailleurs humanitaires (1994) trouvent ses racines dans la nouvelle réalité géopolitique en place depuis la chute du mur de Berlin : multiplication des conflits (plus de 50 au début des années 1990), dans leur très grande majorité de nature interne, générant en particulier l'apparition de nouvelles catégories de belligérants peu au fait des règles de base du droit international humanitaire et de la protection des travailleurs humanitaires. Les principes « sacro-saints » de neutralité et d'indépendance chers aux organisations humanitaires n'ont pas empêché une augmentation des violences à leur égard, ce qui a poussé les Nations Unies comme les organisations humanitaires à prendre de nouvelles mesures de plus en plus draconiennes dans le but de protéger les membres de leur personnel.

De plus en plus de membres du personnel du Mouvement de la Croix-Rouge, des Nations Unies ou des ONG nationales ou internationales sont devenus, de manière indiscriminée, la cible des « seigneurs de guerre », des criminels au service d'une cause ou d'une autre, ou tout simplement de bandits ou de groupes pensant ajouter les humanitaires à la panoplie des kidnappings organisés dans le but d'extorquer des rançons à des familles ou à des organisations[4]. Alors que naissait cette nouvelle réalité, il devint particulièrement révoltant de constater qu'un grand nombre de ces personnes ont été délibérément tuées alors qu'elles étaient clairement identifiées et connues en tant que membres du personnel de la Croix-Rouge et du Croissant-Rouge, des Nations Unies ou d'ONG.

Un certain nombre d'États se sont aussi mobilisés au milieu des années 1990 pour codifier et encadrer les devoirs des États et de toutes les parties engagées dans un conflit ou dans la gestion d'une opération humanitaire complexe. Reconnaissons toutefois que ce principe de protection des travailleurs humanitaires n'est pas complètement nouveau. Les premières conventions de Genève, comme les plus récentes (1949), ont toujours confirmé l'idée de la neutralité des blessés et des malades, ainsi que du personnel médical militaire qui devait jouir d'immunité pour accomplir sa mission. Cette protection était assurée par l'usage de l'emblème de la Croix-Rouge ou du Croissant-Rouge. Au fil du temps, les Nations Unies avaient elles aussi eu recours à leurs emblèmes institutionnels respectifs pour protéger les membres de leur personnel comme leurs biens ainsi que les populations touchées par les conflits. Par extension, très longtemps, les organisations

---

4. Voir par exemple : https://www.icrc.org/fre/resources/documents/misc/5fzfhn.htm

humanitaires ont développé des politiques de visibilité (logos, drapeaux, signes distinctifs) qui avaient autant valeur à leurs yeux de protection au sein d'un environnement humanitaire donné que de servir d'outil de marketing à l'usage des médias ainsi que de leurs donateurs.

Les années 1990 ont prouvé que les emblèmes juridiques tout comme corporatifs pouvaient nuire aux organisations devenant plus facilement identifiables de la part d'éléments qui pourraient leur être hostiles (par exemple, l'action des talibans afghans à l'égard de toute organisation humanitaire perçue – à tort ou à raison – comme « complice » des forces d'occupation de l'Organisation du traité de l'Atlantique Nord [OTAN]). C'est donc cette réalité qui a aussi mené les Nations Unies à adopter en décembre 1994 une convention internationale (ratifiée le 30 septembre 1997) sur la sécurité du personnel des Nations Unies et du personnel associé[5], mais il faudra attendre le terrible attentat contre le siège des Nations Unies à Bagdad[6], lequel marquera durablement l'organisation dans la gestion de ses opérations, pour qu'un nouveau Département de la sûreté et de la sécurité (DSS) des partenaires soit créé. Le DSS aura comme mission de renforcer, de coordonner et d'uniformiser le système de gestion de la sécurité pour l'ensemble des organismes des Nations Unies[7] : évaluation des menaces et définition de normes ou de mesures de sécurité et de sûreté harmonisées et appropriées ; mise en œuvre de dispositifs de sécurité efficaces ; et contrôle de la bonne application des mesures de sécurité et de sûreté adoptées. Avec plus de 1800 employés, le DSS est devenu le premier département gestionnaire de personnel du secrétariat des Nations Unies.

Enfin, les résultats de l'étude de Proulx et Brière (2013) montrent aussi que les projets se caractérisent par un contrôle étroit de la part des bailleurs de fonds et une reddition de comptes pour laquelle les organisations doivent faire rapport à la fois aux

5. Convention sur la sécurité du personnel des Nations Unies et du personnel associé, New York, 9 décembre 1994.

6. L'attentat contre le siège des Nations Unies à Bagdad le 19 août 2003 voit la disparition du Représentant spécial du Secrétaire des Nations Unies, monsieur Sergio Vieira de Mello et de 21 autres personnes. Depuis, la célébration de la Journée mondiale de l'aide humanitaire est célébrée chaque année le 19 août, voir http://www.un.org/fr/events/humanitarianday/

7. Cette mission concerne la protection des personnes (100 000 fonctionnaires des Nations Unies, 300 000 personnes avec leur famille).

bailleurs et à la population bénéficiaire. Ces projets, qui sont financés par des prêts ou des subventions selon des lignes directrices très précises, se situent donc dans des environnements caractérisés par une gestion axée sur les résultats et une reddition de comptes pour les donateurs, les organisations qui implantent les projets, les communautés bénéficiaires et les autres intervenants clés. Cette reddition de comptes est un aspect qui caractérise particulièrement le travail des organisations, plus spécifiquement les ONG, car elles doivent fonctionner à partir d'une approche de gestion par résultats qui a pour effet de formaliser beaucoup leurs critères d'évaluation (Ika et collab., 2010). Ces organisations fonctionnent dans un cadre normatif formel très développé (Baccarini, 1999), avec une autonomie relative quant à leurs interventions, leurs délais et les résultats finaux qu'elles présenteront à leurs bailleurs de fonds (Ika, 2007).

Les principes et bonnes pratiques pour l'aide humanitaire (2003), endossés par la plupart des grands bailleurs de fonds internationaux, ont aussi enchâssé la responsabilité de la part des États des principes de redevabilité non seulement à l'égard de leurs commettants, mais aussi des populations bénéficiaires. Le Canada, après chaque catastrophe majeure, procède ainsi à un examen complet de l'action qui a été conduite de façon à déterminer comment réagir plus rapidement et plus efficacement à l'avenir. Pour l'Union européenne, premier bailleur humanitaire de la planète :

> *La notion de responsabilité dans le contexte de l'aide humanitaire couvre à la fois la responsabilité vis-à-vis des citoyens européens quant à la bonne utilisation des fonds publics et la responsabilité vis-à-vis des personnes qui ont besoin d'aide dans les pays confrontés à une crise humanitaire.* (Le consensus européen sur l'aide humanitaire, 2008[8])

Rappelons ici que l'entrée dans le 21e siècle a été fortement marquée par l'adoption des objectifs du millénaire pour le développement (OMD), par des réflexions sur l'efficacité de l'aide au développement et plus récemment par les objectifs de développement durable (ODD). Ces démarches ont amené des donateurs et les pays bénéficiaires de l'aide, regroupés au sein du Comité d'aide au développement (CAD) de l'Organisation de coopération

8. Le consensus européen sur l'aide humanitaire, Journal officiel de l'Union européenne, 2008/C25/01, paragr. 43.

et de développement économiques (OCDE), à adopter en 2005 certains principes qui encadrent maintenant la conception et la mise en œuvre des projets de développement (Déclaration de Paris). En plus d'exiger que les pays bénéficiaires se dotent d'une stratégie de réduction de la pauvreté par la production d'un plan stratégique, cette déclaration a officialisé le passage à la gestion axée sur les résultats (GAR) des projets de développement. Selon le CAD (OCDE, 2006, p. 5):

> *Les résultats de développement sont les effets ou résultats à moyen terme des interventions de développement. Il s'agit des changements tangibles sur les plans comportemental, institutionnel et social qui surviennent sur une période de trois à dix ans, généralement à la suite d'investissements coordonnés à court terme faits dans le renforcement des capacités individuelles et organisationnelles des principaux acteurs (par exemple les gouvernements nationaux, la société civile et le secteur privé).*

La GAR est une philosophie et une approche de gestion qui privilégie l'obtention de résultats tout le long du cycle de vie d'un projet. Elle englobe 1) la définition des résultats anticipés en fonction d'analyses appropriées, 2) la participation des intervenants et la conception de projets adaptés aux besoins des groupes cibles, 3) le suivi des résultats en fonction d'indicateurs appropriés, 4) l'identification et la gestion des risques, 5) la prise en compte dans la prise de décision des leçons tirées des expériences menées dans la mise en œuvre d'autres projets, 6) l'évaluation des résultats, et enfin 7) la préparation de rapports sur les résultats et les ressources déployées (MAECD, 2014).

Ainsi, les projets de développement, tout comme les interventions d'action humanitaire, sont des opérations marquées par la complexité de leurs environnements respectifs. Tel que l'illustre la figure 3, cette complexité s'ajoute à l'environnement interne et externe du projet comme présenté dans les figures 1 et 2.

Figure 3
ENVIRONNEMENT DU DÉVELOPPEMENT INTERNATIONAL ET DE L'AIDE HUMANITAIRE

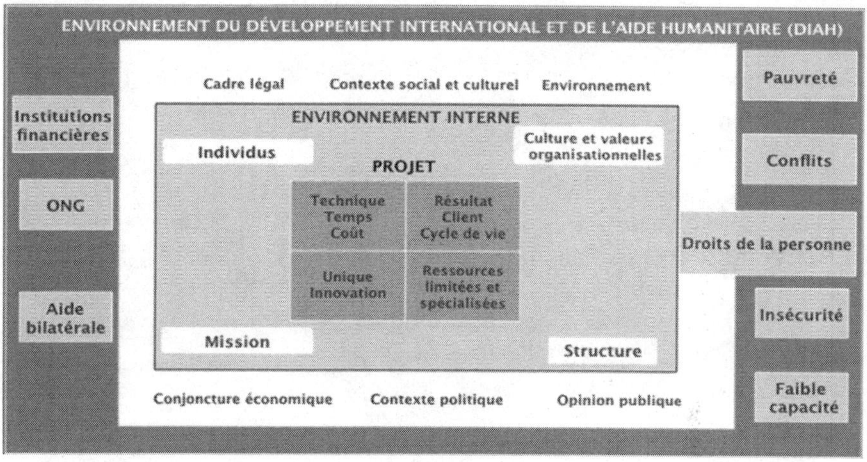

En action humanitaire, une autre façon de contextualiser l'environnement d'un projet est d'analyser les différents régimes de gouvernance des bénéficiaires finaux de ce dernier. La représentation des « cinq cercles de gouvernance de l'action humanitaire » nous permet de comprendre la hiérarchie des rôles et institutions qui gouvernent la gestion de populations déplacées ou réfugiées. L'environnement du projet humanitaire part de l'individu pour remonter jusqu'à la communauté internationale (Conoir, 2005).

Figure 4

CINQ CERCLES DE GOUVERNANCE DE L'ACTION HUMANITAIRE

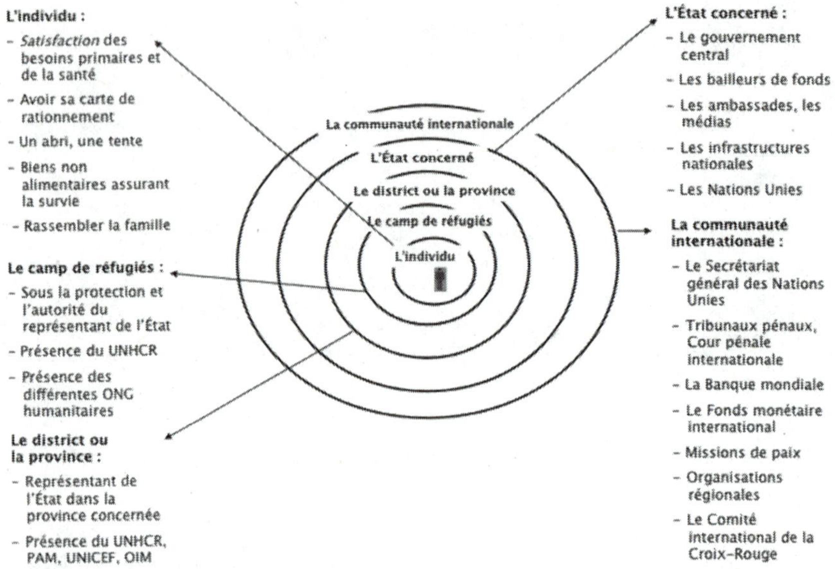

Le premier cercle de gouvernance repose sur l'individu, dont le principal objectif est la satisfaction de ses besoins essentiels, dans le but de faire vivre sa famille avec dignité : carte de ration (ou *vouchers*, bons d'échange ou envois monétaires électroniques), abris, eau, biens non alimentaires, éducation, etc. Le deuxième cercle est celui de l'espace physique, géographique et administratif au sein duquel sont rassemblés ses pairs : camp de réfugiés, de personnes déplacées, ou espace urbain où ceux qui cherchent protection et asile sont forcés de se fondre dans un espace moins circonscrit où il sera plus difficile d'être identifiés, représentés, mais où l'anonymat sera aussi source de protection (on pense aux personnes déplacées en Colombie, ou aux réfugiés syriens urbains préférant vivre en ville au Liban ou en Jordanie plutôt que de s'installer dans un camp de réfugiés). Dans cet espace, les ONG humanitaires nationales ou internationales sont en première ligne avec les autorités gouvernementales pour satisfaire les besoins fondamentaux des bénéficiaires. L'État hôte, responsable de l'enregistrement et de la protection des personnes, est aussi présent avec des éléments militaires, policiers ou de gendarmerie. Les différents comités de réfugiés travaillent avec la représentation du

Haut-Commissariat des Nations Unies pour les réfugiés (UNHCR) et des autres instances présentes localement pour organiser l'analyse des besoins et leur satisfaction.

Le troisième espace est celui d'une province ou d'un district. En matière de responsabilité politique et administrative, l'État hôte et les agences nationales et internationales coordonnent la gestion des secours et des opérations humanitaires pour un nombre plus élargi de camps ou d'espaces d'accueil. Des structures et bureaux plus importants des grandes agences jouent un rôle de liaison, d'organisation, de contrôle et de suivi pour s'assurer de l'équité, de l'effectivité et de la qualité des opérations d'assistance gérées sur un territoire administratif donné. Au quatrième niveau de cette représentation de l'environnement des acteurs humanitaires, nous retrouvons l'État, représenté par son gouvernement et ses dirigeants suprêmes. En sus de toutes les fonctions déjà assumées par les niveaux inférieurs, et reproduites au niveau central par les agences humanitaires nationales et internationales, ainsi que les différents ministères impliqués dans les opérations d'assistance (santé, humanitaire, éducation, intérieur, femmes et enfance, etc.), de nouvelles catégories d'acteurs jouent un rôle clé: ambassades étrangères qui représentent les intérêts des bailleurs de fonds des organismes d'exécution des programmes humanitaires, représentations centrales des organismes des Nations Unies, avec parfois la présence d'une mission de maintien de la paix des Nations Unies (ou d'un Bureau intégré des Nations Unies), laquelle dispose d'un mandat particulier en matière de maintien de la paix et de la sécurité qui lui est octroyé par le Conseil de sécurité des Nations Unies. Une mission de paix des Nations Unies peut participer de manière très active, voire opérationnelle, à la gestion d'opérations humanitaires complexes: on pense par exemple au rôle exceptionnel joué par la Mission des Nations Unies au Soudan du Sud (MINUSS), en décembre 2013, quand celle-ci accueillit directement dans ses locaux des dizaines de milliers de personnes déplacées fuyant les persécutions liées à l'éclatement d'une nouvelle guerre civile; ou encore au rôle d'assistance, d'appui logistique et sécuritaire, confié à la Mission des Nations Unies pour la stabilisation en Haïti (MINUSTAH) par le Conseil de sécurité à la suite du tremblement de terre du 12 janvier 2010.

Dans cet environnement complexe, les médias, tout comme les organisations de la société civile, disposent aussi d'un rôle important en matière de mobilisation des esprits, des politiques ou des populations, en appui ou à la défense d'une cause particulière. Ils sont des acteurs de changement et de circulation de l'information qu'il est important d'écouter et de prendre en compte pour ne pas s'aliéner les préférences des responsables politiques, humanitaires ou autres qui influent sur les prises de décision en matière de gestion des opérations humanitaires.

Enfin, le cinquième niveau est celui de la communauté internationale. Vue de loin, cette dernière semble jouer un rôle diffus. Pourtant, New York ou Genève, « capitales humanitaires », jouent un rôle important dans le développement de politiques en matière de protection (par exemple, genre, sécurité des populations, enfants dans les conflits armés, etc.), de développements normatifs (conventions, principes et standards) et organisationnels (groupes sectoriels ou *clusters*), voire encore du pouvoir de la communauté internationale de décider de l'occasion ou de la légitimité d'une intervention disposant d'un mandat humanitaire. À un autre niveau, la Cour pénale internationale ou des Tribunaux ad hoc (Rwanda, ex-Yougoslavie, Sierra Leone, Cambodge) sont en mesure de poursuivre des personnes ayant violé les règles fondamentales du droit international humanitaire (génocide, crimes contre l'humanité, mais aussi enrôlement d'enfants dans les conflits armés, etc.).

En cela, que ce soit par la dissuasion, la crainte de poursuites ou la recherche d'informations pour alimenter une enquête criminelle d'envergure, ces acteurs de la scène internationale jouent un rôle qui peut lui aussi influer sur la famille que nous avons laissée dans le premier cercle de cette représentation de l'environnement humanitaire. Il est important de comprendre que toute nouvelle politique en matière de protection décidée, par exemple au sein d'un Comité exécutif annuel de l'UNHCR, aura à terme une influence concrète sur les conditions de vie, d'enregistrement ou de protection de toute personne dans un camp pour personnes réfugiées ou déplacées. Toute mobilisation du Conseil de sécurité, au nom de la sécurité des personnes, de la protection des populations en situation de conflit, voire de la mise en œuvre du concept de « responsabilité de protéger » (CIISE, 2000), aura une influence sur la capacité ou la décision d'intervention de la communauté internationale, comme ce fut le cas au Soudan, en République démocratique du Congo, en Haïti ou encore en Somalie. Les interactions entre les différents acteurs, fondées sur la poursuite d'un intérêt ou d'une politique commune (par exemple, l'intervention de l'OTAN en Afghanistan entre 2001 et 2014) ou sur la nécessité du « maintien de la paix et de la sécurité internationale » (Charte de l'ONU, 1945) ont une incidence directe sur la façon dont les acteurs et intervenants humanitaires se comporteront, dicteront leur action sur la base de principes reconnus (indépendance, neutralité) et assureront le respect et le droit à l'assistance humanitaire des personnes bénéficiaires.

1.6 DIMENSIONS DE LA RÉUSSITE D'UN PROJET DE DÉVELOPPEMENT INTERNATIONAL

En plus des caractéristiques spécifiques aux projets de développement international, la réussite de ceux-ci est tributaire de facteurs particuliers à ce domaine. Traiter un projet international comme un projet standard demeure une erreur fréquente (Lientz et Rea, 2003). Un ou une gestionnaire peut avoir connu de grands succès avec des projets standards et appliquer les mêmes méthodes dans le cas d'un projet international sans connaître le même succès. Un projet réalisé dans un pays ne peut être exécuté de la même façon dans un autre contexte. Il a été mentionné précédemment que la réussite d'un projet se mesure dans chacune des trois dimensions (coût, technique, temps), mais la lecture de l'environnement interne et externe montre qu'il s'agit là d'une condition nécessaire, mais non suffisante. À titre d'illustration, si une ONG souhaite démarrer un projet visant la réalisation d'une campagne de sensibilisation au phénomène des enfants de la rue, il est important de voir, notamment au plan interne, si ce projet est en accord avec la culture et les valeurs de l'organisation, avec sa mission organisationnelle et avec l'expertise de son personnel. Au plan externe, il est opportun de se demander si le contexte politique est favorable au projet, si le projet correspond aux valeurs véhiculées dans la société ou encore si le projet respecte les lois et règlements en vigueur notamment les conventions internationales.

Compte tenu de la spécificité des projets de développement international, de nombreuses études ont recensé les différentes dimensions liées au succès des projets. Parmi ces critères de succès

(Ika, 2007), une importance est accordée à la pertinence du projet, à l'atteinte des résultats et à l'impact. La conception, la gestion et le mode d'implantation des projets dans la communauté sont des facteurs de succès importants (Ika, 2012 ; Youker, 1999). Une planification mal définie, peu réaliste et non actualisée, de faibles mécanismes de contrôle, un manque de lien entre ce qui est réalisé dans le cadre du projet (les activités) et ce que l'on veut obtenir (les résultats), une analyse de facteurs de risque déficiente et le manque d'interactions entre les bailleurs et l'organisme local représentent des facteurs d'échec.

Dans l'étude réalisée par Proulx et Brière (2014), de nombreux facteurs de succès ont également trait aux bonnes pratiques de gestion qui se traduisent par l'atteinte des objectifs et l'efficacité du projet. Un des facteurs d'échec est que plusieurs projets ne font pas l'objet de suivi durant leur mise en œuvre et les résultats en matière d'impact ne sont pas mesurés (Lientz et Rea, 2003). Cela peut réduire la motivation parce qu'en l'absence de constatation de progrès, les gens ne verront que les aspects négatifs. Il importe également de recueillir les leçons apprises au fur et à mesure. Traditionnellement, les gens tirent des leçons de l'expérience au terme d'un projet. Dans le cas d'un projet international, c'est souvent trop tard ; les gens ont quitté le projet et ils n'ont plus d'intérêt. Il importe de documenter les leçons de l'expérience au fur et à mesure de l'avancement du projet. Le modèle développé par Khang et Moe (2008) pour les projets de développement international permet d'identifier les différents critères de succès selon les phases du cycle de vie du projet, dont il sera question à la fin de ce chapitre. Les auteurs montrent aussi que le succès des premières phases a des impacts importants sur celles qui suivent.

Selon différentes études (Brière et Proulx, 2013 ; Ika, 2007 ; 2012 ; Ramaprasad et Prakash, 2003), plusieurs projets de développement international connaîtront l'échec en raison de ce qu'ils appellent une « vue descendante » (*top down*) du bailleur de fonds qui souvent exclut le savoir local pour la conception et la réalisation du projet. Les bailleurs de fonds ont souvent cherché à reproduire un modèle extérieur (« prêt-à-porter ») qui ne prend pas suffisamment en compte la particularité du milieu (Ika, 2012 ; Madaule, 2005). Dans ce type de projet, les facteurs de succès sont fortement tributaires de l'environnement spécifique et de la diversité culturelle des différents acteurs, en particulier le style de leadership et les processus de communication interculturelle, qui ont tous deux un impact considérable sur l'ensemble du cycle de vie du projet (Anantatmula et Thomas, 2010; Ochieng et Price, 2010). Abbott (2007) montre que les gestionnaires de développement international sont continuellement en mode résolution de problèmes et doivent adapter leurs outils pour chercher l'implication de multiples parties prenantes avec qui ils doivent coopérer, c'est-à-dire les personnes ou les organisations concernées par la réalisation du projet. Le concept de parties prenantes sera abordé tout au long de cet ouvrage, car il est au cœur de la réalisation et du succès des projets.

Une approche collaborative, une organisation adéquate du projet et la présence d'un gestionnaire compétent et d'une équipe performante sont également des facteurs de succès. Les compétences du gestionnaire et des membres de l'équipe sont très importantes, selon Khang et Moe (2008), pour assurer le succès du projet. Diallo et Thuillier (2004) soutiennent pour leur part que la qualité des relations interpersonnelles et la communication entre les acteurs clés sont des facteurs de succès, indépendamment de la connaissance et des compétences requises pour le projet. Pour eux, les projets de développement international sont des systèmes dynamiques dans lesquels les perceptions deviennent « la réalité » et ils ne peuvent pas être effectués efficacement sans que le directeur du projet et son équipe établissent une relation de confiance avec les parties prenantes clés. S'il y a une chose que nous savons des projets internationaux, c'est qu'ils requièrent un niveau élevé et étendu d'engagement et de collaboration des expertises locales. De plus, l'expérience démontre que la participation la plus forte mène à l'engagement et au dévouement, deux facteurs clés de succès (Lientz et Rea, 2003). Les compétences du gestionnaire de projets et de son équipe feront davantage l'objet du chapitre 4 sur la mise en œuvre des projets.

Dans ce contexte, l'appropriation du changement par la communauté et une compréhension plus nuancée des résultats finaux atteints localement s'avèrent des éléments importants à considérer (Holcombe et collab., 2004). Par ailleurs, comme les projets s'inscrivent dans un processus plus large de changements sociaux et d'amélioration des conditions de vie des populations ciblées, il peut parfois être difficile de démontrer des résultats à court terme. En ce sens, les défis liés à l'observation des résultats escomptés ainsi que la reddition de ceux-ci doivent être partagés entre les responsables des projets dans les ONG et les partenaires et communautés au niveau local, voire entre délégués. Dans certains cas, afin d'assurer une meilleure réception, cette responsabilité est parfois partagée (Holcombe et collab., 2004). Le temps devient encore une fois un élément essentiel dans ces types de projets pour l'établissement de relations de partenariat, l'apprentissage par l'expérience et l'adaptation des programmes. Le temps requis sur le terrain ne correspond pas toujours à celui du calendrier des bailleurs de fonds et la pression sur les résultats peut corrompre l'intention du projet en matière de renforcement des capacités.

Le succès des projets repose ainsi sur la durabilité des changements (Proulx et Brière, 2014). Des répondants ont aussi mentionné la croissance économique et le développement social, soit de pouvoir mesurer un enrichissement des bénéficiaires ou un changement social. Ces facteurs font davantage référence aux impacts des projets qu'à des objectifs spécifiques.

Enfin, le succès se mesure par l'implication des parties prenantes, qui apparaît en filigrane dans plusieurs autres facteurs de succès. Un projet ne peut pas exister sans une étroite collaboration entre les responsables du projet et les communautés d'accueil. Il est essentiel pour le succès des projets d'impliquer les populations dès l'élaboration du projet, d'avoir par exemple un comité de gestion issu de la communauté, des montants adaptés pour l'utilisation des ressources, même si ce ne sont que quelques sous par mois, pour réparer les bris et sensibiliser la communauté à l'entretien. Dans ce contexte, le leadership est perçu comme une compétence essentielle pour les gestionnaires. On ne parle pas ici de leadership traditionnel, où le chef se met en avant. On pense à toutes les interventions indirectes qui visent à insuffler de l'énergie aux autres en les valorisant et en favorisant l'initiative locale et la participation[9] plutôt que l'exercice direct du pouvoir.

---

9. Pour en savoir davantage sur les approches participatives, vous pouvez consulter notamment M. HARROFF-TAVEL. « La diversité culturelle et ses défis pour l'acteur humanitaire », *Cultures et Conflits*, n° 60, 2005, p. 63-102 ; M. TOMMASOLI. *Le développement participatif : Analyse sociale et logiques de planification*, Karthala Éditions, 2004 ; M. LAMMERINK et I. WOLFFERS (dir.). *Approches participatives pour un développement durable : exemples d'Afrique, d'Amérique latine et d'Asie*, Karthala Éditions, 1998 ; S. ORTIZ ESCALANTE et B. GUTIÉRREZ VALDIVIA. « Planning from below :

Dans cette perspective de valorisation des compétences locales et de participation des intervenants locaux, la valorisation du savoir et des savoir-faire locaux est une habileté déterminante. Il est essentiel de reconnaître les techniques et le savoir-faire qui marquent une société, sous peine de voir les méthodes refusées, parce qu'inutiles, incompréhensibles ou peu appropriées. La participation des parties prenantes fait appel à la capacité de comprendre les particularités de leur culture et de leur milieu. La flexibilité pour adapter le processus aux changements représente une compétence qui s'acquiert à travers les expériences, les difficultés et l'obligation de se débrouiller face aux difficultés. Les façons de s'exprimer et les méthodes doivent souvent être remises en question. La coopération avec les populations locales diverses et hétérogènes ou l'introduction du changement font en sorte que les habiletés liées aux relations humaines prennent une importance particulière.

1.7 DIMENSIONS DU SUCCÈS D'UN PROJET HUMANITAIRE : RESPECT DES OBJECTIFS HUMANITAIRES ET LEÇONS APPRISES

Comment mesurer le succès d'un projet humanitaire? Plus que le succès, la vraie question à se poser est de savoir si les projets ou le programme mis en œuvre ont concouru aux objectifs très clairs de l'action humanitaire qui sont *de sauver des vies, d'atténuer les souffrances et de préserver la dignité humaine pendant et après des crises provoquées par l'homme ou des catastrophes naturelles, ainsi que de prévenir de tels événements et d'améliorer la préparation à leur survenue*[10]. La réflexion sur la mesure du succès d'une opération humanitaire doit donc logiquement se mesurer à l'aune de l'un ou l'autre de ces objectifs qui sont aujourd'hui reconnus comme la quintessence de l'action humanitaire. Les deux premiers objectifs sont facilement objectivement vérifiables (nombre de vies sauvées, nombre de personnes soignées ou à qui l'on a porté une attention particulière en matière de couverture des besoins fondamentaux, etc.). Par contre, la préservation de la dignité humaine relève d'une approche plus « qualitative » et peut faire l'objet d'un nombre quasi infini de lectures, prises sous des angles relevant tant de

using feminist participatory methods to increase women's participation in urban planning», *Gender & Development*, *23*(1), 2015, p. 113-126.

10. *Principes et bonnes pratiques pour l'aide humanitaire*, CAD/OCDE, 2003, paragr. 1.

l'anthropologie, des droits de la personne, de la sociologie ou d'autres sciences sociales[11].

De manière plus spécifique, le développement d'outils normatifs, éthiques ou encore de codes depuis le début des années 1990 a permis de baliser ce qui était attendu de la part des organisations et opérateurs humanitaires, en matière de résultats comme de « savoir-faire ». Donc, par extension, cela a permis d'offrir des cibles et objectifs à atteindre qui permettent d'évaluer la pertinence, l'efficacité ou le degré d'atteinte des objectifs fixés par une intervention humanitaire. Que ce soit le Code de conduite (pour le Mouvement international de la Croix-Rouge et du Croissant-Rouge et pour les ONG lors des opérations de secours en cas de catastrophes, 1994), le développement successif des versions du Projet Sphère (1997, 2004 et 2011), ou les études conduites par le CAD/OCDE en matière de revue et d'analyse des politiques humanitaires (2012), il semble clair que la communauté des parties prenantes humanitaires (bailleurs, opérateurs, personnes affectées) dispose d'instruments qui lui permettent de construire, planifier, suivre et évaluer une intervention humanitaire dans les « règles de l'art » qui lui permettent d'affirmer si une intervention peut être ou pas considérée comme un succès.

L'Organisation de coopération et de développement économiques (OCDE) a tenté de résumer en 12 leçons (OCDE, 2012) les résultats d'une grande étude tirée des examens réalisés par les pairs du Comité d'aide au développement (CAD). Ces 12 leçons sont une synthèse des « meilleures pratiques » susceptibles (vu sous l'angle des bailleurs) d'engager avec succès une intervention humanitaire :

1. *Proposer une vision stratégique claire :* assurer que les interventions s'inscrivent dans un cadre législatif qui définit clairement les axes stratégiques du pays (ou de l'organisation) ;

2. *Promouvoir le redressement et améliorer la capacité de résister :* l'expérience démontre que plus le travail visant à amorcer un redressement débute tôt, plus il est productif et permet aux

11. Voir notamment à ce sujet : Laëtitia ATLANI-DUAULT et Laurent VIDAL (dir.). *Anthropologie de l'aide humanitaire et du développement*, Paris, Armand Colin, 2009 ; J.-P. O. DE SARDAN. *Anthropologie et développement : essai en socio-anthropologie du changement social*, Karthala Éditions, 1995 ; F. Saillant. « Présentation : une anthropologie critique de l'humanitaire », *Anthropologie et sociétés*, *31*(2), 2007, p. 7-23.

populations touchées de renouer aussi rapidement que possible avec une vie normale. Lors d'une crise humanitaire importante, ce travail est le plus souvent assuré par le groupe sectoriel responsable du « relèvement précoce » (OCHA, 2005);

3. *Réduction des risques de catastrophes:* réduire l'exposition du risque, améliorer la résistance des communautés vulnérables et renforcer la capacité de réaction et d'initiative aux niveaux national et international. Les bailleurs de fonds sont supposés inscrire leurs engagements dans le *Cadre d'action de Hyogo pour 2005-2015* alors que les organisations nationales ou internationales sont censées intégrer le développement de ce principe dans leurs engagements programmatiques (malgré le fait que le financement dédié à ces opérations reste le plus souvent marginal);

4. *Faire de la participation une priorité:* ce qui est souvent plus difficile à annoncer qu'à mettre en pratique véritablement. La participation des bénéficiaires à la conception, à la mise en œuvre, au suivi et à l'évaluation de la réponse humanitaire, le rôle des femmes et le développement d'une participation respectueuse de la parité homme femme, autant de réalités qui éprouvent un certain mal à s'implanter dans les faits (Groupe URD, 2008), mais que l'on voit apparaître de plus en plus dans le discours normatif (Humanitarian Accountability Project, 2007) et dans la pratique;

5. *Faire coïncider vision et donation en ressources:* à savoir procurer des financements humanitaires souples et prévisibles tout en assurant qu'ils soient proportionnels aux besoins. Le Consensus européen sur l'aide humanitaire (UE, 2008) propose que les États membres s'engagent à fournir *une aide adéquate et efficace et à envisager d'accroître leurs contributions bilatérales à l'aide humanitaire dans le cadre de l'augmentation de leur aide publique au développement (APD) globale.* Les mêmes principes s'appliquent *a fortiori* pour des organisations nationales ou internationales au moment d'engager des ressources qui seraient réellement en réponse proportionnelle aux besoins des populations affectées;

6. *Décider comment décider:* ou encore assurer que l'accent est mis sur les besoins réels et, qu'à l'instar d'une salle de triage[12], décider que les financements répondent à une «hiérarchisation» des besoins, à savoir traiter en premier les risques qui menacent le plus la vie humaine et les moyens de subsistance, de façon à en atténuer les conséquences les plus probables et, potentiellement les plus catastrophiques, sur le plan humanitaire;
7. *Bâtir des partenariats solides*, équitables et respectueux des principes en vigueur avec des ONG et des organismes multilatéraux. La réforme humanitaire de 2005 (ONU, 2005) a confirmé le rôle directeur des Nations Unies dans la conduite d'opérations humanitaires majeures, tout en offrant des espaces de travail thématiques que sont les groupes sectoriels (*clusters*). Symbole du travail de réflexion qui peut prévaloir entre institutions publiques et organisations humanitaires privées, le Groupe d'action sur la politique d'intervention d'urgence (PAGER[13]) a longtemps permis, au Canada, aux instances étatiques de discuter de l'évolution des politiques, principes et pratiques humanitaires, ceci dans un cadre informel, mais mutuellement enrichissant et participatif;
8. *Élaborer des mécanismes de réponse rapide:* la réforme humanitaire mise en place depuis 2005 a permis le développement, tant au niveau central (Fonds central d'intervention d'urgence [CERF[14]]) qu'au niveau local (Fonds d'intervention d'urgence [ERF[15]]). Les mécanismes de réponse rapide, qui peuvent prendre plusieurs formes (le Canada, à l'instar d'autres États, dispose d'un fonds d'intervention d'urgence géré par la Croix-Rouge canadienne; stocks de matériels de secours, listes de groupes d'individus qualifiés prêts à intervenir au pied levé en cas d'urgence) permettent idéalement de diminuer le temps existant entre l'occurrence de la crise humanitaire et le début de la réponse internationale;

---

12. «Triage» est aussi le titre d'un documentaire inspiré de l'engagement humanitaire du Dr James Orbinski, ancien président du Conseil international de Médecins sans frontières. À ce titre, il fut le lauréat du Prix Nobel de la Paix attribué à MSF en 1999.
13. L'acronyme anglais vaut pour *Policy Action Group for Emergency Response (PAGER)*. À PAGER a succédé le HRN, Humanitarian Response Network canadien.
14. *Central Emergency Response Fund.*
15. *Emergency Response Fund.* Les ERF sont gérés au niveau local par le Bureau de la coordination des affaires humanitaires (BCAH, ou OCHA).

9. *Coordonner l'action de tous les services de l'administration:* souvent, la fragmentation des structures de gestion de l'aide humanitaire peut retarder la mise en œuvre des politiques. Concentration des décisions, mécanisme de coordination, répartition des objectifs dans le cadre d'une approche «pangouvernementale» (à l'instar du Canada) sont autant de facteurs permettant d'améliorer le succès d'une opération;

10. *S'efforcer de préciser le rôle des militaires:* de plus en plus souvent, l'impératif humanitaire peut légitimer l'utilisation de moyens militaires. Dans les premières heures d'une crise humanitaire, le recours aux forces armées peut être le moyen le plus rapide et le plus efficace de concourir à l'acheminement d'une aide humanitaire vitale. Depuis le milieu des années 1990 (Directives d'Oslo, 1994, Directives sur les «MCDA» [*Military and Civil Defense Assets*], 2003), les États et les organisations humanitaires ont balisé le recours aux forces militaires dans le but de maintenir, dans un espace humanitaire donné, le respect des principes de base mettant en exergue les principes de neutralité et d'impartialité comme meilleure voie pour ouvrir l'accès à l'aide humanitaire à un maximum de bénéficiaires;

11. *Investir dans le personnel*, en exigeant un niveau de qualification élevé et en offrant des perspectives professionnelles motivantes, dans le but de lutter contre la faiblesse des effectifs et le taux élevé de rotation des effectifs sur le terrain. Le développement de certaines «approches qualité» (People in Aid, 1995; Emergency Capacity Building Project, 2005; Humanitarian Accountability Project, 2007) a permis de mettre l'accent sur le rôle central des organisations à préparer, former et renforcer les capacités du personnel humanitaire national comme international, comme axe central d'une intervention de qualité;

12. *Rendre compte de l'utilisation des ressources et promouvoir l'apprentissage:* Le constat dressé par l'OCDE à cet égard illustre le peu de cas que les États font de ce principe: *la plupart des donneurs membres du CAD ne sont guère portés à agir pour encourager les organisations humanitaires à promouvoir la transparence, l'efficience et l'efficacité* [...], *soutenir les initiatives propres à favoriser l'apprentissage et la reddition de comptes* [...] *ou encourager la conduite régulière d'évaluations des réponses internationales aux crises humanitaires.* Pourtant ce n'est qu'en passant au travers de cette pratique régulière que les acteurs humanitaires sont

en mesure d'apprendre de leurs erreurs, de mesurer le succès de leurs initiatives, d'identifier les meilleures pratiques du métier et de modifier – si nécessaire – leur pratique ou leurs façons de faire. Le réseau ALNAP (Active Learning Network for Accountability and Performance in Humanitarian Action) (ALNAP, 1997) est un remarquable exemple de capitalisation des savoirs et des meilleures pratiques dans le but de renforcer l'action humanitaire par l'intermédiaire de l'évaluation et de l'apprentissage.

Le succès des opérations humanitaires internationales doit donc non seulement se mesurer en matière de résultats objectivement vérifiables liés aux objectifs de sauver des vies et d'atténuer des souffrances, mais à l'aune des processus engagés par les opérateurs humanitaires et bailleurs en matière de participation et de renforcement des organisations locales, de coordination des efforts de toutes les parties prenantes, de partage de l'information acquise pour favoriser l'apprentissage collectif, de l'investissement des organisations dans le développement de leur personnel tout comme dans la transparence et une reddition de comptes auprès de tous et toutes.

1.8 GOUVERNANCE DU PROJET AU SEIN DE L'ORGANISATION

Comme mentionné précédemment et afin de résumer, pour être qualifié de succès, un projet doit satisfaire les conditions suivantes : 1) le bien livrable doit être produit conformément aux spécifications techniques dans le respect de l'échéance et du budget, 2) le bien livrable du projet doit être contextualisé dans son environnement interne et externe de façon à être accepté et utilisé par les clients, bénéficiaires ou utilisateurs et satisfaire ses parties prenantes clés. À ces dimensions liées aux succès des projets s'ajoute la contribution du projet au développement de l'organisation qui gère le projet, permettant ainsi d'atteindre les objectifs à long terme de l'organisation. Le bien livrable doit avoir été intégré dans l'organisation et contribuer à la réalisation de la mission de l'organisation dans son positionnement pour l'avenir.

Dans le domaine du développement international, l'accent est principalement porté sur la réalisation des projets au détriment parfois de l'impact des projets sur le développement et la gestion des organisations qui les mettent en œuvre, notamment les ONG.

La gouvernance et la gestion stratégique de projets des ONG de développement international sont ainsi souvent peu considérées comme facteurs de succès. Pourtant, l'importance de bien planifier le processus de gestion de projet au sein de l'organisation, de l'adapter à la culture organisationnelle et de lier le processus de gestion de projet à la planification stratégique de l'organisation est bien démontrée (Gray et Larson, 2007). La gouvernance du projet est importante, car elle fournit une structure, des processus, des modèles de prise de décisions et des outils de management de projet au gestionnaire et à l'équipe de projet (PMBOK, 2013). Elle consiste également à s'assurer que les projets sont alignés sur la stratégie globale organisationnelle et qu'ils reflètent l'équilibre des priorités organisationnelles établies (Dinsmore et Rocha, 2012).

Dans cette perspective qui considère les projets comme des véhicules du développement d'une organisation et devant contribuer à l'atteinte de ses objectifs stratégiques, il est essentiel de s'assurer de la pertinence des propositions de projet avant de décider de les réaliser. La haute direction de l'organisation doit apprécier la valeur des propositions de projets, notamment en répondant aux questions suivantes : 1) Le projet est-il cohérent avec la mission et les enjeux stratégiques de l'organisation ou des organisations maître d'œuvre ? 2) Dans un contexte où l'organisation n'a pas comme mission unique de réaliser des projets de développement international (par exemple, si les projets sont réalisés par des ministères, entreprises privées, universités, villes ou coopératives), le projet est-il compatible avec ses activités habituelles ? 3) Dans la perspective où l'organisation a une multitude de projets à gérer, le projet est-il compatible avec son portefeuille de projets, c'est-à-dire avec l'ensemble des autres projets ou autres programmes de l'organisation ?

De manière plus évidente, comment concilier dans une organisation l'existence d'unités et de personnels œuvrant sur des projets de développement international, lesquels s'inscrivent dans le « temps long », avec des projets humanitaires dont la nature est bien évidemment inscrite dans le « temps court », voire dans l'urgence ? Les expériences passées, modes opératoires, outils et rythme d'exécution et de mise en œuvre des équipes sont souvent aux antipodes les uns des autres. Les modes de gouvernance interne des unités thématiques sont donc différents au sein d'une même organisation. Le tout est de savoir comment arriver à les concilier et à les gérer de front sans qu'ils ne se nuisent, voire s'opposent, ni ne troublent la gestion des opérations courantes de l'organisation, que ce soit au niveau financier (avances de projets), administratif (rotation rapide des effectifs, mobilisation administrative importante en situation de crise) ou programmatique (consommation effrénée de ressources et de manière très rapide en situation de crise).

La réponse à ces questions dépend bien évidemment de la nature de l'organisation. De nombreuses organisations dont la vocation première s'inscrit dans le développement ont dû composer avec des circonstances difficiles (par exemple, une crise), la pression d'un conseil d'administration ou de leurs donateurs pour intégrer une dimension humanitaire à leur programmation. D'autres organisations sont par essence vouées à l'action humanitaire et ne se dévouent qu'à celle-ci, par exemple MSF, et l'attention portée sur chaque projet l'est habituellement sur un mode très réactif, reposant de nos jours sur des procédures éprouvées. Enfin, d'autres organisations choisissent de composer entre actions humanitaire, internationale et nationale, et d'autres actions de transition ou «d'humanitaire durable» (Mattei, 2005). Les projets peuvent donc être engagés selon des outils et des rythmes différents, ce qui peut compliquer leur mise en œuvre et la nécessaire harmonisation au niveau des politiques, des déboursements, des déploiements de personnel, etc. C'est dans les organisations «hybrides» que se côtoient et travaillent ensemble personnels humanitaires et de développement. La différence d'objectifs, de résultats à livrer dans des délais différents, de moyens à mobiliser dans des conditions parfois stressantes requiert donc, de la part des dirigeants de l'organisation, des réponses composées à l'aune des priorités, tant en matière de ressources humaines que de gestion de projet ou de réingénierie interne pour être à même de faire face aux exigences des unités de travail.

1.9 GESTION PAR PROJETS

Dans une perspective stratégique, la direction de l'organisation peut se demander si la réussite des projets nécessitera le recours à une gestion par projets au niveau de l'organisation, laquelle est fondamentalement un mode de gestion différent du fonctionnement régulier. Ce mode de gestion implique plus spécifiquement le choix d'une personne pour gérer le projet (le ou la gestionnaire de projet) et la constitution d'une équipe de projet se rapportant au gestionnaire de projet. Cette équipe est constituée de personnes provenant de différentes unités administratives de l'organisation.

La gestion par projets est ainsi caractérisée par des relations de travail horizontales, requérant la réalisation d'activités et des prises de décisions par plusieurs personnes appartenant à des unités administratives, voire à des organisations, différentes. Dans les limites du projet, la responsabilité et l'autorité du gestionnaire de projet sont «interfonctionnelles» et la gestion par projets traverse ainsi la structure permanente de l'organisation et, en un sens, entre en conflit avec elle. Par exemple, si une université réalise un projet de développement international d'envergure dans un pays sur la gestion du secteur agricole, elle devra certainement créer une équipe de projet qui impliquera du personnel en provenance de différentes facultés et unités de l'université (faculté d'agriculture, des sciences de l'administration, etc.), des spécialistes du pays, des experts sur les aspects liés au genre et des membres du bureau international (s'il existe au sein de l'université).

Dans cette gestion stratégique, comme la haute direction peut aussi être appelée à choisir parmi plusieurs propositions de projets, il est nécessaire de procéder à un tamisage des propositions de projet sur la base de critères que doit se donner l'organisation. Un processus de filtrage des propositions de projet peut être mis en place, un exercice qui peut aussi servir à déterminer le niveau de priorité des projets. Une proposition de projet peut alors dans ce processus être remise en question, bonifiée, réévaluée, acceptée, rejetée ou être remise à plus tard. Les responsabilités de la haute direction dans la gestion par projets ne se limitent pas à la sélection et au classement des projets. La haute direction a une influence prépondérante sur la façon dont sont menés les projets à tous les niveaux de l'organisation. Cette influence est exercée non pas à travers la gestion directe des projets, mais par celle plus subtile du contexte organisationnel au sein duquel agissent ceux auxquels elle délègue la conduite des projets, soit le gestionnaire de projet et son équipe.

1.10 PROGRAMME, PORTEFEUILLE ET BUREAU DE PROJETS

Selon la maturité d'une organisation, qui se définit principalement par ses années d'expérience en gestion de projet, par la quantité et l'envergure des projets en place, sa gouvernance de projets peut impliquer leur regroupement dans des programmes ou des portefeuilles. Un programme désigne un ensemble de projets concourant à l'atteinte d'un objectif de niveau supérieur à ceux des projets. Un programme sera dit complété si l'ensemble des projets qui le constitue est réalisé (Wysocki, 2012). Dans le cas d'une organisation internationale, celle-ci peut avoir par exemple un programme en matière d'éducation ou de santé.

Un portefeuille est un ensemble de projets regroupés pour faciliter la gestion dans la poursuite d'objectifs stratégiques de l'organisation. La gestion de portefeuille permet de s'assurer que les projets seront en accord avec les objectifs précis à atteindre et qu'ils seront correctement classés par ordre de priorité (Larson, 2007). Par exemple, dans une ONG, une dizaine de projets peuvent constituer un portefeuille de projets en Afrique ou encore un portefeuille de projets dédiés à l'égalité entre les hommes et les femmes ou au soutien à l'entrepreneuriat dans les pays en développement.

Lorsque la maturité en gestion de projet d'une organisation est encore plus grande, l'organisation peut mettre en place un bureau de projets. Celui-ci a généralement comme fonction de 1) répondre aux appels d'offres lancés par les bailleurs de fonds et faire la promotion des différentes expertises, 2) analyser et définir les divers projets, 3) développer les outils de gestion de projet, 4) organiser le système d'information de gestion des projets, 5) identifier les ressources et les gestionnaires potentiels de projet, et 6) supporter et accompagner les gestionnaires de projets sur le terrain (Lientz et Rea, 2003). La mise en place d'un bureau de projets est surtout utile lorsque l'organisation n'a pas comme mission unique la réalisation des projets en développement international et action humanitaire. Cela peut être le cas par exemple de certains acteurs tel que les universités, les villes, les coopératives, etc. Dans la perspective de développer la gestion de projet au sein d'une organisation, il est pertinent de noter que certaines caractéristiques liées à la culture d'une organisation sont plus propices à la gestion de projet (Gray et Larson, 2007). Par exemple, le sentiment d'appartenance à l'organisation par les membres de son personnel, l'esprit d'équipe, l'intégration du travail entre les différentes unités administratives et l'ouverture de l'organisation sur son environnement sont des éléments qui facilitent la gestion par projets au sein d'une organisation.

1.11 CYCLE DE VIE ET DOCUMENTS CLÉS D'UN PROJET

Il a été mentionné précédemment que le projet avait un cycle de vie. En effet, un projet est une opération limitée dans le temps puisqu'il a un début et une fin. Entre ces deux moments, le projet passe par différentes phases :

- L'identification : phase au cours de laquelle l'idée du projet émerge pour résoudre un problème ou saisir une occasion ;
- La définition : phase centrée sur la conception du projet et sur l'étude de sa faisabilité ;
- La planification opérationnelle : phase qui vise à planifier en détail la mise en œuvre du projet ;
- L'exécution : phase qui voit la réalisation concrète des activités du projet ;
- La clôture : phase durant laquelle prennent place les activités visant à mettre fin au projet ;
- L'évaluation rétrospective : opération visant à apprécier la concrétisation des effets et des impacts du projet.

La présentation du cycle de vie peut varier au niveau de la terminologie et au niveau du nombre de phases, parfois on le présente en quatre phases (élaboration, planification, exécution et clôture), mais la logique demeure la même. La figure 5 fait apparaître le niveau d'effort à consentir à chacune des phases du projet. Ainsi, plus le projet avance dans le temps, plus le niveau d'effort est important, car la phase d'exécution du projet donne lieu à la réalisation des activités du projet et implique un nombre important de ressources. Il diminue toutefois durant la phase de clôture du projet. Notons également que les trois premières phases du projet peuvent avoir une durée aussi importante que la phase d'exécution.

Figure 5

CYCLE DE VIE D'UN PROJET

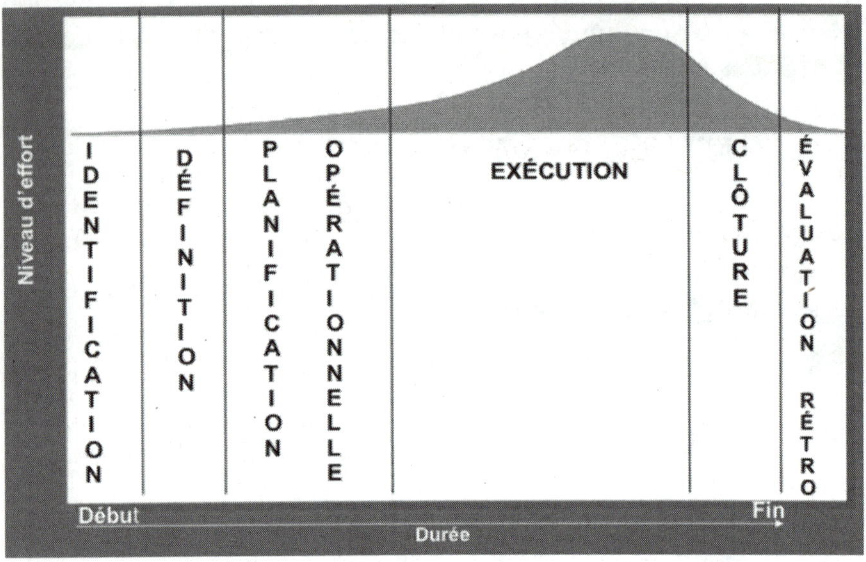

Le cycle de vie revêt certaines particularités en développement international et en action humanitaire. Le fait que les trois premières phases du projet peuvent avoir une durée aussi importante que la phase d'exécution est particulièrement vrai dans les projets de développement international. Il est fréquent que la phase de définition et de planification du projet soit aussi longue, voire plus longue, que l'exécution du projet. Cela est dû principalement au délai occasionné par le processus d'appel d'offres et la gestion interne des bailleurs de fonds dans l'octroi des subventions ou des prêts. C'est évidemment très différent dans un projet de nature humanitaire, au sein duquel l'analyse préliminaire des besoins est d'agir de façon rapide et où il y a urgence à hiérarchiser très rapidement les interventions les plus à même de sauver des vies et d'atténuer des souffrances.

Les organismes bailleurs de fonds de l'aide au développement ont également leur propre version de ce cycle de vie. Ils sont constitués très souvent de plusieurs étapes dont certaines consistent à faire des validations ou à obtenir des approbations du projet avec les acteurs concernés sur le terrain. Pour constater ces adaptations, il est pertinent de consulter le cycle de vie des différentes organisations internationales.

1.12 DOCUMENTS ET DÉCISIONS CLÉS DU CYCLE DE VIE

Tel que le montre la figure 6, chacune des phases du cycle de vie d'un projet produit un ou plusieurs documents :

- La phase d'identification permet la rédaction d'un document d'avant-projet, le document qui démontre la faisabilité sur la base duquel est généralement prise la décision de financer ou non le projet ;
- La phase de définition se termine par la production d'un document de projet (parfois appelé « mémoire d'identification de projet »), le premier document qui présente formellement le projet et qui permet d'apprécier son opportunité, sa pertinence ;
- La phase de planification opérationnelle vise à produire le plan de mise en œuvre du projet qui guidera la gestion de l'exécution ;
- Pendant l'exécution du projet, des rapports d'activités (de missions à l'étranger dans certains cas), des rapports d'étapes (rapports d'avancement périodiques), des rapports financiers et des rapports d'évaluation en cours d'exécution sont produits ;
- La phase de clôture du projet verra logiquement la production d'un rapport final et d'un rapport d'évaluation de fin de projet lorsqu'une telle évaluation est réalisée ;
- Lorsqu'on mène une évaluation rétrospective (aussi appelé, parfois à tort, « évaluation d'impact »), il y a production d'un rapport d'évaluation rétrospective. Cette évaluation s'ajoute aux évaluations internes et externes qui peuvent être faites à mi-parcours ou à la fin du projet.

Encore là, la nomenclature de ces documents peut varier en fonction des exigences du bailleur finançant le projet. Il est pertinent dans ce contexte de suivre les lignes directrices du bailleur dans la production des documents requis pour chaque étape du cycle de vie du projet. La haute direction d'une organisation a une implication importante sur la façon dont sont menés les projets à tous les niveaux de l'organisation. La figure 6 présente à cet effet les décisions clés qui sont prises par une organisation ou plusieurs organisations tout au long du cycle de vie du projet.

Figure 6

CYCLE DE VIE DU PROJET : DOCUMENTS ET DÉCISIONS CLÉS

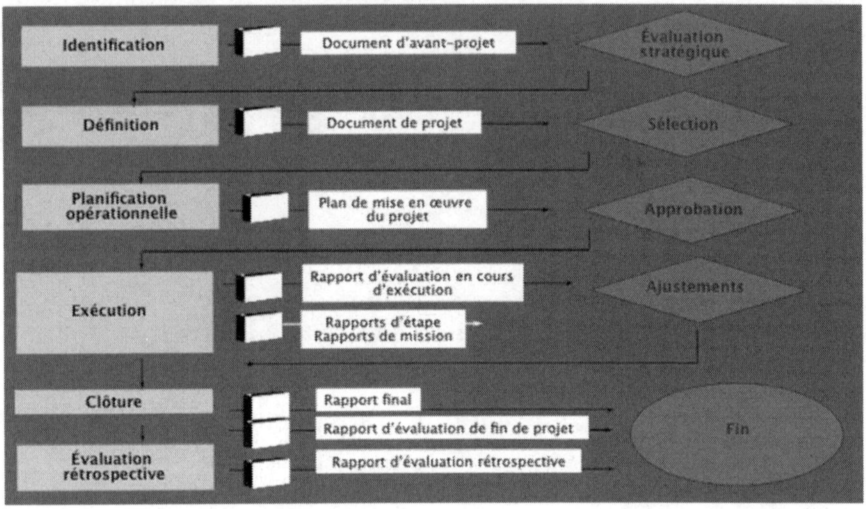

La décision de financer le projet intervient généralement au terme de la phase de définition, sur la base du document de projet. Comme il arrive fréquemment que les phases d'« identification » et de « définition » du cycle de vie soient fusionnées, nous utiliserons, dans le présent ouvrage, une version simplifiée du cycle de vie d'un projet comme structure des prochains chapitres.

Tout en reconnaissant que les cycles de vie des projets diffèrent entre les organismes de développement (modèles circulaires, modèles linéaires, modèles en spirale), le cycle de vie est un cadre utile qui aide à définir les phases qui relient le début d'un projet à sa fin et à identifier les processus que les équipes doivent mettre en œuvre à travers les différentes phases. Il illustre enfin la façon dont les projets fonctionnent dans un environnement complexe où des changements entraîneront des modifications et une dynamique à l'intérieur de chacun des phases du cycle de vie (PMD Pro 1, 2010).

Les opérateurs humanitaires suivent globalement le même cycle de vie à quelques nuances près, attribuables essentiellement à la nature extrêmement dynamique des contextes au sein desquels ils opèrent. L'évolution rapide des processus, les changements induits par la mobilité des populations, le nombre d'acteurs, les politiques locales, des organisations internationales ou d'autres parties prenantes externes (mission de paix, force militaire, etc.) obligent le gestionnaire à intervenir de manière constante sur un mode itératif, le forçant à revalider, réviser, et revoir ses objectifs général et spécifiques, ses indicateurs comme ses paramètres méthodologiques et budgétaires, sur une base systématique. Dans une phase de « première urgence », ce processus itératif est continu, forçant siège et équipes locales à ajuster leurs paramètres d'intervention sur une base accélérée (semaine). Dans un processus de « stabilisation » d'une crise humanitaire, le même cycle de révision itérative s'inscrira dans un cycle plus lent (mois, voire trimestre).

Selon le Projet Sphère[16], le cycle du projet humanitaire est constamment en mode itératif et en constante « reconception ».

Figure 7

CYCLE DU PROJET SPHÈRE

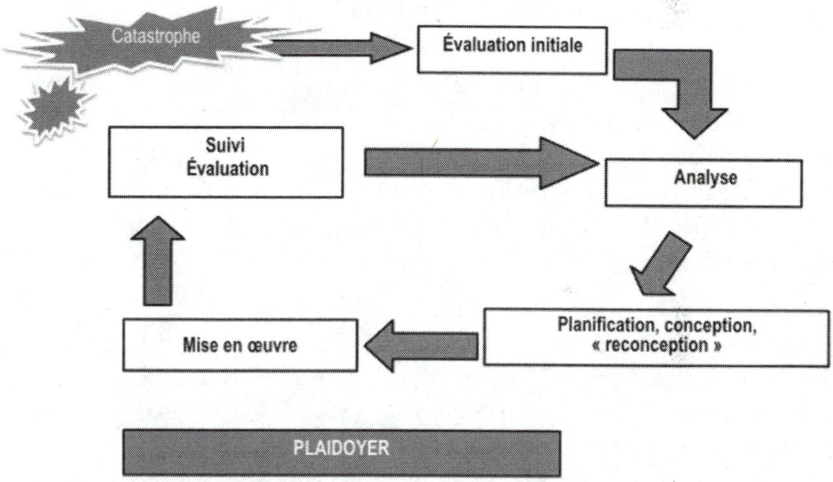

À l'instar du Projet Sphère, lequel n'omet pas de placer le travail de plaidoyer au centre de l'intervention des opérateurs humanitaires, l'UNHCR place lui aussi son mandat de protection au centre de son travail de programmation. La protection est l'essence même du travail de l'UNHCR et les activités de

16. Le manuel Sphère, *La Charte humanitaire et les standards minimums de l'intervention humanitaire*, constitue l'un des ensembles de principes communs et de standards universels minimaux des domaines de l'intervention humanitaire destinés à sauver des vies jouissant de la plus grande notoriété et de la meilleure reconnaissance à l'échelle internationale.

programmation, de la phase d'analyse et d'observation, jusqu'à la phase de la recherche de solutions durables, sont constamment jugées et rendues opérationnelles avec le souci constant que les États hôtes le fassent dans le souci du respect de leurs obligations internationales, et que les partenaires de mise en œuvre favorisent cette politique au même titre que l'UNHCR qui demeure, lui, dans son rôle de supervision globale des activités de protection internationale.

La « rosace des programmes » de l'UNHCR illustre la place centrale des activités de protection dans la gestion des opérations humanitaires contemporaines.

Figure 8

ROSACE DES PROGRAMMES DE L'UNHCR

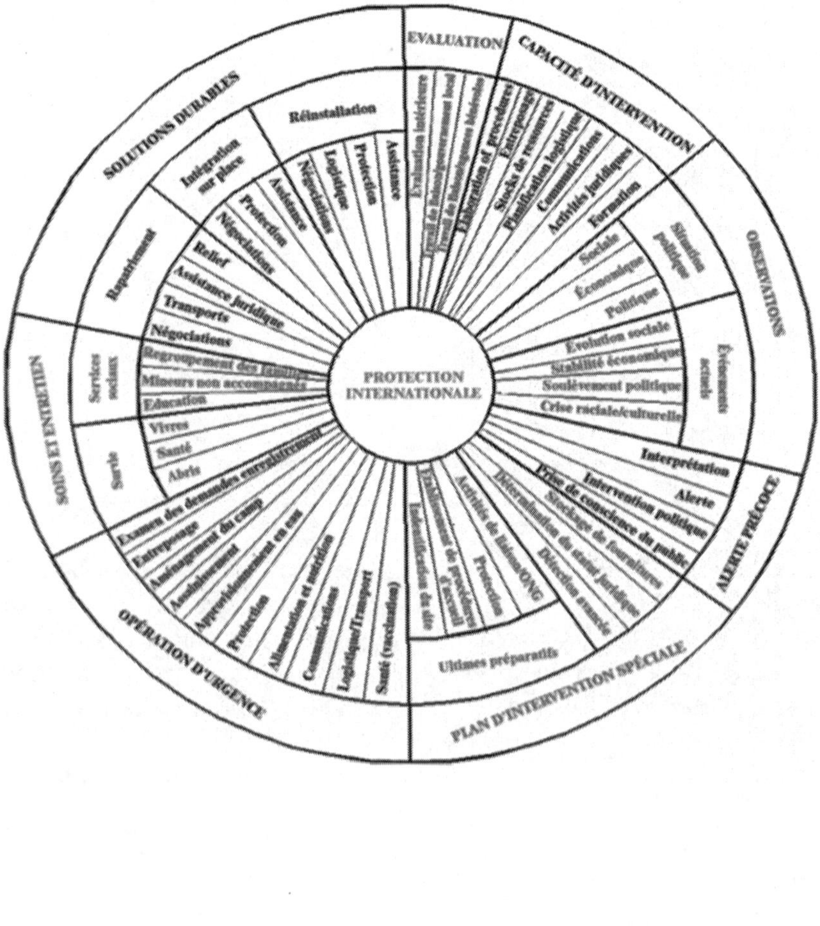

***

Ce premier chapitre avait pour objectif de mettre la table pour bien situer le contexte des projets de développement international et d'action humanitaire. La connaissance de ce contexte et des notions de base en gestion de projet est primordiale lorsqu'on entreprend une démarche de conception, de planification et de mise en œuvre d'un projet. Les caractéristiques et facteurs de succès demeurent en toile de fond de toutes les étapes du cycle de vie du projet. Ce chapitre a montré pourquoi il fallait situer le projet dans l'environnement externe et interne, particulièrement les dimensions liées à l'organisation ou aux organisations qui mettent en œuvre le projet. Sur la base de ces dimensions, le prochain chapitre présente les étapes permettant de concevoir un projet bien ancré dans son milieu.

CHAPITRE 2

La conception du projet de développement international et d'action humanitaire

2.1 INTRODUCTION

Ce chapitre présente toutes les étapes menant à l'identification et à la conception d'un projet. Cette première phase du cycle de vie peut requérir une période de temps substantielle avant même que le projet soit financé ou entamé. Cette phase démarre avec une collecte d'informations pertinentes et une analyse préalable de l'environnement du projet, notamment la problématique et les parties prenantes. Sur la base de bonnes pratiques et leçons d'expérience, nous présentons l'élaboration de cadre et de modèles suivant une chaîne logique d'intervention et de résultats, y compris la gestion des risques inhérents au projet. Les thèmes transversaux, tels que la réduction de la pauvreté, l'égalité entre les femmes et les hommes et l'environnement, et l'analyse de la faisabilité du projet dans toutes ses dimensions sont aussi pris en compte. Ce chapitre aborde enfin l'identification des modalités de réalisation, de suivi et de gestion du projet, lesquelles seront davantage détaillées par la suite dans la planification et la mise en œuvre du projet.

Comme mentionné dans le chapitre 1, le cycle de vie d'un projet fait apparaître les différentes phases que traverse un projet.

Figure 9

CYCLE DE VIE D'UN PROJET

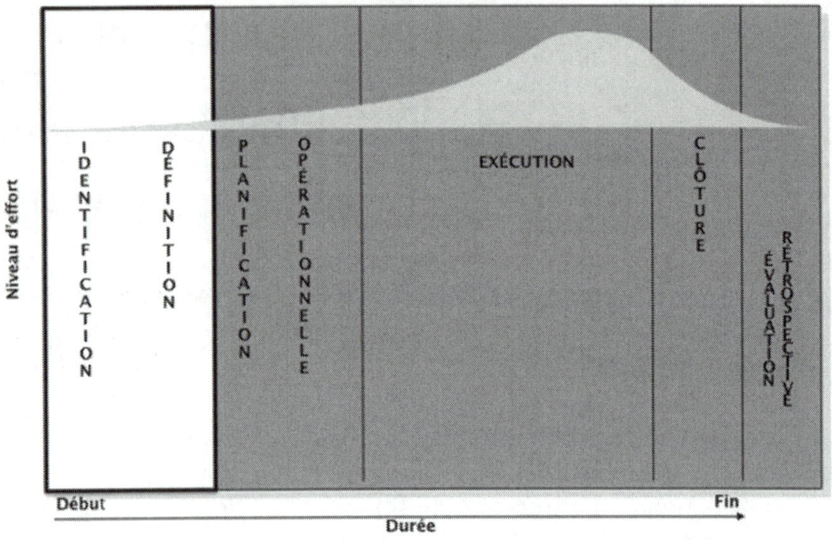

C'est la phase de définition du projet qui permet le développement de l'idée de départ et la mise en forme d'un document qui peut constituer une proposition de projet présentée à un bailleur de fonds. Une proposition de projet peut aussi être sollicitée pour faire suite à un appel à propositions (appel d'offres) ou sollicitée à l'initiative d'une ONG, d'une organisation publique ou d'une entreprise privée. Dans un contexte humanitaire, il est bien évident que c'est la rupture d'un cadre de vie permettant la satisfaction des besoins fondamentaux des populations ou encore l'atteinte à leur dignité et à leur sécurité, qui seront les premières raisons de la mise en œuvre d'un projet d'assistance humanitaire.

La phase de définition d'un projet poursuit plusieurs objectifs, notamment :

- concrétiser une intention, satisfaire un besoin, résoudre un problème ou saisir une occasion de développement ;
- déterminer le lieu de réalisation du projet ;
- identifier les bénéficiaires ;
- déterminer les résultats attendus ;
- élaborer une stratégie d'intervention ;

– susciter les appuis requis pour la mise en œuvre du projet;
– minimiser la résistance des opposants;
– prendre en compte les risques inhérents à la réalisation du projet;
– faire approuver le projet par les instances concernées;
– obtenir les ressources requises pour la réalisation du projet.

La figure 10 présente le déroulement général de la phase de définition d'un projet. Elle montre la nécessité de faire participer les parties prenantes clés du projet. L'expression «parties prenantes» désigne les personnes ou les organisations concernées (à l'interne et à l'externe) par la réalisation du projet. Une partie prenante «clé» est un acteur, un individu ou une organisation dont on ne peut se passer et dont on ne peut ignorer les intérêts et le niveau d'influence. L'analyse des parties prenantes fait partie du travail à réaliser dans le cadre de la phase de définition du projet, il en sera question plus loin dans ce chapitre.

Figure 10
DÉFINITION D'UN PROJET

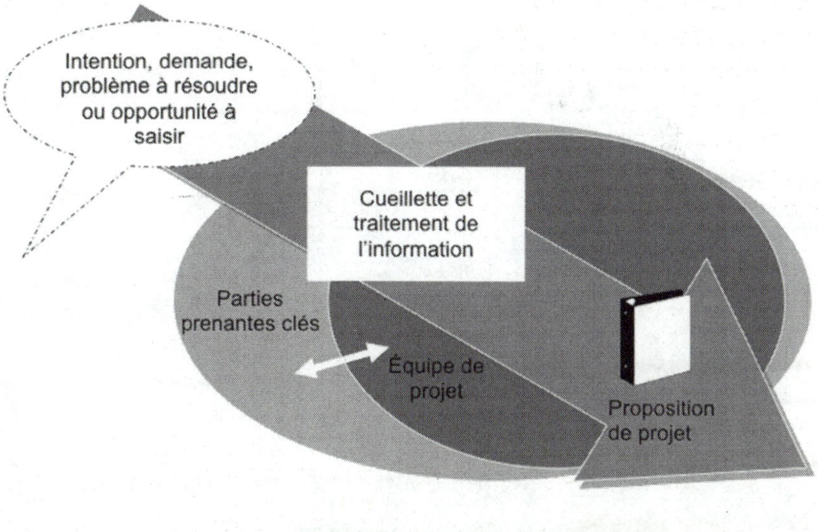

Il importe que les parties prenantes clés, surtout les bénéficiaires, soient sollicitées et associées le plus tôt possible dans le cycle de vie du projet. Il faut garder à l'esprit que la plupart des projets visent à résoudre des problèmes vécus par des groupes particuliers. Leur point de vue et leur contribution sont donc essentiels tout au long du cycle de vie du projet. La conception du projet est l'occasion d'instaurer une culture de participation très tôt dans le processus. Au besoin, l'équipe de projet devrait former les personnes dont la participation est requise à l'utilisation des outils d'analyse qui seront présentés plus loin dans ce chapitre. Une mauvaise interprétation des rôles, influences et priorités des parties prenantes présentes dans une intervention peut mener à l'échec d'un projet ou au retrait d'une organisation.

En humanitaire, une compréhension approfondie des mandats et des rôles des différentes parties prenantes est garante du succès de la programmation d'une organisation. La figure suivante expose d'ailleurs le nombre impressionnant de parties prenantes qui peuvent influer sur la réussite d'une opération humanitaire et toute la complexité du contexte.

Figure 11
PARTIES PRENANTES EN HUMANITAIRE

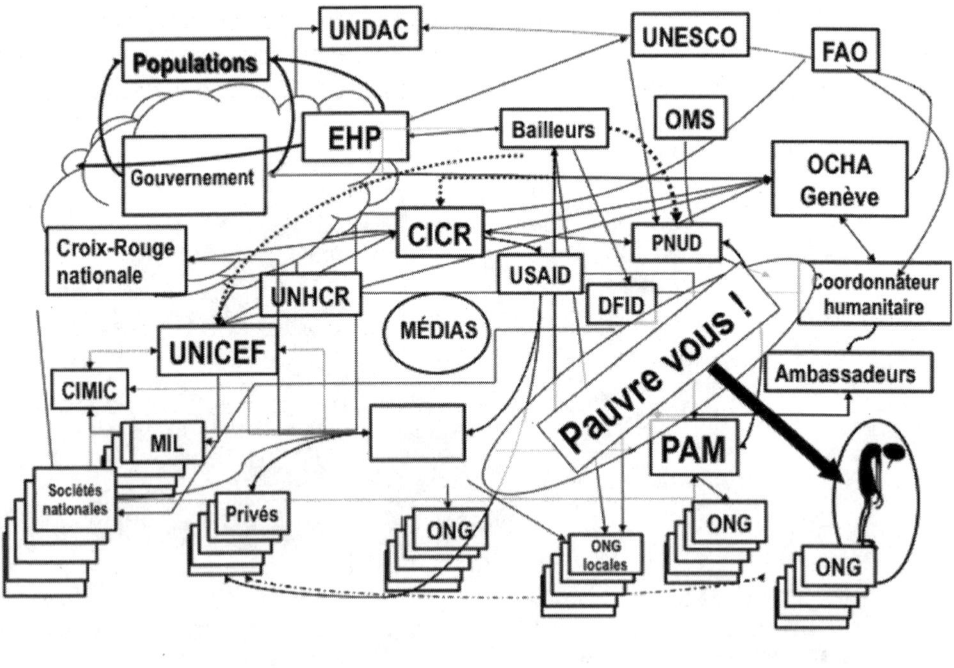

Le recours à l'approche participative peut s'avérer plus long et éventuellement plus coûteux, mais cette approche est essentielle à la réussite du projet et présente plusieurs avantages[1] :

- les parties prenantes ont la possibilité de prendre en charge leur processus de développement ;
- la conception du projet sera plus solide qu'elle l'aurait été sans participation ;
- l'appropriation du projet par les premiers concernés est favorisée.

Autant cette approche est davantage prise en compte dans les pratiques des acteurs et actrices de développement, autant elle mérite d'être mieux utilisée dans les projets humanitaires. L'engagement des humanitaires à réagir dans une perspective interactive et holistique avec les populations locales est une pratique qui se développe graduellement sur le terrain.

2.2 CRITÈRES D'APPRÉCIATION D'UN DOCUMENT DE PROJET

Le projet de développement doit satisfaire un certain nombre de critères pour être considéré comme pertinent par l'ensemble des acteurs (bailleur de fonds, pays bénéficiaire, partenaires locaux, etc.) :

- alignement sur les politiques et programmes sectoriels du pays d'intervention ;
- arrimage avec les politiques de coopération et de développement du bailleur de fonds qui sera sollicité ;
- stratégie d'intervention basée sur une analyse rigoureuse de la situation ;
- prise en compte des préoccupations et des besoins des parties prenantes clés ;
- appropriation du projet par les bénéficiaires et les partenaires locaux ;
- analyse adéquate des problèmes à résoudre ;
- prise en considération de l'égalité entre les femmes et les hommes ;

---

1. John CROPPER et collab. *A Guide to the PMD Pro 1 : Project Management for Development Professionals – Level 1*, 22 April 2010.

- intégration des leçons tirées de l'expérience des projets ou programmes similaires réalisés dans le passé ;
- prise en compte des autres projets réalisés dans le même secteur d'intervention.

Dans un contexte humanitaire, la pertinence s'exprime toujours sur la base de principes d'intervention codifiés dans le cadre des « Principes et bonnes pratiques pour l'aide humanitaire[2] ». Invariablement, la pertinence d'un projet d'action humanitaire reposera sur « les objectifs [...] de sauver des vies, d'atténuer les souffrances et de préserver la dignité humaine » (paragr. 1) ce qui implique que l'action humanitaire « englobe la protection des civils et des personnes qui ne prennent plus part aux hostilités ainsi que la fourniture de nourriture, d'eau, d'installations sanitaires, d'abris, de services de santé et autres secours, motivées par le souci d'aider les populations affectées et de faciliter leur retour à une vie et des moyens d'existence normaux » (paragr. 3).

Le projet humanitaire repose donc sur une analyse dont les paramètres sont effectivement liés aux objectifs et à la finalité de l'aide humanitaire et des besoins des bénéficiaires. Une illustration contemporaine se retrouve dans les critères de la Direction de l'assistance humanitaire internationale[3] (DAHI) du gouvernement canadien pour l'évaluation des propositions.

La DAHI évalue les propositions de financement en fonction de plusieurs critères, les principaux étant :

- *Caractère convaincant de la justification de la réponse proposée (y compris la portée géographique et les bénéficiaires visés ; la façon dont la proposition rejoint les plus vulnérables dans les situations les plus graves).* Ceci peut impliquer une analyse de la région couverte, une analyse de situation des autres acteurs pour éviter toute duplication d'efforts, une analyse par catégorie

2. *Principes et bonnes pratiques pour l'aide humanitaire* (aussi connue sous son acronyme anglais : *Good Humanitarian Donorship*), approuvés à Stockholm le 17 juin 2003 par l'Allemagne, l'Australie, la Belgique, le Canada, la Commission européenne, le Danemark, les États-Unis d'Amérique, la Finlande, la France, le Japon, le Luxembourg, la Norvège, les Pays-Bas, le Royaume-Uni, la Suède et la Suisse.
3. *Aide humanitaire internationale, Lignes directrices sur les propositions de financement présentées par les organisations non gouvernementales*, Affaires étrangères, Commerce et Développement Canada, août 2013 p. 15 et 16.

de bénéficiaires en fonction de la réponse à offrir, et le sentiment que l'organisation de mise en œuvre dispose des capacités à répondre de manière adéquate aux besoins pressentis;

- *Caractère convaincant des pièces justificatives servant à confirmer l'efficacité de l'intervention proposée.* Outre la documentation fournie par l'organisation, l'on fera appel à des analyses extérieures (littérature existante sur le «ReliefWeb[4]» du Bureau de la coordination des affaires humanitaires [BCAH], «Aperçu des besoins humanitaires» d'OCHA[5], appels d'autres agences des Nations Unies ou du Mouvement de la Croix-Rouge et du Croissant-Rouge, etc.);
- *Solidité des évaluations des besoins (combler les lacunes)*; l'évaluation est-elle conduite directement par une équipe locale de l'organisation, par une équipe partie du même mouvement (Croix-Rouge) ou d'une même fédération (Oxfam, CARE, Vision Mondiale, Médecins du Monde [MDM], etc.)?
- *Alignement sur des évaluations crédibles des besoins humanitaires ou un appel global d'un pays précis (le cas échéant)*; l'analyse des besoins de l'organisation repose-t-elle sur une même analyse de situation et de besoins que les Nations Unies ou le Mouvement de la Croix-Rouge?
- *Capacité opérationnelle de l'ONG et des partenaires, le cas échéant, dans le secteur proposé*; expériences antérieures connues et recensées, expérience sectorielle reconnue (par exemple Action contre la Faim en matière de nutrition ou de sécurité alimentaire, MSF ou MDM en matière de santé en situation d'urgence, etc.);
- *Capacité opérationnelle de l'ONG et des partenaires, le cas échéant, à intervenir dans le pays*; l'ONG a-t-elle une représentation physique au sein du pays, agit-elle au travers d'un tiers, institutionnel ou privé, ou d'une autre ONG partenaire?

---

4. http://reliefweb.int/
5. Voir par exemple la page «Humanitarian Response» sur l'Afghanistan: https://www.humanitarianresponse.info/operations/afghanistan

- *Dans quelle mesure l'ONG est la mieux placée pour répondre à la crise*; dans une intervention majeure à plusieurs acteurs, l'intervention de l'ONG est-elle perçue comme fondamentale, marginale, à valeur ajoutée ou pas?
- *Résultats escomptés*: mesure des résultats escomptés par rapport aux besoins identifiés, méthodologie et adéquation de la réponse, rapports coûts/résultats;
- *Niveau d'analyse des risques et stratégie de gestion dans le contexte de l'aide humanitaire en question*; l'environnement est-il porteur de risques potentiels? Analyse des risques antérieurs, présence ou absence d'autres acteurs «à risque» dans le même environnement (force internationale, mouvement rebelle, crime organisé, problème de réputation, etc.). Qui est responsable de l'analyse de risque pour le compte de l'organisation? Que pense le gouvernement de la zone d'intervention?
- *Niveau d'analyse de l'environnement (y compris la détermination des effets et d'une mesure d'atténuation, au besoin, et la détermination des indicateurs et des résultats escomptés au chapitre de la viabilité de l'environnement, s'il y a lieu)*; dans une perspective de *Do No Harm* qui privilégie les personnes, y a-t-il un risque important d'atteinte à l'environnement? Dans un cas canadien, les interventions proposées auront-elles le potentiel de violer les dispositions de la Loi canadienne sur l'évaluation environnementale (LCEE)?
- *Niveau d'analyse comparative entre les sexes (y compris la collecte des données ventilées par sexe et la détermination des résultats escomptés en matière d'égalité entre les sexes et des indicateurs sexospécifiques, s'il y a lieu)*; l'organisation procède-t-elle à une analyse de genre de son intervention[6]? Qui prendra en charge la mise en œuvre d'une politique reposant sur l'égalité entre les sexes et l'aide humanitaire? Comment ont été consultées les femmes et les jeunes filles? En quoi les

---

6. Pour comprendre les grandes lignes de la pensée et les lignes opérationnelles liées à l'approche de genre dans un contexte humanitaire, vous pouvez utilement vous référer à «Égalité entre les sexes et aide humanitaire: guide des enjeux», Aide humanitaire internationale, Affaires étrangères, Commerce et Développement Canada, 2003, p. 29.

résultats escomptés soutiennent-ils une présentation ventilée par sexe ?

- *Capacité de coordination de l'ONG dans le contexte local*; expérience, présence, réputation, partenariats, moyens et logistique, accord préliminaire à sa présence de la part des autorités locales ou nationales, etc. ;
- *Capacité technique de l'ONG*; capacités de mise en œuvre de processus technique complexe, expérience prouvée dans d'autres scénarios de crises humanitaires ;
- *Rendement et réputation de l'ONG au pays*; assurer que la réputation de l'ONG (absence de poursuites judiciaires, de plaintes, d'informations dans les médias) ne vienne pas porter préjudice au bailleur de fonds ;
- *Rendement antérieur de l'ONG dans le cadre de la mise en œuvre de programmes humanitaires financés par la DAHI, le cas échéant*; expériences passées avec la DAHI ou autres bailleurs. Exemplarité de la démarche, du rapportage, de la production des résultats escomptés, etc. ;
- *Rapport coût-efficacité de la proposition/optimisation des ressources*; ou encore « *value for money*[7] » ? En comparaison avec des financements similaires, les résultats attendus sont-ils au rendez-vous ? Comment calculer la mesure de l'efficience, laquelle est la mesure selon quelles ressources (fonds, expertise, temps) sont converties en résultats de matière économe ;
- *Disponibilité du financement*; s'entend non seulement du financement du bailleur principal, mais aussi de la contribution en argent (capacité de collecte de fonds à démontrer) ou en nature de la part de l'organisation partenaire contribue-t-elle au financement de la proposition dans son ensemble.

7. Le concept de « *value for money* » réfère à la combinaison optimale de rapport qualité-prix pour trouver le meilleur équilibre entre : l'économie, l'efficacité et l'efficience. On ajoute parfois l'équité comme « 4ᵉ E » de l'équation (Jackson, 2012).

Le projet doit aussi être réalisable, c'est-à-dire que sa faisabilité doit être démontrée. Le document de projet doit permettre de savoir :

- si les ressources sollicitées permettront de réaliser les activités prévues ;
- si les activités planifiées permettront de produire les résultats attendus et contribueront au renforcement des capacités locales ;
- si des modalités de gestion de la mise en œuvre du projet ont été prévues, incluant le suivi et l'évaluation ;
- si les risques ont été pris en considération, notamment les risques environnementaux ;
- si le contexte politique est favorable à la réalisation du projet ;
- si la réalisation du projet est possible dans le cadre légal et réglementaire en vigueur ;
- si le projet est socialement acceptable ;
- si le projet satisfait les exigences de rentabilité financière et économique lorsque de telles exigences sont pertinentes.

Finalement, le projet doit être viable (ASDI)[8], c'est-à-dire qu'il doit continuer à produire ses effets bénéfiques par lui-même au-delà de l'appui technique et financier apporté par l'aide extérieure. Un plan pour le désengagement de l'aide extérieure doit être mis en place. Les ressources internes et la capacité au sein de l'organisation vont être renforcées de manière durable[9]. Une stratégie de désengagement de l'aide extérieure doit avoir été prévue au préalable de même que le renforcement des capacités locales.

8. *ASDI. La méthode du cadre logique*, Stockholm, Suède, janvier 2003.
9. L'Agence canadienne de développement international (ACDI) utilise le mot « durabilité » pour désigner ce concept plutôt que le mot « viabilité ». Cependant, la durabilité peut être limitée à la seule notion de temporalité c'est pourquoi le terme « viable » est désormais davantage utilisé par d'autres acteurs.

2.3 L'approche « COMPAS Qualité10 » ou la « Rose des Vents »

Pour rester dans l'analyse de la pertinence d'un projet donné et s'assurer que ce dernier corresponde bien à un besoin démontré, qu'il soit cohérent avec le mandat et les principes de l'organisation et qu'il s'insère de façon optimale dans son environnement, un autre outil est utilisé par un certain nombre d'ONG humanitaires, particulièrement en France. Il s'agit de la « Rose des Vents », laquelle repose sur l'approche méthodologique du « COMPAS Qualité ». Cet outil, développé par un *Think Tank* français répondant au nom de Groupe URD[11] (Urgence Réhabilitation Développement), a la vertu de reposer sur un certain nombre de critères qui aident autant aux décisions des opérateurs de terrain comme de la haute direction d'une organisation.

En soi, la Méthode COMPAS, destinée aux acteurs humanitaires, peut être vue comme une méthode d'« assurance qualité[12] » spécialement conçue pour l'aide humanitaire. Elle a deux usages, le premier étant celui d'aider à assurer le pilotage du projet et son évaluation, et le second, de pouvoir améliorer en permanence la qualité du service rendu aux populations affectées par les crises : *Pilotage et évaluation de l'action ont aussi pour but de crédibiliser les ONG, de fonder la confiance, en aval vers les bénéficiaires et en amont vers les donateurs et bailleurs*[13].

---

10. Pour approfondir ses connaissances sur l'approche du « COMPAS Qualité », consulter le site http://www.compasqualite.org/fr/index/index.php
11. www.urd.org
12. Les « approches qualité » sont des outils qui visent à améliorer l'organisation, la performance, la mise en œuvre des actions humanitaires, soit par l'adoption de méthodologies de mise en œuvre (COMPAS Qualité), l'adoption de normes et standards minimums (Projet Sphère) ou encore de politiques de renforcement de capacités des organisations pour renforcer leur redevabilité envers les bénéficiaires (*HAP – Humanitarian Accountability Partnership, People In Aid, Synergies, etc.*).
13. Groupe URD, http://www.compasqualite.org/fr/methode-compas/objectifs-methode-compas.php

Figure 12

« ROSE DES VENTS » DU COMPAS QUALITÉ (© GROUPE URD)

Comme nous pouvons le voir, les quatre points cardinaux A, B, C et D représentent des critères d'impact et de résultats centrés sur les populations affectées: réponse à un besoin démontré, atteinte des objectifs du projet, atténuation ou évitement des impacts négatifs et recherche d'un impact positif au-delà de l'intervention (long terme).

Les autres critères (de E à L) sont des critères de structure et de processus qui concernent respectivement le projet, l'acteur et son environnement.

La décision d'engager ou pas l'organisation dans une réponse humanitaire particulière pour aider les populations affectées et leur environnement dépendra des réponses colligées par les acteurs. L'outil, qui se met en œuvre idéalement sur une base participative entre siège, terrain et équipes internes, fournit des balises interprétatives devant permettre d'engager un diagnostic sur les capacités de mise en œuvre, la capitalisation sur l'expérience acquise, la pertinence de l'intervention par rapport au mandat de l'organisation et par rapport aux besoins prévalant, ainsi que de s'assurer que les impacts positifs à long terme sont supérieurs aux possibles impacts négatifs générés à court terme.

Même si l'outil en soi démontre un certain niveau de complexité ne permettant pas le plus souvent à toutes les équipes d'une organisation de prendre le temps d'en analyser toutes les étapes, il possède la vertu de forcer décideurs et opérateurs à réfléchir sur les raisons motivant un engagement humanitaire extérieur.

2.4 CONTENU TYPE D'UN DOCUMENT DE PROJET

Les bailleurs de fonds ont tous leurs exigences quant au contenu d'un document de projet, mais si la forme varie, le fond est toujours le même. Le tableau 1 présente le modèle type d'une table des matières d'un document de projet.

Au début de la conception, il est utile de prendre connaissance rapidement des exigences de contenu et de présentation du ou des bailleurs envisagés. Ces directives ne doivent toutefois pas entraver le travail de conception du projet, elles doivent plutôt guider la rédaction du document.

Dans un contexte humanitaire, en fonction du type de proposition (une crise soudaine par opposition à un mécanisme de financement annuel) ou de la rapidité de réaction des acteurs (en dedans de 24 heures à quelques semaines ou mois après la crise), le nombre comme le gabarit des documents exigés par un département humanitaire peuvent varier. Dans le cas canadien[14], cela peut générer des propositions « abrégées[15] » ou « complètes » :

---

14. *Lignes directrices, op. cit.*, p. 16.
15. Canada : « La DAHI acceptera les propositions abrégées des ONG seulement au cours de la phase initiale d'une crise soudaine », *Lignes directrices, op. cit.*, p. 18.

TABLEAU 1
TABLE DES MATIÈRES TYPE D'UN DOCUMENT DE PROJET

Sommaire exécutif

Introduction

Contexte et justification du projet

Présentation du projet

- Stratégie d'intervention
- Bénéficiaires
- Contribution à la réduction de la pauvreté
- Stratégie d'égalité entre les femmes et les hommes
- Stratégie environnementale
- Stratégie de viabilité
- Stratégie de gestion des risques
- Cadre de mesure du rendement
- Modalité de gestion du projet
- Calendrier de réalisation
- Ressources requises

Modalités de suivi et évaluation du projet

Stratégie de financement du projet

Présentation de l'organisation proposant le projet

Appuis au projet

Annexes

- Liste des documents analysés
- Liste des personnes, groupes ou organisations consultés
- Cadre logique ou modèle logique du projet
- Budget du projet
- Lettres d'appui au projet, s'il y a lieu
- Autorisations obtenues, s'il y a lieu
- Protocoles d'ententes signés avec des partenaires, s'il y a lieu
- Curriculum vitae du directeur de projet et des personnes qui occuperont les autres postes clés au sein de l'équipe de projet

TABLEAU 2
INFLUENCE DE LA NATURE DE LA CRISE ET DE LA RAPIDITÉ DE LA RÉPONSE SUR LE DOCUMENT DE PROJET

DOCUMENTS EXIGÉS PAR LA DAHI DANS LE CADRE DES PROPOSITIONS DE FINANCEMENT		
	MÉCANISME DE FINANCEMENT ANNUEL OU SITUATIONS HUMANITAIRES COMPLEXES	AUTRE MÉCANISME DE FINANCEMENT OU CRISES SOUDAINES
Profil institutionnel dans les dossiers de la DAHI	Oui	Oui
Fiche sommaire du projet	Oui	Oui
Proposition abrégée	Oui	Oui
Proposition complète	Non	Non
Budget sommaire	Non	Oui
Budget détaillé	Oui	Oui
Modèle logique	Oui	Oui
Cadre de mesure du rendement	Oui	Oui
Calendrier de mise en œuvre	Oui	Oui

2.5 RAISONS DU REJET DE CERTAINES PROPOSITIONS DE PROJET

La personne ou l'équipe qui propose un projet veut évidemment que le document de projet entraîne son acceptation, mais force est de constater que les propositions ne sont pas toutes acceptées. Les propositions rejetées le sont souvent pour l'une ou l'autre, ou pour une combinaison des raisons suivantes[16] :

- le problème à résoudre n'est pas présenté adéquatement ;
- le document ne permet pas de percevoir l'importance de l'enjeu ;
- les bénéficiaires n'ont pas été impliqués dans la conception du projet ;
- la proposition est mal rédigée et difficile à comprendre ;
- les résultats du projet ne sont pas dans les domaines prioritaires du bailleur de fonds sollicité ;
- la proposition sollicite un financement supérieur à ce que le bailleur de fonds peut fournir ;

16. Neil KENDRICK. *Project Proposal Writing: A practical toolkit for development professionals*, ELD Publication, 2009.

- le projet n'a pas été coordonné avec les interventions d'autres organisations (l'organisation a-t-elle, en contexte humanitaire, participé aux analyses conjointes des besoins, particulièrement dans le cadre des groupes sectoriels [*clusters*]);
- le bailleur de fonds n'est pas convaincu que l'organisation qui propose le projet a la capacité (technique ou de gestion) de mettre en œuvre le projet;
- le projet est trop ambitieux, soit par son ampleur, sa portée géographique, le nombre de bénéficiaires touchés par opposition aux capacités connues ou pressenties de l'organisation;
- le ou les rédacteurs du document n'ont pas suivi les lignes directrices du bailleur de fonds;
- les modalités de suivi et d'évaluation ne sont pas présentées.

2.6 BONNES PRATIQUES BASÉES SUR LES LEÇONS DE L'EXPÉRIENCE

De façon à accroître la probabilité d'acceptation d'une proposition de projet, il y a lieu de mettre en œuvre certaines pratiques qui se sont avérées bénéfiques lors de la conception de projets:

- intégrer les préoccupations des groupes ou minorités traditionnellement exclus. Dans une approche de « vulnérabilité humanitaire », ils sont toujours les derniers entendus, voire servis, par une intervention donnée. Leur relative « invisibilité », ou manque d'accès direct aux acteurs ou aux ressources a vite fait d'empirer leur condition. Le fait de prendre en compte les besoins de ces groupes permet d'agir en cohérence avec les priorités identifiées par ces groupes, de participer à la réduction des inégalités et d'avoir un impact durable;
- prévoir le renforcement des capacités des partenaires locaux tout au long de la réalisation du projet, jusqu'à qu'ils finissent par faire partie de la stratégie de sortie. Dans le cadre des projets d'action humanitaire, l'existence de partenaires locaux varie de quelques mois à habituellement un maximum d'une année. Le développement des compétences locales s'avère donc particulièrement important quand vient le moment de décider à qui transférer la

responsabilité des programmes en cours et des tâches, des responsabilités comme des équipements;

- impliquer les parties prenantes clés, décrire comment les bénéficiaires (en considérant la diversité basée sur le sexe, l'appartenance ethnique et l'âge, etc.) et les partenaires locaux de mise en œuvre ont participé à la prise des décisions concernant la conception, l'exécution et le suivi du projet;
- élaborer une stratégie d'intervention menant manifestement aux résultats à produire; la méthodologie de conception et de mise en œuvre doit mettre en exergue l'expérience et la valeur ajoutée de l'organisation, en comparaison avec les autres approches proposées;
- identifier les risques et les mesures à prendre pour les gérer; décrire comment la situation de sécurité a évolué au fil du projet; expliquer s'il a fallu redéfinir les risques pour la sécurité que l'ONG avait cernés au début du projet et si l'ONG a ensuite pris de mesures pour répondre à ces risques;
- prendre en compte les enjeux transversaux: réduction de la pauvreté, égalité entre les femmes et les hommes, diversité ethnique et protection de l'environnement; décrire comment le projet a pris en compte concrètement les besoins, les intérêts, les capacités et les vulnérabilités des femmes, des hommes, des filles et des garçons touchés à toutes les étapes du projet (analyse des besoins, conception et mise en œuvre); en matière d'environnement, quelles mesures ont été prises afin d'assurer la protection de l'environnement et de gérer les risques pour l'environnement;
- décrire tout gain d'efficacité particulier que l'ONG a réalisé au cours du projet pour ce qui est de fournir les intrants et de mettre en œuvre les activités;
- établir le lien entre les résultats immédiats du projet et les objectifs à moyen et long terme;
- démontrer que l'ONG a coordonné ses efforts avec le travail du gouvernement hôte, d'autres organisations pertinentes et le système humanitaire en général (coordinations intersectorielles, *clusters*).

2.7 DÉMARCHE DÉTAILLÉE DE CONCEPTION DE PROJET

Un projet de développement vise toujours à intervenir dans un contexte donné pour résoudre un problème. Il arrive fréquemment qu'une personne ou une équipe ait, dès le départ, une idée de ce qu'il faudrait faire sans avoir une compréhension du problème à résoudre, des enjeux présents dans le contexte et des intérêts des acteurs en présence. Il est, la plupart du temps, difficile de justifier une activité ou un ensemble d'activités en raisonnant à rebours pour identifier le problème à résoudre afin de démontrer la pertinence du projet. La marche à suivre pour concevoir un projet qui s'avérera efficace est plutôt l'inverse, elle cherche à favoriser la réflexion stratégique en voulant cerner un problème important au sein d'un contexte où les enjeux sont multiples et où les acteurs ont des intérêts divers avant de concevoir le projet qui introduira un changement positif.

La figure 13 présente la démarche de conception proposée tout au long de ce chapitre.

Figure 13
CONCEPTION D'UN PROJET

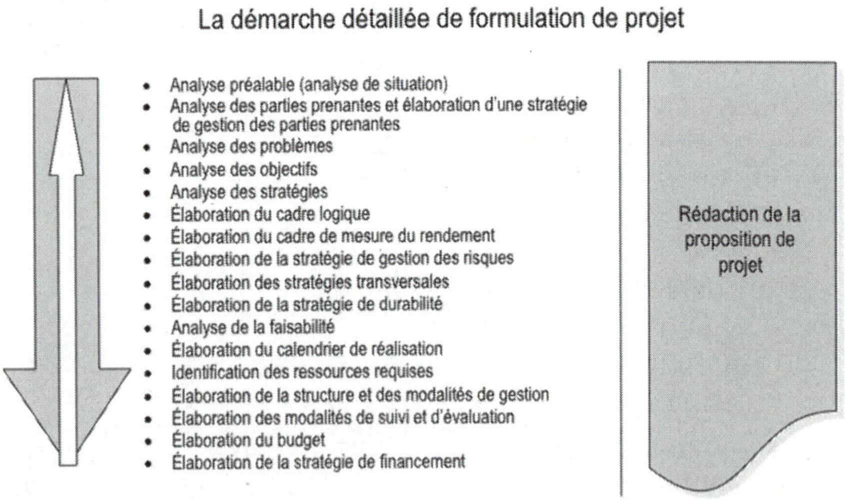

La double flèche à gauche du schéma ci-dessus veut marquer le fait que la démarche n'est pas aussi linéaire qu'on pourrait le penser. Il est possible, par exemple, que l'analyse de la faisabilité permette d'identifier un risque important qui avait échappé à l'analyse des risques. Il n'est donc pas nécessaire d'attendre à la fin de la démarche pour rédiger le document de projet, la rédaction peut se faire progressivement au fur et à mesure de l'avancement du travail.

Les cinq premières étapes de la démarche permettent de démontrer la nécessité d'une intervention et l'élaboration d'une solution (projet) qui sera pertinente de différents points de vue : pays concerné (arrimage avec les politiques et la stratégie de réduction de la pauvreté), secteur (arrimage avec le plan de développement sectoriel concerné), bailleurs de fonds (priorité et stratégie d'appui au pays), des acteurs organisationnels concernés (arrimage avec les plans stratégiques et les programmes de renforcement des capacités) et des bénéficiaires (prise en compte des besoins prioritaires). Ces analyses permettent aussi de s'assurer de la complémentarité du projet qui sera élaboré avec d'autres projets en cours ou prévus.

2.8 ANALYSE PRÉALABLE

Le contexte d'un projet est composé du cadre historique, géographique, politique, écologique, social et institutionnel de sa réalisation, y compris les tentatives antérieures d'intervention. Une connaissance générale du contexte est nécessaire à une bonne identification des problèmes à résoudre, ainsi que des occasions et contraintes qui sous-tendront le choix des stratégies d'intervention. Elle conduit à la pertinence des objectifs du projet. L'analyse du contexte comprend :

- l'énoncé des finalités ou des objectifs globaux identifiés *a priori* et qui constituent la motivation même de la démarche, avec d'éventuelles références aux politiques et programmes dans laquelle celle-ci s'intègre ;
- l'examen des considérations qui ont abouti au choix du domaine d'intervention (secteur éventuel, problématique de développement ou humanitaire, espace géographique, bénéficiaires cibles), y compris les antécédents du projet (son origine, l'histoire des faits qui mènent à la démarche) ;
- la présentation du domaine d'intervention, du territoire et de son environnement ;

- l'identification des principales parties prenantes, qu'elles soient visées comme bénéficiaires ou non de l'intervention;
- un premier diagnostic de situation et de présentation d'analyse des besoins.

Plusieurs méthodes peuvent être utilisées pour procéder à la cueillette de l'information nécessaire à l'analyse de l'environnement du projet:

- l'analyse de documents existants;
- l'observation directe et l'observation participative;
- des entrevues dirigées ou semi-dirigées d'interlocuteurs clés;
- des groupes de discussion;
- des réunions;
- des ateliers participatifs;
- des enquêtes.

Avant de démarrer les travaux détaillés d'analyse avec les parties prenantes, il est important que ceux qui sont impliqués dans l'identification ou la conception du projet aient une connaissance suffisante de la politique, du contexte sectoriel et institutionnel dans lequel ils vont travailler. Les principaux documents de référence à analyser incluent notamment:

- la stratégie de réduction de la pauvreté du gouvernement;
- les stratégies sectorielles de développement;
- les stratégies, politiques, lois, programmes en matière de droits des femmes et d'égalité entre les femmes et les hommes;
- les documents présentant la stratégie des bailleurs de fonds pour le pays;
- les rapports d'études pertinents;
- les rapports d'évaluation de programme ou projets pertinents.

Dans le cadre d'une analyse de contexte humanitaire, on peut aussi ajouter:

- les politiques humanitaires décidées ou appuyées par le gouvernement ou l'Équipe humanitaire pays;

- Aperçus des besoins humanitaires (Bureau de coordination des affaires humanitaires - OCHA[17]) ou d'organisations internationales (UNHCR, Fonds des Nations Unies pour l'enfance [UNICEF]);
- lès programmes d'analyse des besoins en situation «post-désastre» (PDNA [*Post Disaster Needs Assessments*]).

Si l'organisation qui développe le projet a effectué un exercice de planification stratégique récemment, le plan stratégique devrait avoir identifié les problèmes ou les occasions appelant l'élaboration et la mise en œuvre de projets. Si ce n'est pas le cas, il est nécessaire de procéder à l'analyse de la situation de l'organisation dans son environnement avant de s'attaquer à l'élaboration d'un projet dont le bien-fondé ne pourra être mis en cause. Il ne faut pas se limiter à l'analyse de l'organisation (environnement interne du projet), mais aussi à son environnement (environnement externe du projet). La conception du projet, et plus tard sa planification et sa mise en œuvre, doivent tenir compte des facteurs de l'environnement qui peuvent permettre d'en démontrer le bien-fondé ou qui peuvent influencer sa faisabilité.

2.9 ANALYSE DES PARTIES PRENANTES ET ÉLABORATION D'UNE STRATÉGIE DE GESTION DES PARTIES PRENANTES

L'analyse préalable permet d'identifier les facteurs qui doivent être pris en considération dans l'environnement du projet, mais c'est l'analyse des parties prenantes qui permet l'identification des acteurs importants et l'élaboration d'une stratégie de gestion des parties prenantes.

Il est utile, lorsqu'on analyse l'environnement d'un projet, de distinguer l'environnement à connaître, avec lequel le projet devra composer, et l'environnement à influencer, comme l'illustre la figure 14[18].

17. Aperçus des besoins humanitaires (Bureau de coordination des affaires humanitaires - OCHA ou d'organisations internationales CUNHCR, Fonds des Nations Unis pour l'enfance (UNICEF).
18. Adapté de: William E. SMITH, Francis J. LETHEM, et Ben A. THOOLEN. *L'organisation des projets de développement rural: un essai de synthèse*, Washington, DC, Banque mondiale, document n° 375, mars 1980. Déjà adapté dans: Derick W. BRINKERHOFF et Janet C. TUTHILL. *La gestion efficace des projets de développement*, Deuxième édition, Kumarian Press, 1991.

Figure 14

ENVIRONNEMENT DU PROJET

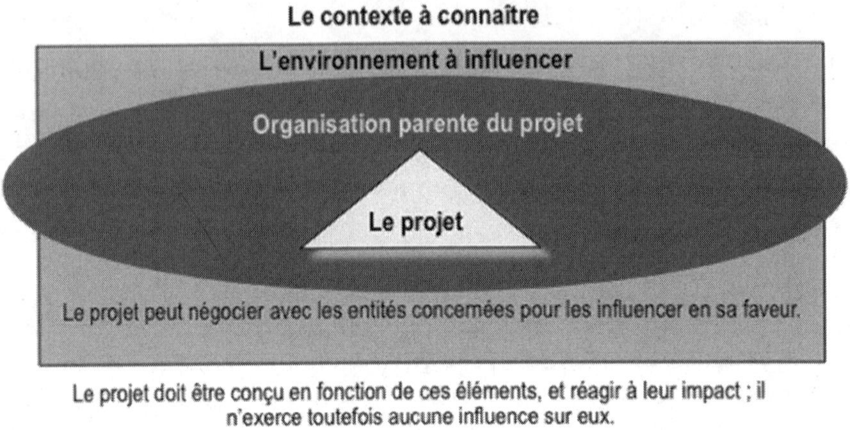

La figure 14 fait aussi ressortir, compte tenu du fait que c'est de l'environnement du projet dont il est question, qu'une partie de l'environnement à influencer se trouve à l'intérieur de l'organisation parente du projet (organisation porteuse du projet).

L'expression «partie prenante[19]», définie en début de chapitre, désigne tout individu, groupe de personnes, organisation (publique, privée, communautaire, nationale, internationale, etc.) susceptible d'être concernée par la réalisation du projet ou d'avoir à composer avec les effets et les impacts du projet. L'ensemble des parties prenantes incluent notamment les membres de l'équipe de projet, les dirigeants de l'organisation parente du projet, les bénéficiaires du projet et les autres individus, groupes et organisations de l'environnement dont le projet a besoin ou qui ont, ou croient avoir, des intérêts dans le projet. Une analyse genrée doit être présente tout au long de cette identification. Il est aussi possible, à l'instar de la politique édictée par le Comité permanent interorganisations[20] (CPI, 2009) d'introduire dans la planification

19. L'expression «partie prenante» est la traduction couramment utilisée pour le mot *stakeholder* de la langue anglaise.
20. Le Comité permanent interorganisations est une réunion de coordination des principaux acteurs humanitaires, laquelle développe des politiques ciblées sur différents sujets de l'action humanitaire, voir https://interagencystandingcommittee.org/

et le développement des projets humanitaires, un « marqueur genre », lequel traduit le niveau d'implication des opérateurs dans l'intégration d'une démarche genre « dédiée », « significative » ou « insignifiante[21] ».

Il est possible de procéder à l'analyse des parties prenantes de façon systématique en suivant la démarche suivante :

- l'identification des parties prenantes ;
- la recherche d'information sur les parties prenantes ;
- l'identification des intérêts et des positions des parties prenantes ;
- l'identification des forces et des faiblesses des parties prenantes ;
- l'identification des stratégies d'intervention des parties prenantes.

Les parties prenantes les plus importantes pour un projet sont celles requises pour réussir, d'où l'utilité de se poser les questions suivantes afin de cerner les besoins clés du projet :

- Quelles sont les autorisations requises ?
- Quel est le financement nécessaire ?
- Quelles sont les informations nécessaires ?
- Quelles sont les ressources humaines dont on aura besoin ?
- Quelles sont les ressources matérielles dont on aura besoin ?
- Quels sont les appuis requis ?
- Quel niveau de visibilité souhaite-t-on ?

Il faut ensuite se demander quels sont les individus, les groupes ou les organisations qui pourront satisfaire ces besoins. Une fois la liste des parties prenantes dressée, il est utile de distinguer les parties prenantes principales et les parties prenantes secondaires. Les personnes, groupes et organisations qui auront une relation formelle contractuelle ou légale avec le projet constituent les parties prenantes principales. Les acteurs qui influencent ou affectent le projet ou encore qui sont influencés ou affectés par le

21. https://docs.unocha.org/sites/dms/CAP/Gender%20Marker%20FAQ%2029%20July%202011.pdf

projet, sans toutefois être impliqués régulièrement dans sa réalisation concrète, sont les parties prenantes secondaires. Ils ne sont pas essentiels à la survie du projet.

Une autre lecture des parties prenantes est de classer celles qui sont décisionnelles, celles qui sont primaires (ou intéressées au premier degré) ou secondaires (ou intéressées, mais de moindre manière), et enfin celles qui ne disposent que d'un intérêt secondaire (Tableau 3). Chacune de ses parties prenantes définit sa position en fonction de ses intérêts ou des effets de ses actions, de sa position face à la situation analysée, de l'importance et de l'influence que les parties prenantes peuvent avoir les unes par rapport aux autres, et enfin les changements attendus de chacune des parties prenantes pour assurer la mise en œuvre du projet souhaité.

TABLEAU 3

DISTINCTION ENTRE LES PARTIES PRENANTES

Partie prenante	Intérêt/ Effet	Position et intensité	Importance ou influence	Changements souhaités
Décisionnelles				
Primaires				
Secondaires				
Ayant un intérêt				

Si nous reprenons notre analyse des parties prenantes principales et décisionnelles, nous trouvons la haute direction de l'organisation parente du projet, le ou les bailleurs de fonds, les membres de l'équipe de projet, les clients ou bénéficiaires du projet, les fournisseurs, les sous-traitants, les organisations partenaires, le gouvernement national, l'administration locale, etc. Ces parties prenantes ont un rôle stratégique et opérationnel à jouer en participant à la formulation, à la planification, à la mise en œuvre, à la clôture et à l'évaluation du projet. Ils constituent une infrastructure organisationnelle sur laquelle peut s'appuyer l'équipe de projet. On s'attend notamment à ce que ces acteurs :

– placent l'équipe de projet en situation de leadership ;

– jouent leur rôle dans les processus décisionnels jalonnant le cycle de vie du projet;
– fournissent les ressources requises tout au long du cycle de vie du projet;
– établissent et maintiennent des relations bénéfiques avec toutes les parties prenantes;
– donnent l'exemple afin que se développe une culture de l'excellence dans le projet;
– mettent en place les mécanismes de supervision appropriés afin d'assurer le suivi du projet;
– s'impliquent dans le suivi en cours d'exécution, les évaluations de mi-parcours et de fin de projet et l'évaluation rétrospective du projet.

Les médias et les groupes d'intérêt entrent généralement dans la catégorie des parties prenantes secondaires, tout comme les compétiteurs, les leaders d'opinion, les chefs traditionnels, les communautés locales, les comités de citoyens, les groupes de pression, les organisations professionnelles, les églises, certains établissements (écoles, hôpitaux), etc. Ces parties prenantes ont notamment la capacité de mobiliser l'opinion publique en faveur du projet ou, au contraire, de générer et d'alimenter une opinion publique défavorable. Ces acteurs peuvent exercer une grande influence, positive ou négative, sur le projet. Leur gestion représente un défi parce que le gestionnaire de projet ne peut pas s'appuyer sur son autorité ou sur une relation formelle pour exercer une influence. Le chef de projet et son équipe doivent miser sur leurs habiletés interpersonnelles, leur pouvoir de persuasion, leurs intérêts politiques, leurs connaissances, leur expertise, etc., pour les influencer dans l'intérêt supérieur du projet.

Comme il est important de connaître ses alliés et ses adversaires, il est fondamental d'identifier les parties prenantes qui sont favorables au projet; il faudra chercher à obtenir leur soutien et à susciter leur implication, et celles qui s'y opposent: il faudra tenter de les convaincre du bien-fondé et de la faisabilité du projet tout en essayant de contrer leur influence en maintenant un comportement conforme à l'éthique.

Il est aussi essentiel d'identifier les bénéficiaires directs et indirects. Les bénéficiaires directs sont les individus et les groupes qui bénéficieront directement des réalisations du projet. Dans le cas par exemple d'un projet visant à former les policiers à l'utilisation d'approches communautaires pour assurer la sécurité des personnes déplacées vivant dans des camps à la suite d'un séisme, les bénéficiaires directs sont les policiers qui bénéficieront de la formation. Les bénéficiaires indirects sont alors les personnes déplacées vivant dans les camps qui seront davantage en sécurité si le projet est réalisé comme prévu et si le raisonnement qui sous-tend le projet se vérifie. Il est aussi utile de se demander si le projet ne fait pas d'exclus ou de laissés pour compte, ce qui pourrait amener une révision de l'idée de départ du projet.

De façon à pouvoir élaborer une stratégie de gestion des parties prenantes, il est nécessaire de se renseigner sur chacune d'elle en se posant les questions suivantes :

- Quelle est la mission de la partie prenante si celle-ci est une organisation ? Quelles sont ses valeurs ?
- Quels sont les enjeux stratégiques auxquels elle fait face dans le cadre du projet ?
- Quels sont les intérêts de la partie prenante dans le projet ? Qu'est-ce que la partie prenante a à gagner ou à perdre si le projet est une réussite ? Ou au contraire s'il ne se réalise pas ou est un échec ?
- Quel(s) rôle(s) la partie prenante peut-elle jouer dans le projet ?
- Quel est le niveau d'influence de la partie prenante ?
- De quel niveau de soutien bénéficie-t-elle ?
- Quelles sont les ressources dont elle dispose ?
- Quelles sont ses forces et ses faiblesses ?
- Quelle est la stratégie d'intervention généralement mise en œuvre par la partie prenante dans la poursuite de ses intérêts ?

Cette recherche d'information sur les parties prenantes est une opération délicate qui doit être effectuée en respectant les standards éthiques les plus élevés en matière de collecte de données. Plusieurs sources d'information peuvent être utilisées telles que :

- les connaissances des membres de l'équipe de projet ;
- des interviews d'informateurs clés incluant les représentants et représentantes des groupes marginalisés ;
- les médias (journaux, revues spécialisées, radio, télé, Internet) ;
- les publications des groupes ou organisations concernés (journaux, plans stratégiques, rapports annuels, sites Web, etc.) ;
- les discours des leaders de groupes ou d'organisation ;
- des conférences.

Dans un contexte humanitaire, ce type de travail est parfois facilité par le fait que les groupes sectoriels (*clusters*) permettent un regroupement des organisations par travail thématique ou sectoriel et une meilleure connaissance les unes des autres dès le début de l'intervention au sein d'une crise humanitaire.

La recherche d'information devrait permettre d'identifier les forces et les faiblesses de chacune des parties prenantes afin d'apprécier l'importance qu'il faudra leur accorder. Le tableau 4 donne des exemples de forces et de faiblesses.

TABLEAU 4

FORCES ET FAIBLESSES DES PARTIES PRENANTES

FORCES	FAIBLESSES
Disponibilité de ressources propres	Manque de ressources
Utilisation généralement efficace des ressources disponibles	Utilisation généralement inefficace des ressources disponibles
Alliance politique	Absence d'appui politique
Opinion publique favorable	Opinion publique défavorable
Leadership des dirigeants	Absence de leadership des dirigeants
Niveau d'engagement élevé des employés ou des membres	Faible niveau d'engagement des employés ou des membres
Succès antérieurs	Stratégies d'influence généralement inefficace
Travail au travers des groupes sectoriels	Travail isolé
Expérience de longue date sur le site de l'intervention	Aucune expérience locale
Réputation enviable	Mauvaise réputation
Accès facile à des financements nationaux ou internationaux	Accès difficile à des financements nationaux ou internationaux
Membre d'une «famille» ou fédération d'ONG	Aucune adhésion à une «famille» ou fédération d'ONG
Connaissance de la culture et de la langue du pays	Non connaissance de la culture et de la langue du pays
Logistique locale	Sans moyens locaux
Capacité de collecte de fonds	Aucune ou faible capacité de collecte de fonds

Le niveau d'influence des parties prenantes est aussi à prendre en considération. La figure 15[22] montre qu'il convient d'apporter le plus grand soin aux relations entre le projet et les parties prenantes.

22. Adapté de: Neil KENDRICK. *Project Proposal Writing: A practical toolkit for development professionals*, ELD Publication, 2009.

Figure 15
NIVEAU D'INFLUENCE DES PARTIES PRENANTES

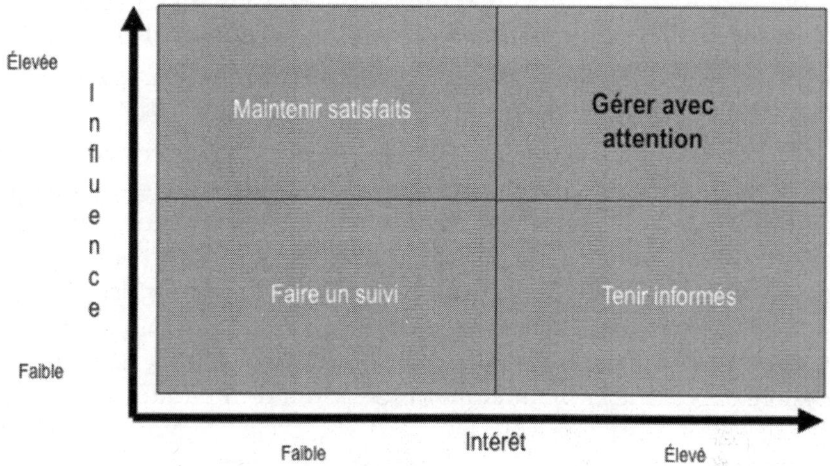

En reprenant ce tableau, il est possible de cartographier le positionnement de chacun des acteurs en jeu. La figure suivante représente un «*mapping*» ou une cartographie des acteurs positifs ou négatifs d'un projet donné:

Figure 16
CARTOGRAPHIE DES ACTEURS

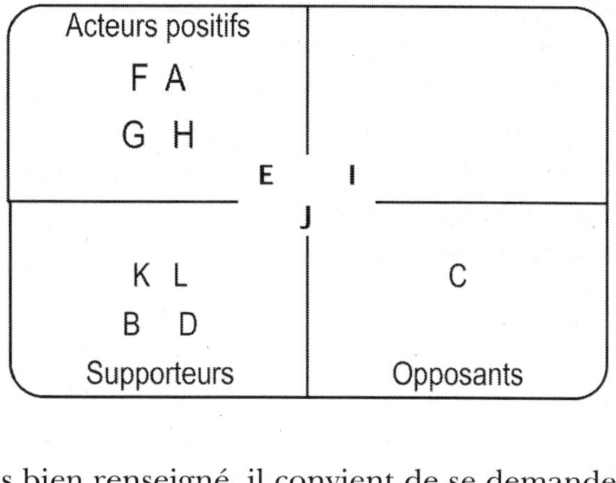

Une fois bien renseigné, il convient de se demander comment chacune des parties prenantes se comportera envers le projet. Comment réagira-t-on aux demandes (autorisation, financement, collaboration, etc.)? Quels sont les moyens qui seront déployés pour appuyer le projet ou s'y opposer (aucun moyen ou interventions au niveau politique, recours juridiques, acceptation ou refus de délivrer les autorisations requises ou de fournir les ressources requises, saisir l'opinion publique, etc.)? Comment les interventions des membres du projet seraient-elles en mesure de changer les positions et attitudes des parties prenantes hostiles?

La dernière étape de l'analyse des parties prenantes consiste à élaborer la stratégie que le projet devra déployer pour influencer favorablement les parties prenantes, en respectant les standards éthiques les plus élevés. L'attitude à adopter à l'égard des adversaires est de tenter de les convaincre du bien-fondé du projet et de les transformer en alliés. On estime qu'il faut à tout le moins maintenir des passerelles de communication ouvertes. Il est possible de s'inspirer de quelques règles, soit d'impliquer les parties prenantes principales tout au long du cycle de vie du projet, conclure des ententes de partenariat avec les parties prenantes dont la participation est essentielle et coopter les parties prenantes secondaires que l'on ne voudrait pas voir s'opposer au projet.

Plusieurs raisons sont évoquées quant à l'importance de la participation des parties prenantes clés, notamment les bénéficiaires, dès la conception du projet, pour:

- les inciter à définir, gérer et contrôler leur propre développement;
- s'assurer que les finalités et les objectifs du projet seront pertinents et répondront aux besoins réels des bénéficiaires;
- s'assurer que la stratégie d'intervention sera adaptée à la situation locale;
- susciter les partenariats, l'appropriation et l'engagement nécessaire à la réussite du projet.

Le tableau 5 consigne à titre d'exemple le résultat de l'analyse des parties prenantes à partir d'un cas portant sur une problématique de pollution fluviale.

Le tableau 6 présente un autre exemple d'analyse de parties prenantes dans le contexte d'un projet humanitaire de réinstallation de personnes déplacées au Sri Lanka.

TABLEAU 5

EXEMPLE D'ANALYSE DES PARTIES PRENANTES SUR LA POLLUTION FLUVIALE

CARACTÉRISTIQUES DES PARTIES PRENANTES	INTÉRÊTS ET COMMENT ELLES SONT AFFECTÉES PAR LE OU LES PROBLÈMES	CAPACITÉ ET MOTIVATION POUR LE CHANGEMENT	STRATÉGIES POSSIBLES POUR PRENDRE EN COMPTE LEURS INTÉRÊTS
Familles de pêcheurs: 20 000 familles environ, faibles revenus, petites entreprises familiales, organisées en coopératives non officielles, les femmes s'occupent de traiter et de vendre le poisson.	Elles cherchent à maintenir et à améliorer leurs moyens de subsistance. La pollution affecte le volume et la qualité des prises. La santé des familles est précaire, surtout celle des mères et de leurs enfants.	Elles ont un vif intérêt pour les mesures de contrôle de la pollution. Leur influence politique est limitée du fait du manque d'organisation.	Développer leur capacité d'organisation et de lobbying. Mettre en place des mesures de contrôle de la pollution industrielle. Trouver et développer des sources de revenus alternatives pour hommes et femmes.
Entreprises de l'industrie du textile: Opérations industrielles à grande échelle, peu réglementées, absence de syndicats, lobby influent, peu conscientes de l'impact de leur activité sur l'environnement.	Elles cherchent à maintenir, voire à augmenter, leurs profits. Elles veulent projeter une image positive. Elles s'inquiètent des coûts qu'elles devraient supporter si des lois de protection de l'environnement étaient promulguées.	Elles possèdent des ressources financières et techniques. À l'heure actuelle, elles ont une faible motivation pour le changement.	Développer la prise de conscience des retombées sociales et environnementales de leur action. Mobiliser la pression politique pour influencer le comportement de l'industrie. Renforcer et mettre en œuvre les dispositions légales et réglementaires de protection de l'environnement.
Ménages: Environ 150 000 ménages déversent leurs déchets et eaux sales dans la rivière, consomment l'eau et les poissons de la rivière.	Ils sont conscients de la pollution industrielle et de ses conséquences sur la qualité de l'eau. Ils veulent évacuer leurs déchets loin du foyer. Ils veulent avoir accès à de l'eau propre.	Ils ont un faible niveau de connaissance des impacts sur la santé de leurs propres comportements (disposition des déchets et des eaux souillées). Ils semblent prêts à payer pour une amélioration des services de traitement des déchets et des eaux usées.	Développer la prise de conscience des familles sur les conséquences de leurs propres habitudes d'évacuation des déchets et des eaux souillées. Travailler avec les communautés et les administrations locales pour traiter les questions de l'eau et de l'hygiène.
Agence de protection de l'environnement...	...	...	...

TABLEAU 6

EXEMPLE D'ANALYSE DES PARTIES PRENANTES EN HUMANITAIRE

PARTIES PRENANTES	INTÉRÊT ET EFFET	POSITION ET INTENSITÉ (EFFET ET ENJEU)	IMPORTANCE DES INFLUENCES (SUCCÈS OU RÉSISTANCE)	RÉSULTATS ATTENDUS
DÉCISIONNELLES				
ÉTAT Sri lankais	**Priorité élevée:** -Maintenir l'ordre et la paix sur son propre territoire. -Permettre aux réfugiés de se déplacer, de travailler, d'éduquer leurs enfants, de se procurer des terres; et ce, dans un endroit sécuritaire et durable.	-L'État a la responsabilité de prendre en charge ces citoyens. - Il agit en partenariat avec les parties prenantes (opérations, missions d'évaluation, etc.). -Il permet la réinsertion des déplacés.	**Influence élevée:** -L'État possède le pouvoir de protéger et d'assurer la sécurité de ses habitants. -Il facilite le travail des membres du personnel humanitaire et leur permet de conduire leurs activités librement et efficacement. -Il peut procurer des ressources nécessaires à l'organisation pour leurs opérations.	-Assistance: Assurer la survie, le bien-être, l'éducation, le respect des droits de la personne et du droit international humanitaire (DIH). -Mise à disposition de terres cultivables. -Coopération avec les acteurs humanitaires pour faciliter leur travail.
Bailleurs de fonds	**Priorité élevée:** -Visibilité du projet -Financement permettant de réaliser le projet et de répondre ainsi aux besoins des déplacés.	-Les bailleurs de fonds financent les projets. -Ils possèdent une capacité institutionnelle, organisationnelle et financière.	**Influence élevée:** -Sans fonds = pas de projet. -Engagement à court terme. -Plusieurs donateurs sur le même projet peuvent créer des conflits.	-Ouvert à s'engager sur le long terme, par l'intermédiaire de plusieurs projets consécutifs. -Cohérence entre les bailleurs pour faciliter les opérations du projet.
ONG TFP (Tamouls pour la paix)	**Priorité élevée:** -Coordonner les activités avec l'ensemble des parties prenantes.	-Aider les rapatriés à se réinstaller.	**Influence élevée:** - L'ONG connaît bien la population tamoule, la culture et la zone d'intervention.	-Mettre en place un plan d'action pour la réinstallation de 2000 familles. -Assurer le bien-être de la population. -Assurer de bons partenariats avec les autres parties prenantes pour les besoins immédiats et les projets à long terme.
Autorités locales	**Priorité élevée:** -Participer à tous les niveaux de la planification et de la mise en œuvre du projet.	-Responsable de la logistique terrain et du recensement. -Coordination. -Évaluation des besoins.	**Influence moyenne:** - Les autorités locales sont connectées au terrain. -Elles connaissent bien le milieu d'intervention. -Elles assurent la continuité du projet.	-Effectuer le recensement. -Informer l'ONG de tous les problèmes ou les changements liés au terrain. -Assurer la pérennité du projet. -Coordonner efficacement avec les ONG.

PARTIES PRENANTES	INTÉRÊT ET EFFET	POSITION ET INTENSITÉ (EFFET ET ENJEU)	IMPORTANCE DES INFLUENCES (SUCCÈS OU RÉSISTANCE)	RÉSULTATS ATTENDUS
PRIMAIRES				
Organisation des Nations Unies pour l'alimentation et l'agriculture (FAO)	**Priorité élevée:** -Éradiquer la faim, la malnutrition et l'insécurité alimentaire.	-Contribuer à assurer la sécurité alimentaire sur le long terme.	**Influence élevée:** – La FAO sera impliquée conjointement avec l'ONG TFP afin de trouver des solutions durables en ce qui concerne l'alimentation.	-Implication de longue durée. -Apport d'une stabilité alimentaire. -Développement des projets d'agriculture durable et des solutions alternatives. -Distribution de semences.
UNHCR	**Priorité élevée:** -L'UNHCR dirige et coordonne l'action internationale visant à protéger les réfugiés et à résoudre leurs problèmes. -Il sauvegarde les droits et le bien-être des réfugiés.	-L'UNHCR procède aux opérations d'enregistrement. -Il agit en partenariat avec les autres parties prenantes. -Il évalue les besoins.	**Influence moyenne:** -L'UNHCR protège les droits des réfugiés. -Il a la capacité financière et organisationnelle. -Il répond aux besoins d'urgence et met en place des solutions durables.	-Veiller à ce que les effectifs de réfugiés soient établis de façon précise et mis à jour régulièrement. -Respect des droits des réfugiés.
Partenaires opérationnels Jaffna social action center (JSAC)	**Priorité élevée:** -Assurer le succès du projet sur le terrain. -Établir la coordination entre les bénéficiaires et les autorités locales.	-Aider à la vérification d'identité. -Impliquer les bénéficiaires dans les décisions.	**Influence moyenne:** -Les partenaires locaux aideront à l'efficacité de la mise en œuvre du projet. -La proximité du terrain permet de renseigner les autorités locales et d'influencer les décisions plus hautes.	-Les partenaires prennent en compte la sécurité des bénéficiaires et la dimension « genre ». -Ils aident au recensement des arrivants. -Les autorités locales sont informées des changements ou problèmes liés au terrain.
Bénéficiaires	**Priorité élevée:** -Les bénéficiaires désirent avoir une vie décente, se nourrir, se loger, travailler, etc.	-Principaux receveurs d'aide.	**Influence basse:** -Acceptation du projet. -Participation active aux activités.	-Les bénéficiaires reçoivent la nourriture nécessaire, une terre pour cultiver, un endroit pour vivre et du travail à l'aide du « *cash for work* ».

PARTIES PRENANTES	INTÉRÊT ET EFFET	POSITION ET INTENSITÉ (EFFET ET ENJEU)	IMPORTANCE DES INFLUENCES (SUCCÈS OU RÉSISTANCE)	RÉSULTATS ATTENDUS
SECONDAIRES				
Société civile	**Priorité moyenne:** -Bonne gouvernance. -Développement durable. -Coordination entre les différentes parties prenantes.	-Établir le lien entre les rapatriés et les décideurs à différents niveaux et pour différents domaines.	**Influence basse:** -La société est étroitement liée aux populations. -Les organisations rassemblent différents individus avec des objectifs communs.	-Société civile forte, structurée et organisée. -Promotion de l'intérêt collectif local et national pour le bien-être des rapatriés.
AYANT UN INTÉRÊT				
Secteur privé	**Priorité basse:** -Se donner une image positive du commerce. -Contribuer au projet en offrant des services spécialisés. -Prendre une part de marché.	-Offrir des services complémentaires au secteur public. -Agir en partenariat avec les différentes parties prenantes.	**Influence basse:** -Apporter une expertise précise et complémentaire.	-Coordination efficace avec les acteurs humanitaires et respect des principes et des normes humanitaires. -Respect des communautés bénéficiaires.

D'autres types de tableaux peuvent être utilisés pour synthétiser le résultat de l'analyse des parties prenantes. Le tableau 7 en présente un exemple.

TABLEAU 7

SYNTHÈSE DE L'ANALYSE DES PARTIES PRENANTES

IDENTIFICATION DE LA PARTIE PRENANTE	BESOIN CLÉ DU PROJET QUE PEUT SATISFAIRE LA PARTIE PRENANTE	NIVEAU D'INFLUENCE ET COMPORTEMENT PROBABLE DE LA PARTIE PRENANTE SUR LE PROJET	STRATÉGIE DU PROJET À L'ÉGARD DE LA GESTION DE LA PARTIE PRENANTE

Le besoin de participation des parties prenantes est l'une des grandes leçons tirées de l'expérience des projets de développement international et d'action humanitaire. Sans elle, la pertinence, l'efficacité et l'efficience du projet en souffrent et la durabilité est généralement impossible.

Les actions à prendre doivent être clairement identifiées et les responsabilités bien établies, par exemple en utilisant un tableau comme celui qui suit.

TABLEAU 8

ACTION À ENTREPRENDRE POUR LES PARTIES PRENANTES

Partie prenante:				
Action à prendre	Mise en oeuvre		Suivi	
	Date ou période	Responsable	Modalité	Responsable

Comme la situation évoluera tout au long du cycle de vie du projet, l'analyse des parties prenantes et la mise à jour de la stratégie d'influence à déployer en faveur du projet doivent être une préoccupation continue durant tout le projet. Elle a un caractère itératif et doit être revue régulièrement tout au long du cycle de vie du projet.

2.10 ÉTABLISSEMENT DE LA PROBLÉMATIQUE ET ARBRE À PROBLÈMES

Lorsqu'un projet se veut une solution à un problème ou une contribution à sa résolution, il importe de bien comprendre celui-ci en procédant à une analyse systématique afin de s'assurer que les parties prenantes clés ont la même compréhension du problème.

Un problème est un écart entre ce qui est (la situation actuelle) et ce qui devrait être (la situation souhaitée). Pour résoudre le problème (concevoir et mettre en œuvre un projet qui apportera une solution ou permettra une évolution favorable de la situation), il faut connaître la cause de cet écart et s'assurer qu'il y a consensus au sein des parties prenantes clés quant à cette cause.

L'établissement de la problématique doit permettre de répondre à certaines questions telles que[23]:

- Quel est le principal problème de développement ou d'action humanitaire que devra résoudre le projet?
- À quoi le problème est-il dû?
- Quelles sont les causes profondes réelles qui sont à l'origine du problème?
- Quelles sont les causes récentes ou immédiates qui sont à l'origine du problème?
- Qu'est-ce qui empêche les groupes concernés de résoudre eux-mêmes le problème?
- Quelles sont les conséquences qu'entraîne le problème?
- Qui est touché par le problème et de quelle façon?

23. Adapté de: ASDI. *La méthode du cadre logique*, 2003.

- Quelle a été l'évolution du problème dans le temps ?
- Quelles sont les leçons tirées des tentatives antérieures de résolution du problème ?

La méthode de l'arbre à problèmes est fréquemment utilisée pour l'identification des causes et des conséquences d'un problème de développement, surtout si un consensus doit être établi entre les parties prenantes clés. L'arbre à problèmes est une méthode d'analyse qui vise à identifier un enjeu central, ses effets (conséquences) et ses causes. Comme l'illustre la figure 17, pour réaliser l'arbre à problèmes, on dessine un arbre en indiquant au niveau du « tronc » le problème central qui fait l'objet d'un consensus parmi les parties prenantes clés. On cherche ensuite à identifier les principales causes du problème et ses conséquences (effets). Concernant les causes (les racines de l'arbre), il convient de distinguer les causes « premières » ou principales (celles qui sont tout en bas) et les causes « secondaires », en posant la question suivante : cette cause est-elle la conséquence d'autres causes ? Les causes sont hiérarchisées et inscrites au niveau des racines de l'arbre. C'est aux causes du problème que le projet devra s'attaquer. Les conséquences (effets) sont indiquées au niveau des branches. Une fois complété, l'arbre à problèmes offre une image de synthèse (un modèle) de la situation problématique existante.

Figure 17
ARBRE À PROBLÈMES

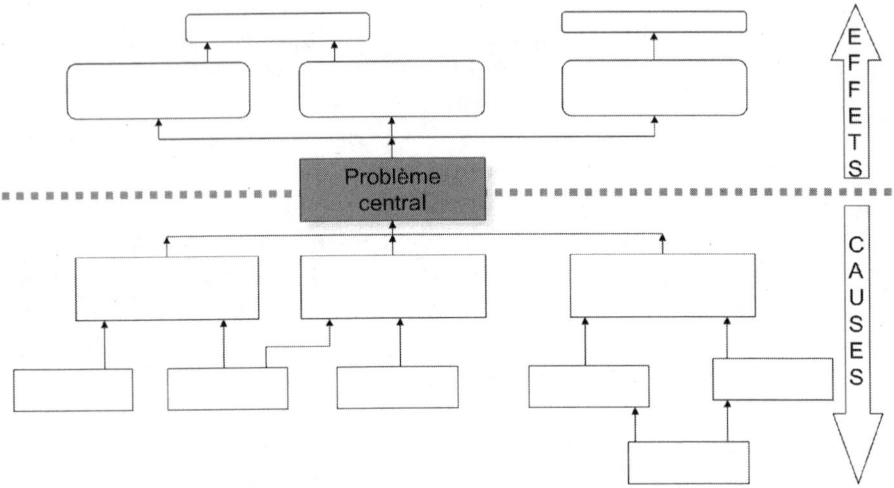

En fonction de l'envergure du problème, l'arbre aura plus ou moins de niveaux et sera plus ou moins étendu. La figure 18 est un exemple d'arbre à problèmes dans le cas de l'analyse d'une problématique de pollution fluviale[24].

24. Source: Commission européenne, *Gestion du cycle de projet*, Bruxelles, Belgique, mars 2004, p. 68.

Figure 18
ARBRE À PROBLÈMES – EXEMPLE

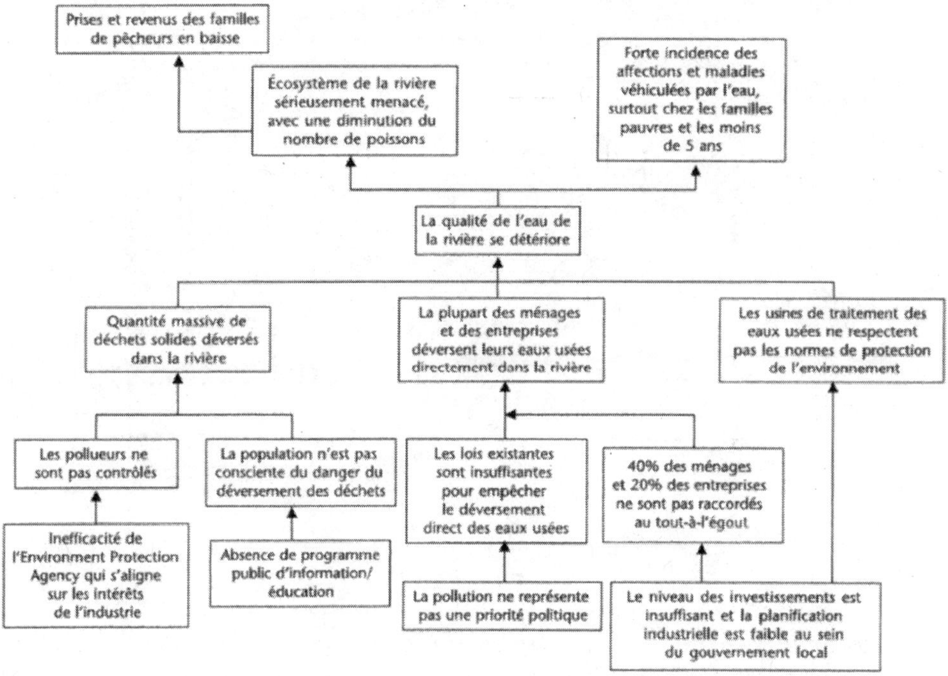

La technique de l'arbre à problèmes peut aussi être parfaitement utilisable comme outil d'analyse d'une problématique humanitaire :

Figure 19

ARBRE À PROBLÈMES D'UNE PROBLÉMATIQUE DE SANTÉ[25]

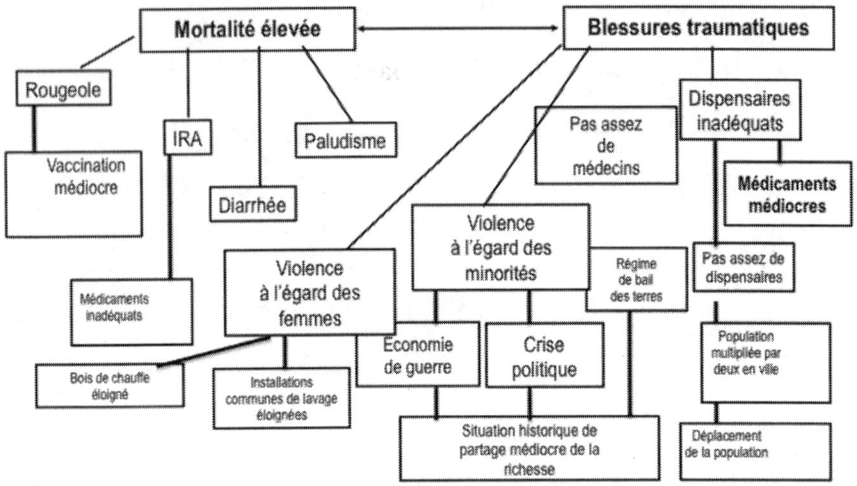

Figure 20

ARBRE À PROBLÈMES D'UNE PROBLÉMATIQUE D'INSÉCURITÉ ALIMENTAIRE[26]

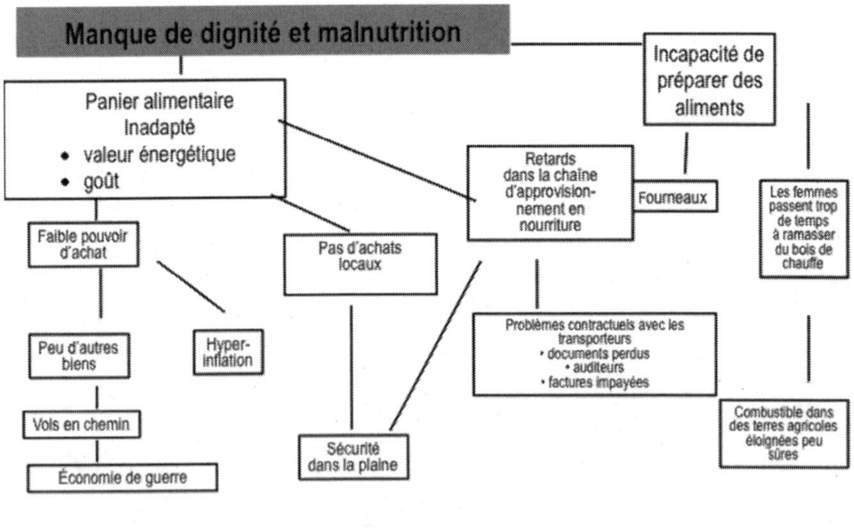

25. © Projet Sphère.
26. *Ibidem*.

Certains points importants doivent être considérés lors de l'élaboration d'un arbre à problèmes[27]:

- La qualité du résultat est déterminée par les participants à l'exercice et par les compétences du facilitateur. La participation de représentants des parties prenantes possédant les connaissances et compétences requises est essentielle.
- Des ateliers participatifs où interviennent des groupes représentatifs des différents groupes (femmes, groupes ethniques, etc.) allant jusqu'à 25 personnes constituent des forums parfaits pour mettre au point les arbres à problèmes.
- Il peut être judicieux d'entreprendre séparément plusieurs exercices d'analyse de l'arbre à problèmes avec différents groupes mixtes d'intéressés afin d'examiner les perspectives et la façon dont les priorités peuvent varier.
- Le processus est aussi important que le résultat. Il peut être considéré comme un moyen d'apprentissage pour tous ceux qui y participent et permet l'expression de points de vue et intérêts différents.
- Le résultat de l'exercice (l'arbre à problèmes) doit fournir une version solide, mais aussi simplifiée de la réalité. S'il est trop compliqué, il risque d'être moins efficace pour indiquer la direction à prendre lors des étapes suivantes de l'analyse.

2.11 ARBRES DES OBJECTIFS ET STRATÉGIES

Une fois l'analyse à problèmes réalisée, il convient de se pencher sur la façon dont il serait possible de les résoudre, soit en s'attardant aux objectifs. L'analyse des objectifs est une approche méthodologique employée pour décrire la situation future une fois que les problèmes identifiés seraient résolus.

Lorsque la méthode de l'arbre à problèmes est utilisée pour l'analyse des problèmes, le passage à la méthode de l'arbre des objectifs suit logiquement. Ce dernier découle d'une inversion de l'arbre des problèmes: les situations insatisfaisantes figurant dans l'arbre à problèmes sont ici remplacées par les situations

27. Adapté de: Commission européenne, *Gestion du cycle de projet*, Bruxelles, Belgique, mars 2004, p. 68.

satisfaisantes correspondantes. Une situation satisfaisante et réaliste est une situation éthiquement acceptable et modifiable par l'action humaine. Les deux arbres ont donc la même forme, mais les situations décrites sont inversées. Là où l'arbre à problèmes met en relation les causes et les effets, l'arbre des objectifs relie les moyens et les fins.

Comme l'illustre la figure 21, l'objectif central, correspondant à la résolution du problème central, est placé au centre du schéma.

Figure 21
ARBRE DES OBJECTIFS

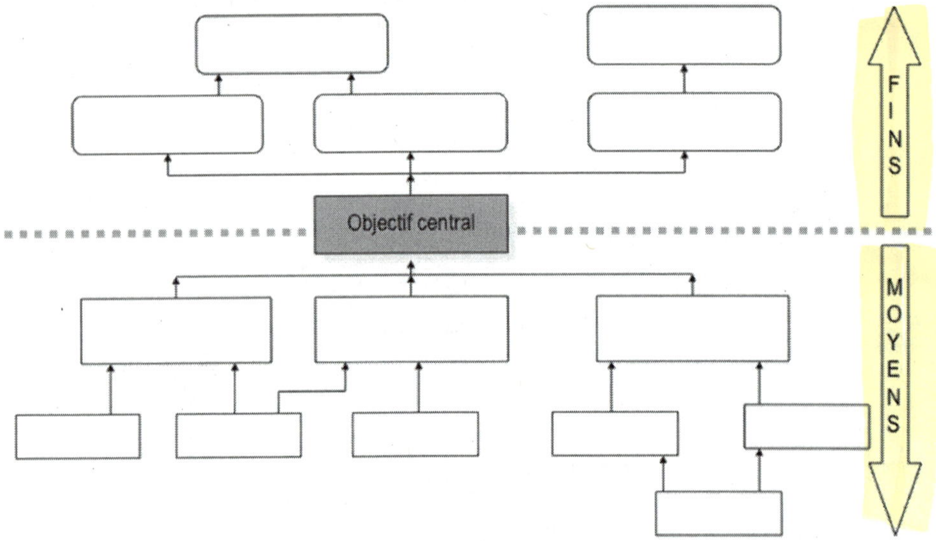

Comme dans le cas de l'arbre à problèmes, le nombre de niveaux et l'étendue varieront en fonction de la complexité de la problématique de départ. Il est possible, en mettant à contribution les parties prenantes clés, de procéder à l'élaboration de l'arbre des objectifs de façon systématique[28] :

28. Adapté de : Commission européenne, *Gestion du cycle de projet*, Bruxelles, Belgique, mars 2004, p. 69.

1. Reformuler toutes les situations négatives de l'analyse des problèmes en situations souhaitables et réalistes.
2. Vérifier la relation moyens/fins pour s'assurer que la hiérarchie est pertinente et complète (les relations de cause à effet sont transformées en liens moyens/fins).
3. Si nécessaire :
   - revoir la formulation des objectifs ;
   - ajouter de nouveaux objectifs s'ils semblent adaptés et nécessaires pour atteindre l'objectif à un niveau directement supérieur ;
   - supprimer les objectifs qui semblent inadaptés ou inutiles.

La figure 22 présente un arbre des objectifs élaboré à partir de l'arbre des problèmes déjà présenté[29].

---

29. Source : Commission européenne, *Gestion du cycle de projet*, Bruxelles, Belgique, mars 2004, p. 70.

Figure 22
ARBRE DES OBJECTIFS – EXEMPLE

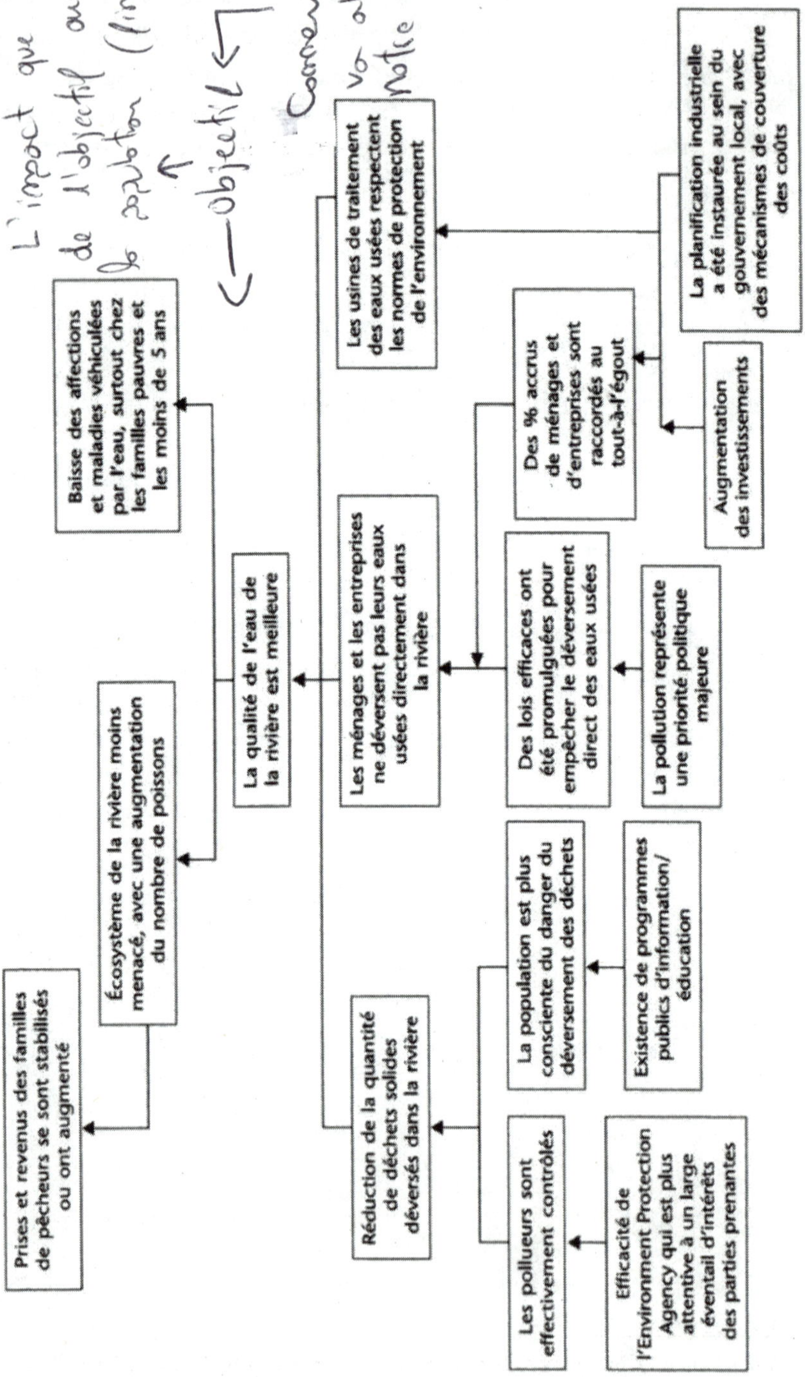

Une fois l'arbre des objectifs réalisé, il convient :

- de vérifier le caractère réaliste et souhaitable des objectifs formulés ;
- de vérifier les relations de cause à effet, sachant que supprimer une des causes d'un problème ne supprime pas toujours celui-ci.

Dans l'éventualité où l'arbre des objectifs demande à être rectifié, il faut également réviser l'arbre des problèmes. Une fois terminé, l'arbre des objectifs fournit un aperçu (un modèle) de la *situation future souhaitée*, comprenant les moyens indicatifs permettant d'atteindre le but.

L'analyse des objectifs précède le choix des objectifs du projet puisque tous ceux ayant été évoqués dans l'exercice ne seront pas nécessairement retenus. Des choix s'imposent parmi les objectifs de l'arbre. Ceux pouvant être poursuivis avec le meilleur impact de développement en tenant compte des contraintes existantes, des occasions et des moyens disponibles devraient être choisis en priorité. Pendant les processus d'analyse des parties prenantes, d'analyse des problèmes et d'identification des objectifs potentiels du projet, les points de vue sur les possibles avantages ou difficultés liés au traitement des problèmes auront fait l'objet de discussions. Ces questions et ces options doivent ensuite être examinées de plus près pour déterminer l'envergure du projet avant d'entreprendre des travaux de conception plus approfondis[30].

Dans la hiérarchie des objectifs, les différentes « familles » d'objectifs de même nature sont appelées « stratégies ». Dans un tel découpage, il faut choisir la ou les stratégies de l'intervention future, ce qui revient à décider des objectifs à inclure DANS le projet et des objectifs à garder EN DEHORS du projet. Dans l'exemple ci-dessus, on peut déterminer trois projets complémentaires qui pourraient être réalisés concurremment ou subséquemment. On pourrait aussi intégrer le tout dans un seul projet qui aurait trois composantes.

La figure 23 présente les deux stratégies d'intervention dans le cas d'un problème de pollution fluviale. On peut y voir deux projets ou deux composantes d'un même projet si les moyens disponibles le permettent.

30. Source : Commission européenne, *Gestion du cycle de projet*, Bruxelles, Belgique, mars 2004, p. 70.

Figure 23

ARBRE DES OBJECTIFS – CHOIX DE LA STRATÉGIE

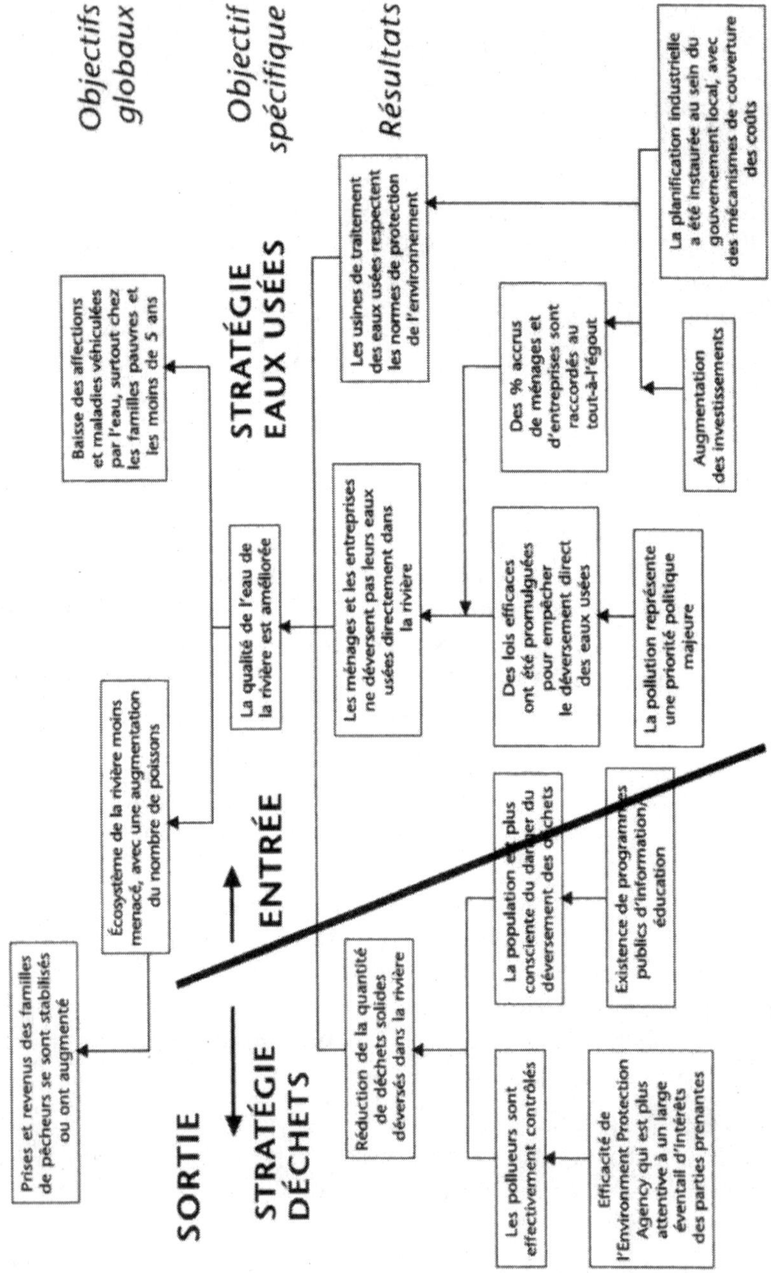

Les décisions à prendre relativement aux éléments de l'arbre des objectifs qui seront intégrés dans le projet ne sont pas sans conséquence, elles détermineront notamment le lieu d'intervention, les services qui seront rendus et les bénéficiaires. Il importe donc qu'elles soient prises sur la base de critères explicites. Afin de guider la prise de décision, les critères suivants sont proposés[31] :

- la contribution escomptée aux objectifs clés de la politique gouvernementale, comme la réduction de la pauvreté ou l'intégration économique ;
- les avantages apportés aux groupes ciblés en fonction des besoins différenciés selon le sexe, l'âge, l'appartenance ethnique, les personnes vivant avec des handicaps, etc. :
- la réduction des inégalités ;
- la complémentarité avec d'autres programmes ou projets en cours ou prévus (en humanitaire, ceci peut se traduire par la conception d'un plan d'intervention défini dans le cadre d'un groupe sectoriel) ;
- les implications relatives aux coûts d'investissement et de fonctionnement ;
- la capacité locale à faire face à des dépenses récurrentes ;
- la rentabilité économique et financière ;
- la contribution au développement de la capacité institutionnelle des organisations impliquées dans le projet ;
- la faisabilité du point de vue technique ;
- le délai exigé ;
- l'impact environnemental ;
- la probabilité de réussite.

2.12 APPROCHE SYSTÉMIQUE D'UN PROJET ET CHAÎNE DES RÉSULTATS

Une fois l'arbre des objectifs réalisé, avant d'élaborer le cadre logique, il est utile de conceptualiser un projet comme un système

31. Source : Commission européenne, *Gestion du cycle de projet*, Bruxelles, Belgique, mars 2004, p. 71.

qui utilise des ressources pour réaliser des activités afin de produire des résultats. La figure 24 illustre cette modélisation.

Figure 24
PROJET COMME UN SYSTÈME

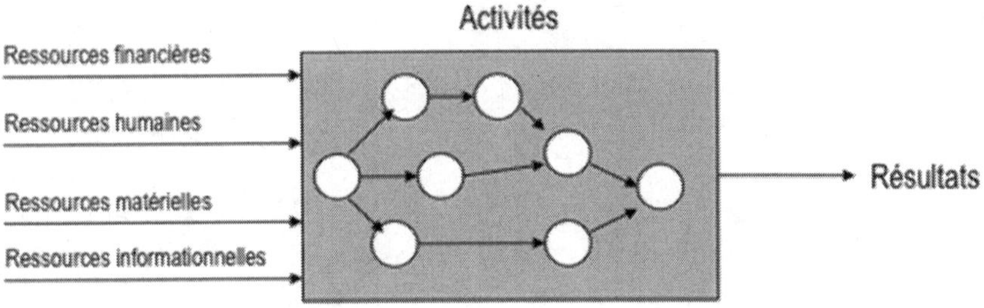

Une telle approche amène à préciser ce que l'on entend par « résultats ». Pour l'ACDI[32], un résultat est un changement descriptible ou mesurable qui découle d'une relation de cause à effet. Deux notions fondamentales sont à retenir :

1. La notion de CHANGEMENT qui implique une transformation visible dans le groupe, dans l'organisation ou dans la société où le projet intervient.
2. La notion de CAUSALITÉ illustrant le lien de cause à effet entre une action et les résultats qui en découlent.

L'énoncé de résultat doit exprimer le changement réel dans le développement humain, par exemple :

- une amélioration (de la sécurité en milieu urbain) ;
- une augmentation (des revenus d'un groupe donné) ;
- un accroissement (du produit national brut) ;
- un renforcement (des capacités des institutions judiciaires) ;
- une hausse (du niveau de scolarisation des filles) ;
- une réduction (de l'engorgement des prisons) ;
- une transformation dans les comportements, attitudes et pratiques (adoption de stratégies préventives par les membres de la police nationale).

32. ACDI. *Atelier de formation : Initiation à la gestion axée sur les résultats*, janvier 2000.

On distingue plusieurs niveaux de résultat, ce que le projet *produit* de façon immédiate (le ou les extrants[33]), les effets à moyen terme, attendus et inattendus, de la *production* du projet (les effets) et les conséquences à long terme auxquelles contribue le projet (l'impact). La figure qui suit reprend l'approche systémique d'un projet en faisant la distinction entre ces niveaux de résultats.

Figure 25
APPROCHE SYSTÉMIQUE AXÉE SUR LES RÉSULTATS

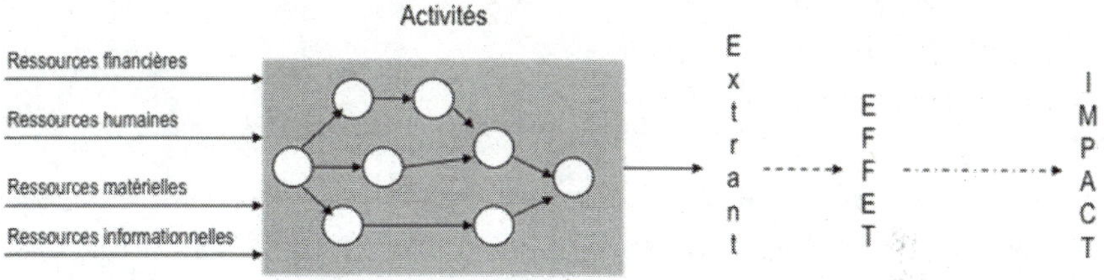

Cette approche systémique a amené l'identification de ce que l'on désigne maintenant comme la « chaîne des résultats » illustrée ci-dessous dans la figure 26.

Figure 26
APPROCHE SYSTÉMIQUE ET LA CHAÎNE DE RÉSULTATS

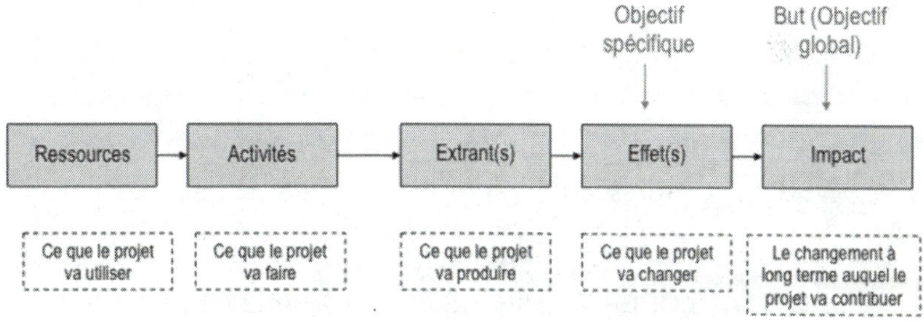

On notera que les effets du projet sont associés à l'atteinte de l'objectif spécifique tandis que l'impact découle de l'atteinte de l'objectif global. La figure 27 présente un exemple de chaîne des

33. Le mot « produit » est parfois utilisé en lieu et place du mot « extrant » dont l'utilisation est généralisée dans le contexte de la coopération canadienne. On utilise aussi fréquemment dans le langage parlé le mot « livrable ».

résultats dans le cas d'un projet visant à accroître la sécurité des personnes vivant dans les camps à la suite d'un séisme, en amenant les forces policières à utiliser des techniques préventives en matière de sécurité.

Figure 27

APPROCHE SYSTÉMIQUE ET LA CHAÎNE DE RÉSULTATS – EXEMPLE

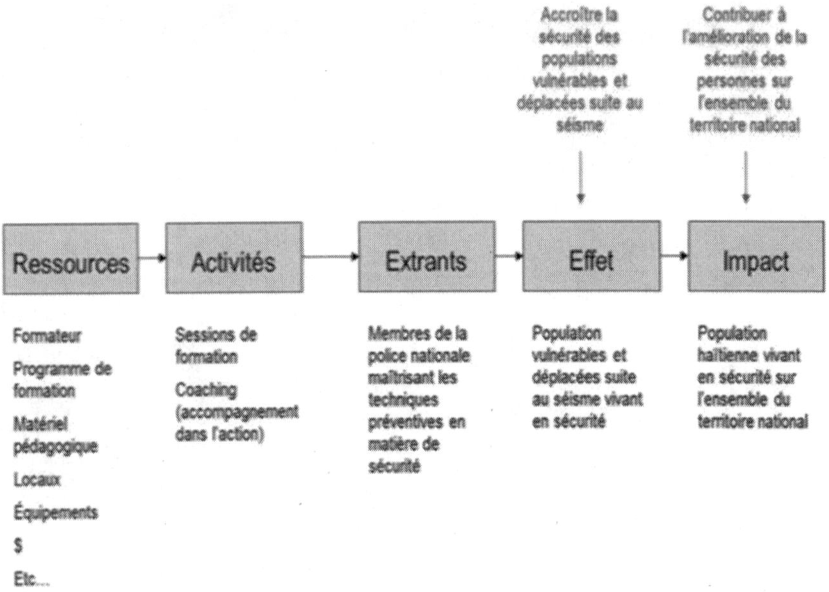

Il est possible, comme le fait la coopération canadienne, de distinguer deux types de résultats, les résultats opérationnels et les résultats de développement.

Figure 28

RÉSULTATS OPÉRATIONNELS ET DE DÉVELOPPEMENT

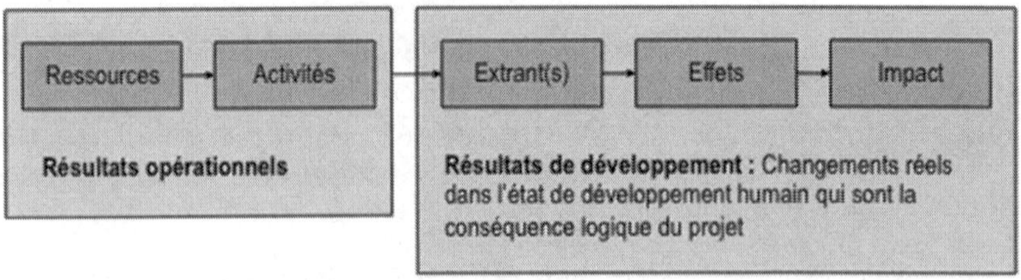

Il ne faut pas confondre « activités réalisées » et « extrants ». Les activités achevées ne constituent pas des extrants. Les extrants sont en fait les résultats à court terme des activités achevées, les changements induits par les activités qui ont été réalisées. Par exemple, une session de formation constitue une activité. Une session de formation sur un sujet particulier donné à 15 participants ne constitue pas un résultat de développement. Les extrants sont les nouvelles compétences ou aptitudes acquises grâce à la formation.

Selon le Comité d'aide au développement (CAD) de l'Organisation de coopération et de développement économiques (OCDE), les résultats de développement sont les effets ou résultats à moyen terme des interventions de développement. Il s'agit des changements tangibles sur les plans comportemental, institutionnel et social qui surviennent sur une période de trois à dix ans, généralement à la suite d'investissements coordonnés à court terme faits dans le renforcement des capacités individuelles et organisationnelles des principaux acteurs (par exemple les gouvernements nationaux, la société civile et le secteur privé)[34].

Alors que l'on se limitait dans le passé à gérer les projets en se préoccupant uniquement de la *production* des extrants, les projets sont maintenant conçus et gérés pour générer des résultats de développement, d'où l'approche de gestion axée sur les résultats (GAR). Pour l'OCDE (2006), la GAR suppose que l'on œuvre à la réalisation d'objectifs de développement concrets et mesurables, tout en en rendant compte, dans le but d'améliorer les conditions de vie de l'ensemble des populations. Par exemple, ce qui importe n'est pas tant le nombre d'écoles qui sont construites lors d'un projet que le nombre de filles et de garçons qui reçoivent une meilleure éducation ; dans le cas d'un projet du secteur de la santé, ce qui importe n'est pas tant le nombre de dispensaires mis sur pied, mais de savoir que la santé des personnes s'améliore. Pour l'ACDI[35], la « gestion axée sur les résultats » est une philosophie et une approche de gestion qui privilégie l'obtention de résultats tout le long du cycle de vie d'un projet, elle englobe :

1. La définition des résultats anticipés en fonction d'analyses appropriées.

---

34. OCDE. *La gestion axée sur les résultats de développement*, 2006, p. 5.
35. ACDI. *Guide de la GR sur l'établissement de chaînes de résultats*, décembre 2000, p. 6.

2. La participation des intervenants et la conception de projets adaptés aux besoins des groupes cibles.
3. Le suivi des résultats en fonction d'indicateurs appropriés.
4. L'identification et la gestion des risques.
5. La prise en compte dans la prise de décision des leçons tirées des expériences menées dans la mise en œuvre d'autres projets.
6. L'évaluation des résultats.
7. La préparation de rapports sur les résultats et les ressources déployées.

2.13 CADRE ET MODÈLE LOGIQUES

Le principal outil de la gestion de projet axée sur les résultats est le cadre logique. Basé sur la chaîne des résultats, le cadre logique permet, à la suite de l'analyse des problèmes et de la détermination des objectifs et de la stratégie d'intervention, de:

– décrire le projet en le présentant comme une solution au problème à résoudre, ou comme une façon de saisir l'occasion présente dans la situation analysée;
– formaliser les attentes du client ou les besoins des bénéficiaires, à l'égard des caractéristiques que devra posséder l'extrant pour constituer une solution au problème ou pour permettre de saisir l'occasion présente dans la situation analysée;
– faciliter le rattachement du projet à des objectifs supérieurs, voire à la stratégie de réduction de la pauvreté ou de développement économique du pays au sein duquel le projet est réalisé;
– préparer l'évaluation du projet et mettre en lumière ses conditions critiques de succès.

Bien que la chose serait souhaitable[36], il n'y a pas un modèle unique de cadre logique puisque les agences d'aide au développement ont chacune leur version de cet outil et la

36. P. LANDONI, et B. CORTI. «The Management of International Development Projects: Moving Toward a Standard Approach or Differentiation?», *Project Management Journal*, vol. 42, n° 3, 2011, p. 45-61.

terminologie utilisée n'est malheureusement pas normalisée. Néanmoins, dans tous les cas, il s'agit[37] :

– d'un outil permettant d'organiser la réflexion et d'identifier les relations entre les ressources, les activités et les résultats du projet (extrants, effets, impact) ;
– d'une façon visuelle de présenter et de partager la logique d'intervention du projet ;
– d'un outil amenant les concepteurs à identifier et à évaluer les risques liés au projet ;
– d'un outil permettant d'intégrer dans la conception du projet l'identification des indicateurs qui permettront d'en faire l'évaluation.

2.13.1 La version classique du cadre logique

Le cadre logique prend donc la forme d'un tableau qui permet de présenter de façon synthétique, la logique d'intervention du projet, les indicateurs qui permettront d'apprécier le niveau de réussite et les hypothèses qui doivent être vérifiées pour que le projet produise ses résultats. La figure 29 ci-dessous, sans être un modèle universel, est très près des différentes versions utilisées par les agences d'aide au développement.

37. Adapté de : PM4NGOs Working Group. *A Guide to the PMD Pro1 : Project Management for Development Professionals – Level 1*, 2010, p. 28.

Figure 29

VERSION CLASSIQUE DU CADRE LOGIQUE

	Logique d'intervention	Indicateurs objectivement vérifiables	Sources de vérification	Hypothèses
Objectif global				
Objectif spécifique				
Extrants				
Activités				

L'atteinte de l'objectif spécifique entraînant les effets voulus et celle de l'objectif global permettant au projet d'avoir l'impact souhaité, la logique verticale du cadre logique reprend la chaîne des résultats. La figure 30 fait apparaître cette logique verticale qui est, en quelque sorte, la « théorie » du projet.

Figure 30

LOGIQUE VERTICALE

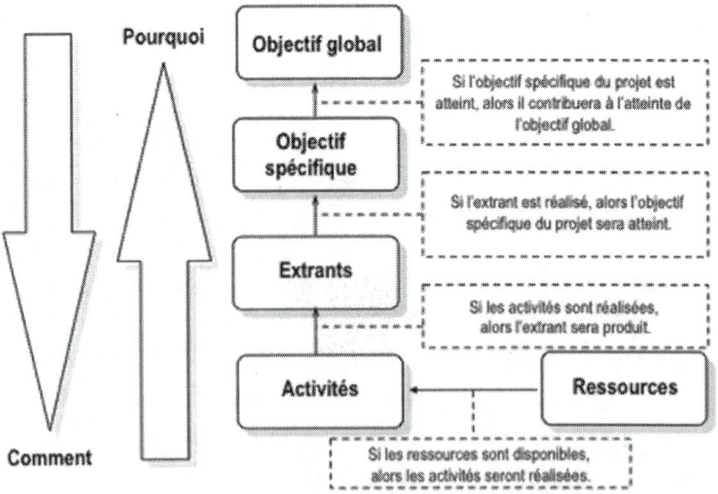

Comme veut l'illustrer la figure 30, en passant d'un niveau à un autre, la logique d'intervention du projet de bas en haut on répond à la question pourquoi et, à l'inverse en descendant, on répond à la question comment. On retrouve donc ici la relation entre les fins et les moyens de l'arbre des objectifs.

Comme l'illustre la figure suivante, la logique d'intervention du projet est consignée dans la première colonne du cadre logique.

Figure 31

LOGIQUE D'INTERVENTION

	Logique d'intervention	Indicateurs objectivement vérifiables	Sources de vérification	Hypothèses
Objectif global	Objectif supérieur à long terme à l'atteinte auquel le projet contribuera			
Objectif spécifique	Objectif que le projet permettra d'atteindre			
Extrants	*Produits* de la réalisation des activités			
Activités	Actions devant être réalisées dans le cadre du projet			

Il est possible de procéder systématiquement à la formalisation de la logique d'intervention du projet :

1. Identification de l'objectif spécifique : il faut choisir dans la hiérarchie des objectifs celui qui entraînera des bénéfices durables pour les groupes cibles. Il est alors important d'intégrer une analyse genrée afin de considérer les besoins différenciés des hommes et des femmes à tous les niveaux. Généralement, l'objectif spécifique sera l'objectif correspondant à la résolution du problème central dans l'arbre des problèmes. Il peut toutefois arriver qu'un projet poursuive plusieurs objectifs spécifiques, on est alors généralement en présence d'un projet qui comporte plusieurs composantes.
2. Identification de l'objectif global : il faut choisir un objectif d'un niveau plus élevé que l'objectif spécifique qui décrit les

bénéfices à long terme pour la société auquel l'atteinte de l'objectif spécifique contribuera.

3. Identification des extrants : il faut identifier au sein de l'arbre des objectifs, ceux qui, sous le niveau de l'objectif spécifique, correspondent à des réalisations concrètes nécessaires et suffisantes pour l'atteinte de l'objectif spécifique. Il peut s'avérer nécessaire de compléter l'arbre des objectifs en faisant cet exercice.

4. Identification des activités : il faut identifier au sein de l'arbre des objectifs, pour chacun des extrants, les objectifs qui correspondent en fait à des activités dont la réalisation est nécessaire et suffisante à la production de l'extrant. Ici aussi, il peut s'avérer nécessaire de compléter l'arbre des objectifs.

Il convient de formuler adéquatement les différents éléments de la logique d'intervention (la première colonne du cadre logique) :

- L'objectif global devrait commencer par l'expression « Contribuer à... ».
- L'objectif spécifique devrait être exprimé en utilisant un verbe à l'infinitif témoignant d'un bénéfice pour le groupe cible « Accroître », « Améliorer », « Diminuer », etc.
- Les extrants devraient être formulés en matière de résultat tangible significatif en utilisant des mots comme « réalisé », « atteint », « produit », « construit », « obtenu », « en préparation », etc.
- Les activités devraient être exprimées au présent en commençant par un mot désignant une action : « réalisation », « formation », « construction », « préparation », « publication », « distribution », etc.

Il peut être utile de grouper les extrants du projet et les activités qui y sont rattachées en « composantes de projets », surtout pour les projets de grande envergure. Ces « composantes » peuvent aussi correspondre aux « stratégies » du projet apparaissant dans l'arbre des objectifs. Il est possible d'identifier ces composantes sur la base d'un certain nombre de critères, dont :

– les catégories de bénéficiaires;
– les aspects techniques;
– les responsabilités;
– les agences d'exécution;
– la localisation géographique;
– les phases de réalisation.

La figure 32 représente un projet comportant plusieurs composantes.

Figure 32
COMPOSANTES D'UN PROJET

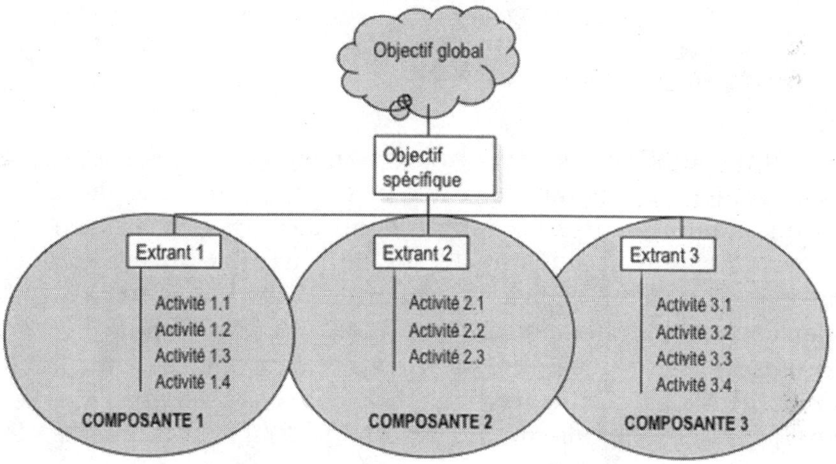

Un projet qui poursuit plusieurs objectifs spécifiques comportera généralement plusieurs composantes, comme l'illustre la figure 33.

Figure 33

COMPOSANTES DE PROJET SELON PLUSIEURS OBJECTIFS

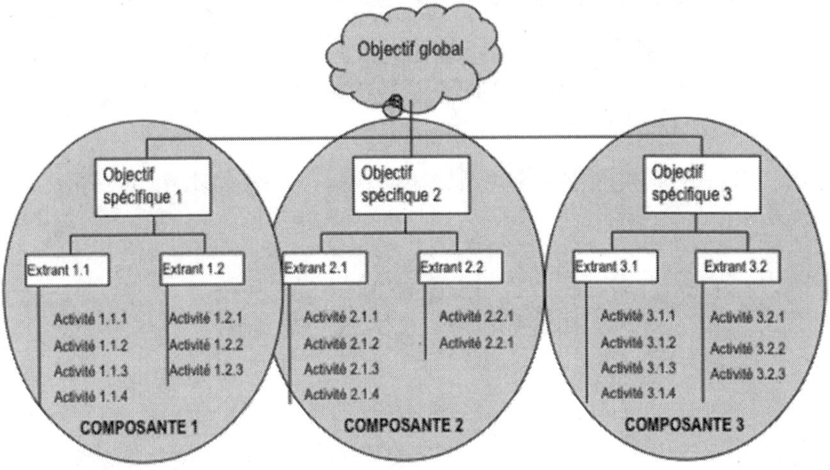

Un projet n'est pas un système fermé, il n'est pas exécuté en vase clos. Le passage d'un niveau à un autre, en remontant dans la logique d'intervention, est soumis à des facteurs externes issus de l'environnement et sur lesquels les responsables du projet n'ont pas de contrôle. Ces facteurs externes sont consignés dans la quatrième colonne du cadre logique, celle des hypothèses qui doivent se confirmer pour que le projet soit une réussite. Il faut donc formuler les hypothèses qui doivent se réaliser afin que l'on puisse passer d'un élément à l'autre le long de la chaîne des résultats, comme l'illustre la figure 34 qui suit[38].

38. Adapté de: ACDI. *Atelier de formation: Initiation à la gestion axée sur les résultats*, janvier 2000.

Figure 34

FACTEURS EXTERNES ET HYPOTHÈSES SELON LA CHAÎNE DES RÉSULTATS

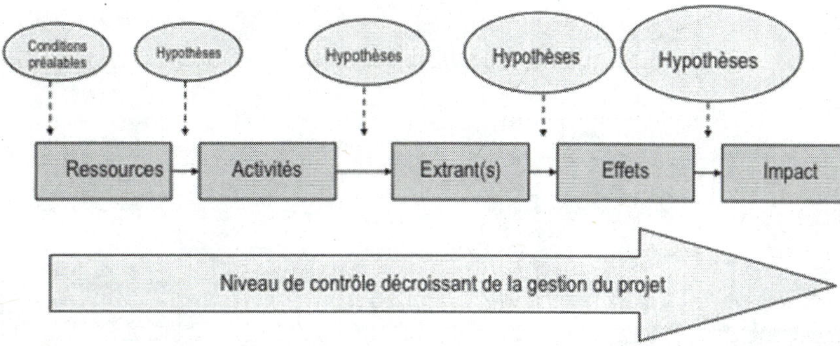

Les hypothèses sont des facteurs de l'environnement du projet susceptibles d'influencer (voire de déterminer) la réussite d'un projet, mais qui échappent au contrôle direct des gestionnaires. Elles sont la réponse à la question : quels sont les facteurs externes qui échappent au contrôle des responsables du projet, mais qui peuvent avoir une incidence sur la mise en œuvre du projet et sur sa viabilité à long terme (la durabilité à long terme de ses bénéfices) ? À titre d'illustration, dans l'exemple utilisé précédemment d'un projet visant à accroître la sécurité des personnes vivant dans les camps à la suite d'un séisme, il ne suffit pas de doter les membres de la police nationale de nouvelles compétences pour atteindre l'objectif et pour avoir l'effet désiré. Il faut faire l'hypothèse que les policiers utiliseront sur le terrain ces nouvelles compétences si on veut constater après un certain temps que la sécurité, et le sentiment de sécurité, de la population cible se sont accrus.

Figure 35
HYPOTHÈSES

	Logique d'intervention	Indicateurs objectivement vérifiable	Sources de vérification	Hypothèses
Objectif global	Objectif supérieur à long terme à l'atteinte duquel le projet contribuera			Conditions qui doivent être réunies pour l'atteinte de l'objectif global
Objectif spécifique	Objectif que le projet permettra d'atteindre.			Conditions qui doivent être réunies pour que la production des extrants permette l'atteinte de l'objectif spécifique
Extrants	*Produits de la réalisation des activités*			Conditions qui doivent être réunies pour que la réalisation des activités produise les extrants
Activités	Actions devant être réalisées dans le cadre du projet			Conditions préalables Conditions qui doivent être réunies pour que les activités prévues se réalisent

La relation entre les hypothèses et les éléments de la logique d'intervention s'exprime comme suit :

1. **Si** les conditions préalables sont satisfaites, **alors** les ressources pourront être mobilisées et les activités pourront être réalisées.
2. **Si** les activités sont réalisées **et si** les hypothèses liées au passage des activités aux extrants se vérifient, **alors** les extrants seront produits.
3. **Si** les extrants sont produits **et si** les hypothèses liées au passage des extrants à l'objectif spécifique se vérifient, **alors** l'objectif spécifique sera atteint.
4. **Si** l'objectif spécifique est atteint **et si** les hypothèses liées au passage de l'objectif spécifique à l'objectif global se vérifient, **alors** le projet contribuera à l'atteinte de l'objectif global.

Cette relation est illustrée dans la figure 36.

Figure 36

RELATION ENTRE LA LOGIQUE D'INTERVENTION ET LES HYPOTHÈSES

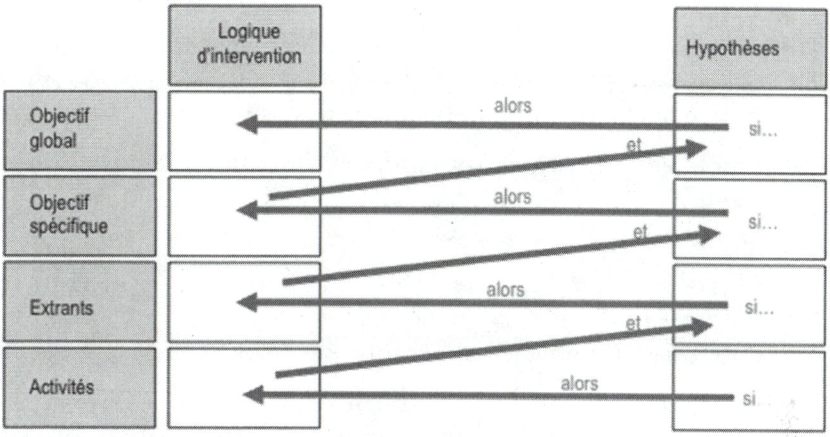

Les hypothèses portent par exemple sur:

- les contextes politique, humanitaire, militaire et institutionnel;
- les conditions climatiques, les aléas naturels, les variations de l'environnement;
- les conditions des marchés concernés;
- la fluctuation des taux de change;
- le cours des matières premières;
- la réponse des groupes cibles ou de divers partenaires aux actions et sollicitations du projet;
- le contexte culturel;
- les rapports sociaux inégalitaires;
- la réalisation de projets complémentaires.

Pour définir les hypothèses, on commence généralement par un remue-méninges pour identifier les facteurs et on procède ensuite à une classification en fonction des niveaux du cadre logique. Lorsqu'une hypothèse concerne plusieurs niveaux, il est préférable de la placer au niveau le plus bas. On doit se poser les questions suivantes:

- Quelles sont les conditions préalables qui doivent être réunies pour le démarrage du projet?
- Quels sont les facteurs externes ou internes qui risquent d'empêcher l'exécution des activités?
- Quels sont les facteurs externes ou internes qui risquent de perturber le déroulement des activités?
- Quels sont les facteurs externes ou internes qui risquent d'empêcher que les activités réalisées produisent les extrants?
- Quels sont les facteurs externes ou internes qui risquent d'empêcher que la production des extrants permette l'atteinte de l'objectif spécifique du projet?
- Quels sont les facteurs externes ou internes qui risquent d'empêcher le projet de participer à l'atteinte de l'objectif global, malgré l'atteinte de l'objectif spécifique?

Il convient de formuler les hypothèses de façon positive, optimiste. On dira, par exemple:

- Les orientations gouvernementales en matière de modernisation de l'administration sont maintenues.
- Les chefs traditionnels acceptent de collaborer au projet.
- La paix sociale se maintient.
- Les efforts de réconciliation nationale sont couronnés de succès.
- Les élus ont été sensibilisés à l'importance de la budgétisation par programme.

Une fois l'identification et la formulation des hypothèses complétées, il convient de procéder à leur évaluation en prenant en considération, comme le laisse voir la figure 37, leur importance pour le projet et leur probabilité de réalisation.

Figure 37
FORMULATION DES HYPOTHÈSES

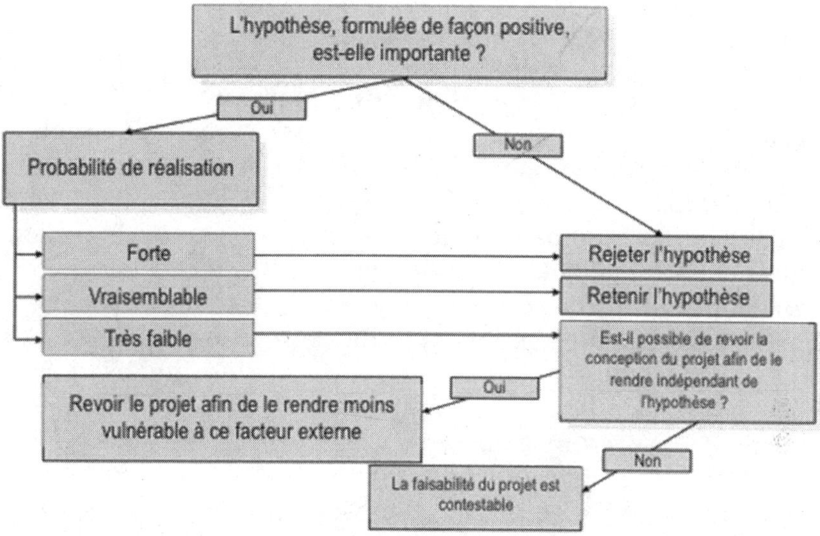

Comme on peut le voir, il y a lieu de revoir la conception du projet lorsque la probabilité de réalisation d'une hypothèse importante est faible et, à la limite, d'abandonner le projet s'il n'est pas possible de le rendre indépendant du facteur externe concerné.

Comme mentionné précédemment, le cadre logique amène les concepteurs de projet à intégrer des préoccupations d'évaluation dans la conception du projet. Les deuxième (Indicateurs objectivement vérifiables) et troisième (Moyens de vérification) colonnes sont utilisées à cette fin. Ainsi, une fois la logique d'intervention (première et deuxième colonne du cadre logique) et les hypothèses spécifiées, il faut identifier les indicateurs qui peuvent être employés pour mesurer et rendre compte de l'atteinte des objectifs. Les indicateurs décrivent les objectifs du projet en termes mesurables (quantité, qualité, temps). Le fait de préciser les indicateurs permet de s'assurer du niveau de réalisme des objectifs et de constituer la base du système de suivi et d'évaluation du projet. Ils sont formulés en réponse à la question « Comment savoir si ce qui a été planifié arrive réellement ou est arrivé ? Comment vérifier la réussite ? » Un indicateur permet de mesurer un résultat, de prouver qu'il a été obtenu ou d'indiquer que des progrès ont été accomplis. Ils doivent être objectivement vérifiables : deux évaluateurs utilisant la même méthode de vérification doivent arriver au même résultat.

L'inclusion d'indicateurs désagrégés selon le sexe et d'indicateurs de genre doit être également prise en compte. Ces derniers visent à mesurer la façon dont les programmes et les projets auront atteint les objectifs et les résultats escomptés en ce qui concerne l'égalité de genre. En ce sens, ils « sont importants pour s'assurer que les programmes de développement ont tenu compte des rôles et des besoins spécifiques des femmes et des hommes. Il s'agit de mesures qualitatives et quantitatives qui montrent le changement avant et après le projet, dans les relations entre les femmes et les hommes dans les conditions de vie et les rôles[39] ». Le choix de mesurer des changements en matière de relations de genre favorise la prise en compte des inégalités, mais permet également de prendre conscience du fait que des changements sont possibles lorsque des initiatives qui le permettent et qui le fomentent sont mises en place. Il est toutefois important de noter que les indicateurs et les évaluations « [...] sensibles à la dimension de genre ne peuvent à [eux seuls] réduire les inégalités entre les genres. Pour être utiles, les données doivent être recueillies, analysées, diffusées et utilisées[40] ».

Il ne faut pas confondre indicateur et cible. L'**indicateur,** c'est ce que l'on mesure, par exemple, « le revenu mensuel familial moyen dans la province du nord du pays ». Un indicateur n'est pas une valeur, il prend une valeur lorsqu'on le mesure. La **cible** est une valeur particulière de l'indicateur qui précise l'objectif poursuivi, par exemple, « 200 $, deux ans après le début du projet ». Cet exemple illustre le fait que la cible doit toujours être positionnée dans le temps, il faut déterminer à quel moment la mesure doit être prise et l'évaluation faite.

Il est possible d'identifier deux types d'indicateurs :

- Les **indicateurs quantitatifs** : nombre dont un changement de valeur témoigne d'un changement dans la réalité comme le nombre de femmes et d'hommes occupant des postes de

39. Association Adéquations. « Fiche 3. Les concepts et les outils à la base de l'approche genre », 2009 [En ligne] http://www.adequations.org/spip.php?article1220
40. A. MOSER. Genre et indicateurs : Panorama, Bridge, 2007, 66 pages.

décision, le pourcentage de filles et de garçons qui fréquentent l'école primaire, le nombre de personnes recevant une assistance alimentaire, le niveau de revenu par année selon le sexe, le nombre d'hectares reboisés, le nombre d'armes légères retirées de la circulation, le nombre d'homicides commis sur une base annuelle, etc.

- Les **indicateurs qualitatifs**: ils traduisent le jugement, les opinions, les perceptions et les attitudes des gens dans une situation donnée, par exemple, le taux de satisfaction à la suite d'un programme de formation, la proportion de la population ayant une perception positive des forces de l'ordre, la proportion de la population estimant participer aux prises de décisions au niveau local, etc. Souvent les indicateurs qualitatifs peuvent être quantifiés. Ainsi, on peut quantifier le nombre de personnes très satisfaites, moyennement satisfaites, ou pas du tout satisfaites d'un service rendu. Cependant, le niveau de satisfaction demeure une appréciation subjective faite par des individus.

Le tableau 9 qui suit présente les différents types d'indicateurs en fonction du niveau dans le cadre logique.

TABLEAU 9
TYPES D'INDICATEURS

NIVEAU DANS LE CADRE LOGIQUE	TYPE D'INDICATEUR	DESCRIPTION
Objectif global	Indicateur d'impact	Indicateurs associés à l'atteinte des objectifs à long terme auxquels le projet veut contribuer
Objectif spécifique	Indicateur d'effet	Indicateurs témoignant des changements souhaités au niveau des bénéficiaires du projet
Extrant	Indicateur d'extrant	Indicateurs associés à la réalisation concrète des biens ou services que le projet doit produire
Activités	Indicateur d'activité	Indicateurs témoignant de la réalisation effective des activités prévues

Dans certains cas, il est possible de recourir à des indicateurs préexistants, des indicateurs que le projet n'aura pas à définir et mesurer lui-même. Certains indicateurs sont établis indépendamment du projet. Par exemple, un certain nombre d'organisations internationales impliquées dans le développement ont créé des indicateurs pour suivre les objectifs du développement :

- les indicateurs de suivi de l'atteinte des objectifs du millénaire pour le développement (OMD) et plus récemment des objectifs de développement durable (ODD) ;
- ceux associés à l'atteinte des objectifs de développement humain durable du Programme des Nations Unies pour le développement (PNUD) ;
- les indicateurs de bonne gouvernance de l'Institut de la Banque mondiale ;
- les indicateurs de solvabilité financière du Fonds monétaire international (FMI).

Les organisations humanitaires ont aussi développé une série d'indicateurs spécifiques par secteur. Le projet Sphère en recense un grand nombre[41]. L'UNHCR a de son côté recensé près de 200 indicateurs qui ciblent l'ensemble des activités reliées à ses secteurs d'intervention[42].

Il en va de même de certaines organisations nationales comme l'Institut de la statistique, la Banque centrale, le ministère des Finances, etc. L'utilisation d'indicateurs préexistants ne comporte pas que des avantages, comme le montre le tableau 10 qui suit.

41. http://www.sphereproject.org/sphere/fr/
42. http://www.unhcr.org/40eaa9804.pdf

Tableau 10
UTILISATION D'INDICATEURS PRÉEXISTANTS

AVANTAGES	INCONVÉNIENTS
Ils peuvent être utilisés simultanément pour plusieurs projets, programmes et politiques.	Ils sont souvent déphasés par rapport aux objectifs spécifiques d'un pays ou d'un projet.
Leurs coûts sont moins élevés que si l'on procédait à l'élaboration d'indicateurs spécifiques.	Ils sont souvent perçus comme imposés par les instances supérieures.
Une plus grande harmonisation des exigences des donateurs est possible.	Ils ne favorisent pas la participation et la prise en charge par les principaux partenaires.
	Ils peuvent mener à l'adoption de plusieurs indicateurs en concurrence les uns avec les autres.

S'il peut s'avérer possible d'utiliser certains indicateurs préexistants, surtout au niveau de l'objectif global, pour la plupart des projets, il est nécessaire d'élaborer les indicateurs spécifiques qui seront utilisés aux fins de suivi et d'évaluation du projet. Ceci n'est pas une mince tâche et il faut garder à l'esprit les points suivants :

- Il est souvent nécessaire de disposer de plusieurs indicateurs pour rendre compte de l'atteinte d'un objectif en combinant des indicateurs **quantitatifs** et des indicateurs **qualitatifs**.
- S'il y a lieu, il faut préciser le groupe cible concerné afin de mesurer l'intégration d'axes transversaux tels que le genre ou la diversité culturelle.
- Il faut éviter d'avoir trop d'indicateurs, car le suivi risque d'être difficile.
- Pour apprécier un changement induit par le projet, il faut disposer de la valeur de l'indicateur avant le début du projet (donnée de base ou valeur de référence). Si cette valeur n'est pas disponible, il faut soit inclure une étude dans le projet (le plus tôt possible avant la fin de la première année du projet), soit chercher un autre indicateur.
- La valeur cible de l'indicateur correspondant à l'objectif poursuivi devrait toujours être positionnée dans le temps.

- Les indicateurs devraient être élaborés de façon participative, en intégrant les parties prenantes clés dans l'exercice et en faisant appel à des experts dans le domaine concerné.

Les indicateurs doivent être objectivement vérifiables, c'est-à-dire que deux évaluateurs utilisant la même méthode de mesure doivent arriver au même résultat. De plus, ils doivent être *SMART* : **S**pécifiques et **M**esurables, à un coût **A**tteignable, **R**épondant aux besoins tout en étant positionnés dans le **T**emps. La coopération canadienne utilise les critères suivants pour s'assurer de la valeur d'un indicateur[43] :

Validité :	L'indicateur mesure-t-il réellement le résultat ?
Fiabilité :	L'indicateur demeure-t-il une mesure uniforme dans le temps ?
Sensibilité :	Les indicateurs seront-ils sensibles aux changements qui pourront se produire ?
Simplicité :	Les données seront-elles faciles à recueillir et à analyser ?
Utilité :	L'information sera-t-elle utile à la gestion du projet (prise de décisions, apprentissage et modification) ?
Abordabilité[44] :	A-t-on, dans le cadre du projet, les moyens de recueillir l'information ?

Le tableau suivant présente deux exemples d'indicateurs et de cibles dans le cas d'un projet dans le secteur de l'éducation.

43. http://www.international.gc.ca/development-developpement/partners-partenaires/bt-oa/rbm_tools-gar_outils.aspx?lang=fra
44. Mot utilisé par la coopération canadienne comme équivalent français de *affordability*.

TABLEAU 11
EXEMPLES D'INDICATEURS ET DE CIBLES EN ÉDUCATION

OBJECTIF	INDICATEUR	CIBLE
Améliorer l'accès des enfants du pays aux programmes préscolaires	Proportion d'enfants (filles et garçons) admissibles des régions urbaines inscrits dans des programmes préscolaires	75 % d'enfants inscrits 3 ans après le début du projet
Améliorer l'apprentissage des enfants dans les écoles primaires	Proportion des élèves de 6e année (filles et garçons) qui obtiennent au moins 70 % aux examens standardisés de mathématiques et de sciences	60 % d'enfants inscrits 5 ans après le début du projet

Lorsqu'il s'avère difficile de mesurer directement les réalisations, l'utilisation d'indicateurs indirects peut devenir nécessaire. Par exemple, plutôt que de faire une enquête auprès des ménages, une opération coûteuse, on dénombrera le nombre d'antennes paraboliques sur le toit des maisons pour « mesurer » l'augmentation du revenu des ménages. Les indicateurs indirects devraient être utilisés uniquement lorsque des données permettant l'utilisation d'indicateurs directs ne sont pas disponibles, lorsque la collecte de données sera trop coûteuse, ou s'il n'est pas faisable de recueillir des données à intervalles réguliers. Il faut cependant être prudent lorsqu'on utilise des indicateurs indirects, puisqu'ils fournissent des données approximatives. Il est possible que l'apparition des antennes paraboliques ne soit pas due à une augmentation des revenus, mais à un projet d'électrification qui a rendu la chose possible.

Une fois l'exercice d'élaboration des indicateurs complété, on devrait évaluer, dans chaque cas[45] :

1. S'il est un reflet aussi direct que possible de la réalisation elle-même ?
2. S'il est suffisamment précis pour garantir une mesure objective ?

45. Adapté de : Jody Zal KUZEK et Ray C. RIST. *Vers une culture du résultat*, Washington DC, Banque mondiale, 2006.

3. S'il est susceptible d'entraîner la collecte de données la plus pratique et la moins coûteuse ?
4. S'il est sensible aux changements dans la réalisation, tout en étant relativement insensible aux autres changements ?
5. S'il est possible de le fractionner tel qu'il convient (par région, par sexe, par groupe ethnique, par âge, etc.) pour la rédaction des rapports ?

Comme on peut le voir dans la figure 38 qui suit, la deuxième colonne du cadre logique est utilisée pour consigner les indicateurs.

Figure 38

INDICATEURS SELON LA LOGIQUE D'INTERVENTION

	Logique d'intervention	Indicateurs objectivement vérifiable	Sources de vérification	Hypothèses
Objectif global	Objectif supérieur à long terme à l'atteinte duquel le projet contribuera	Indicateur(s): Cible(s):		Conditions qui doivent être réunies pour l'atteinte de l'objectif global
Objectif spécifique	Objectif que le projet permettra d'atteindre.	Indicateur(s): Cible(s):		Conditions qui doivent être réunies pour que la production des extrants permette l'atteinte de l'objectif spécifique
Extrants	*Produits de la réalisation des activités*	Indicateur(s): Cible(s):		Conditions qui doivent être réunies pour que la réalisation des activités produise les extrants
Activités	Actions devant être réalisées dans le cadre du projet	Indicateur(s): Cible(s):		Conditions préalables Conditions qui doivent être réunies pour que les activités prévues se réalisent

Généralement, on aura plusieurs indicateurs à chacun des niveaux du cadre logique, il faut toutefois éviter d'en multiplier inutilement le nombre, sinon le coût du suivi du projet pourrait s'avérer prohibitif.

La méthode du cadre logique amène les concepteurs de projet à franchir un pas de plus en précisant la source des données ou la méthode qui sera utilisée pour « mesurer » les indicateurs. C'est ce à quoi sert la troisième colonne du cadre logique.

Figure 39
SOURCES OU MOYENS DE VÉRIFICATION DES INDICATEURS

	Logique d'intervention	Indicateurs objectivement vérifiable	Sources de vérification	Hypothèses
Objectif global	Objectif supérieur à long terme à l'atteinte duquel le projet contribuera	Indicateur(s): Cible(s):	Source(s) d'information ou méthode(s) de *mesure*	Conditions qui doivent être réunies pour l'atteinte de l'objectif global
Objectif spécifique	Objectif que le projet permettra d'atteindre.	Indicateur(s): Cible(s):	Source(s) d'information ou méthode(s) de *mesure*	Conditions qui doivent être réunies pour que la production des extrants permette l'atteinte de l'objectif spécifique
Extrants	*Produits de la réalisation des activités*	Indicateur(s): Cible(s):	Source(s) d'information ou méthode(s) de *mesure*	Conditions qui doivent être réunies pour que la réalisation des activités produisè les extrants
Activités	Actions devant être réalisées dans le cadre du projet	Indicateur(s): Cible(s):	Source(s) d'information ou méthode(s) de *mesure*	Conditions préalables Conditions qui doivent être réunies pour que les activités prévues se réalisent

Pour chacun des indicateurs, il faut spécifier :

- la source des informations ;
- comment les informations doivent être recueillies (par exemple, à partir de dossiers administratifs, d'études particulières, d'enquêtes par sondage, d'observations, etc.) ou les sources documentaires disponibles. Il est important de bien noter et définir la méthodologie utilisée lors de l'enquête afin qu'elle puisse être reproductible au besoin.

De façon à éviter la mise en place de nouveaux systèmes d'information éventuellement coûteux, il convient de privilégier le recours à des systèmes existants ou à la bonification de systèmes existants. Si un indicateur s'avère trop coûteux à mesurer, il convient de le remplacer par un indicateur plus simple.

Au niveau de l'objectif global, ce n'est généralement pas l'équipe du projet qui a la responsabilité de recueillir l'information, mais on indique quand même les sources de vérification des indicateurs.

Le tableau 12 est le cadre logique d'un projet correspondant à l'une des deux stratégies de l'arbre des objectifs présentés précédemment.

TABLEAU 12
CADRE LOGIQUE – EXEMPLE

	LOGIQUE D'INTERVENTION	INDICATEURS OBJECTIVEMENT VÉRIFIABLES	SOURCES ET MOYENS DE VÉRIFICATION	HYPOTHÈSES
Objectif global	Contribuer à l'amélioration de la santé des enfants de moins de 5 ans, plus particulièrement au sein des familles à faible revenu qui vivent au bord de la rivière	**Indicateur:** Incidence des maladies transmises par l'eau chez les enfants de moins de 5 ans au sein des familles à faible revenu qui vivent au bord de la rivière **Cible:** Réduction de 30 % trois ans après le début du projet	Dossiers des cliniques et des hôpitaux récupérés par des équipes de soins de santé mobiles	Les efforts des professionnels de la santé auprès des familles concernant la prévention des maladies se poursuivent et donnent des résultats positifs
Objectif spécifique	Réduire le volume des déchets fécaux présents dans la rivière	**Indicateur:** Concentration de la bactérie E. coli dans les eaux de la rivière **Cible:** Réduction de 20 % trois ans après le début du projet **Indicateur:** Volume des déchets fécaux ménagers éliminés dans des latrines ou des raccordements à un égout **Cible:** 60 % trois ans après le début du projet	Enquêtes mensuelles effectuées sur la qualité de l'eau par l'Agence pour la protection de l'environnement et l'autorité de gestion des rivières Enquête annuelle par sondage exécutée par la municipalité	La qualité de l'eau de la rivière en amont ne se détériore pas
Extrant	Latrines de qualité construites et utilisées par les membres de la communauté	**Indicateur:** Nombre de latrines construites **Cible:** 5 par année **Indicateur:** Proportion des latrines ayant passé le test de vérification de qualité **Cible:** 100 % **Indicateur:** Proportion de la population utilisant régulièrement les latrines **Cible:** 30 % la première année, 50 % la deuxième année et 70 % la troisième année	Données sur l'inventaire provenant du formulaire utilisé par les volontaires responsables de l'assainissement dans la communauté Rapport des vérificateurs du ministère des Travaux publics (MTP) Enquête annuelle par sondage exécutée par la municipalité	La sensibilisation convainc la population d'utiliser les latrines

	LOGIQUE D'INTERVENTION	INDICATEURS OBJECTIVEMENT VÉRIFIABLES	SOURCES ET MOYENS DE VÉRIFICATION	HYPOTHÈSES
Activités	Réalisation d'une campagne de sensibilisation de la population sur le thème de l'assainissement Mobilisation des communautés pour la construction des latrines Détermination des spécifications techniques Localisation des sites optimaux pour la construction des latrines Construction des latrines	**Indicateur:** Nombre de séances de sensibilisation organisées **Cible:** 10 par année **Indicateur:** Nombre de personnes assistant à chaque séance de sensibilisation **Cible:** 50 **Indicateur:** Nombre d'hommes de la communauté participant à la construction de chacune des latrines **Cible:** 10 **Indicateur:** Plans approuvés par le MTP **Cible:** Trois mois avant la date prévue pour le début de la construction **Indicateur:** Consensus au sein des communautés sur le choix de chacun des sites **Cible:** Deux mois avant la date prévue pour le début de la construction **Indicateur:** Autorisation des municipalités **Cible:** Un mois avant la date prévue pour le début de la construction **Indicateur:** Attestation de fin des travaux **Cible:** Conformité aux plans	Journal des activités du personnel et des volontaires Liste des participants à chacune des séances Visite des chantiers Copie des plans approuvés par le MTP Procès-verbal des réunions Lettre d'autorisation des municipalités Rapports des inspecteurs du MTP	Conditions préalables: Acceptation du projet par les communautés Obtention du financement requis

Il est possible que des changements soient nécessaires lors de la planification ou durant la mise en œuvre du projet, surtout dans le cas des projets qui ont un caractère itératif, et qu'il faille mettre à jour le cadre logique pour que les résultats escomptés, les indicateurs et les hypothèses reflètent la réalité du projet. Le processus devrait être participatif et le nouveau cadre logique devrait être approuvé par les instances du projet et possiblement le bailleur de fonds. Les versions successives du cadre logique devraient être numérotées et datées et les changements devraient être documentés dans les rapports périodiques et le rapport de fin de projet. Ce dernier rapport devrait présenter toutes les versions du cadre logique.

2.13.2 Les versions du cadre logique de la coopération canadienne

De façon à centrer les concepteurs de projets sur les résultats, la coopération canadienne a modifié le modèle classique de la façon suivante :

Figure 40

CADRE LOGIQUE DE LA COOPÉRATION CANADIENNE AVANT 2008

Sommaire	Résultat escomptés	Mesure de rendement	Hypothèses / Indicateur de risque
Objectif global	Impact	Indicateur	Hypothèses Indicateur de risque
Objectif spécifique	Effets	Indicateur	Hypothèses Indicateur de risque
Activités	Extrants	Indicateur	Hypothèses Indicateur de risque

On notera que les sources ou moyens de vérification ne sont pas présentés dans cette version du cadre logique, ils le sont alors dans le cadre de mesure du rendement, un outil qui sera présenté plus loin dans ce chapitre.

En matière de réponse humanitaire, le cadre de rendement[46] était utilisé selon l'approche « Ressources/Activités/Bénéficiaires/Extrants et Effet ».

46. *Comment établir le cadre de rendement.* Lignes directrices pour des propositions de projets et rapports, Division de l'assistance humanitaire internationale de l'ACDI, avril 2002 (Version mise à jour en juillet 2006), p. 28, 29.

Cette logique se fonde sur une suite de relations de cause à effet, perçues comme existant entre l'investissement de ressources, la production ultérieure d'extrants (les services humanitaires, par exemple), l'atteinte d'effets à moyen terme et la contribution possible à un impact durable à long terme. Notons tout de suite que l'impact espéré d'une intervention humanitaire répond toujours au même objectif final, soit « Satisfaire les besoins fondamentaux des populations » (besoins matériels ou de protection), quel que soit le contexte particulier dans lequel on évolue.

Les définitions proposées pour interpréter le cadre de rendement de la coopération canadienne en matière humanitaire permettent de mieux saisir leur nature[47] :

1. **Ressources :** contributions financières et en nature qui seront investies dans le projet par les principaux groupes intéressés pour acheter ou mobiliser les ressources organisationnelles, humaines, intellectuelles ou matérielles nécessaires à la réalisation d'une activité de projet ;
2. **Activités :** processus, mesures ou interventions d'administration, de gestion ou d'exécution servant à transformer des intrants en extrants ;
3. **Extrants :** biens ou services humanitaires dont la production est la conséquence logique d'activités bien gérées et destinées aux bénéficiaires prévus. L'énoncé des extrants dans une proposition doit avoir un rapport direct avec au moins un des sept extrants escomptés du Programme d'assistance humanitaire international (PAHI) ;
4. **Effets :** conséquences logiques de l'utilisation des extrants par les bénéficiaires prévus durant la durée du projet. Selon les circonstances, on peut parler d'effets intermédiaires appelés à contribuer à l'impact durable à long terme du projet, ou encore d'effets définitifs qui ne devraient pas durer une fois le projet achevé ;
5. **Impact :** modification durable à long terme et en profondeur de la situation de la population, à laquelle pourrait contribuer l'obtention des effets escomptés ;

47. *Ibidem.*

6. **Bénéficiaires prévus:** personnes, groupes de personnes ou organisations censés se servir des extrants produits par le projet, par exemple des personnes réfugiées et des personnes déplacées (hommes et femmes) et des partenaires locaux d'exécution.

Figure 41

MODÈLE DE CADRE DE RENDEMENT – EXEMPLE ACDI

<table>
<tr><th colspan="6">MODÈLE DE CADRE DE RENDEMENT (ACDI)</th></tr>
<tr><td colspan="6">Titre du projet : Assistance médicale dans les régions du Sri Lanka touchées par le conflit, par l'entremise de la Société de la Croix-Rouge du Sri Lanka (SCRSL)</td></tr>
<tr><td colspan="6">But du projet : Améliorer les soins de santé primaires aux familles de la région de Vanni éprouvées par le conflit</td></tr>
<tr><td colspan="2">Comment
Comment les résultats escomptés seront-ils atteints ?</td><td>Qui
Qui seront les bénéficiaires du projet et les partenaires de l'organisation ?</td><td colspan="2">Quoi
Quels résultats mesurables précis sont escomptés ?</td><td>Pourquoi
Pourquoi réaliser ce projet ?</td></tr>
<tr><th>Ressources</th><th>Activités</th><th>Bénéficiaires</th><th>Extrants</th><th>Effet</th><th>Impact</th></tr>
<tr><td>1 M$
PAHI</td><td>1)
Appuyer et superviser 6 équipes médicales mobiles (ESM)</td><td rowspan="3">300 000 personnes déplacées et résidents permanents de la région de Vanni

Personnel de programme et volontaires de la SCRSL</td><td>1)
6 ESM opérationnelles</td><td rowspan="3">Maintien de l'état de santé des personnes éprouvées par le conflit dans la région de Vanni</td><td rowspan="3">Satisfaire les besoins fondamentaux des populations touchées par le conflit au Sri Lanka</td></tr>
<tr><td>50 000 $
CICR</td><td>2)
Appuyer et superviser 27 centres de soins de santé primaires (CSSP) existants et 3 nouveaux CSSP</td><td>2)
30 CSSP opérationnels</td></tr>
<tr><td>100 000 $
Croix-Rouge canadienne</td><td>3)
Élaborer et dispenser la formation au personnel des ESM et des CSSP et aux volontaires de la SCRSL</td><td>3)
Équipes de santé de la SCRSL mieux formées pour assurer des soins de santé primaires de qualité</td></tr>
</table>

Ce modèle de cadre de rendement permet une lecture linéaire et rapide du lien entre les activités engagées, les extrants mesurables escomptés et les effets attendus.

Pour renforcer notre compréhension de la vision du Programme d'assistance humanitaire internationale (PAHI) de l'ACDI, le tableau suivant illustre la chaîne de causalité des résultats escomptés, tant au niveau des résultats à court terme que des résultats clés, à moyen terme, lesquels représentent les avantages mesurables qu'un ensemble de projets est censé procurer aux populations éprouvées par les catastrophes et les conflits. Les flèches illustrent les relations de cause à effet entre les activités et les trois niveaux de résultats. À court terme, la lecture du cadre de rendement illustre l'attente du fait que *tous* les projets d'initiative financés par le PAHI doivent viser à produire minimalement un effet ayant un rapport direct avec au moins un des trois effets escomptés du programme, à savoir l'amélioration ou le maintien de l'état de santé ; l'amélioration de la sécurité des personnes ; et l'amélioration ou le maintien des moyens de subsistance des ménages de la collectivité.

TABLEAU 13
CADRE DE RENDEMENT DES INTERVENTIONS DE COURTE DURÉE DU PAHI (MINISTÈRE DES AFFAIRES ÉTRANGÈRES, DU COMMERCE ET DU DÉVELOPPEMENT DU CANADA [MAECD])

<table>
<tr><th>ACTIVITÉS</th><th>BÉNÉFICIAIRES</th><th>EXTRANTS (À COURT TERME)</th><th>EFFETS (À MOYEN TERME)</th><th>IMPACT (À LONG TERME)</th></tr>
<tr><td>1000
Santé</td><td>→</td><td>Amélioration ou maintien des services de santé</td><td rowspan="3">Amélioration du maintien de l'état de santé</td><td rowspan="7">Satisfaction des besoins fondamentaux des populations touchées par les conflits et les catastrophes naturelles dans les pays en développement</td></tr>
<tr><td>2000
Eau et assainis-sement</td><td>Réfugiés et personnes déplacées
→</td><td>Amélioration de l'accroissement en eau et de l'assainissement</td></tr>
<tr><td>3000
Logement et articles domestiques</td><td>→</td><td>Amélioration de l'accès au logement et aux articles domestiques</td></tr>
<tr><td>4000
Sécurité</td><td>Populations touchées par des catastrophes ou des conflits
→</td><td>Prestation de services pour réduire les menaces à la sécurité personnelle</td><td>Amélioration de la sécurité des personnes</td></tr>
<tr><td>5000
DH et droit des réfugiés</td><td>→</td><td>Prestation de services pour réduire les menaces à la sécurité personnelle</td><td rowspan="3">Amélioration ou maintien des moyens de subsistance des ménages et des collectivités</td></tr>
<tr><td>6000
Moyens de subsistance et éducation</td><td>Partenaires d'exécution locaux
→</td><td>Accès à des moyens de subsistance et à l'éducation</td></tr>
<tr><td>7000
Coordination</td><td>Partenaires d'exécution locaux et internationaux
→</td><td>Meilleure coordination inter organismes</td></tr>
</table>

Il faut garder à l'esprit que l'impact recherché est la conséquence attendue de l'atteinte de l'objectif global du projet et que les effets sont associés à l'atteinte de l'objectif spécifique.

Depuis 2008, la coopération canadienne n'utilise plus le cadre logique, mais un modèle logique présenté dans la figure 42[48].

Figure 42

MODÈLE LOGIQUE DE LA COOPÉRATION CANADIENNE DEPUIS 2008

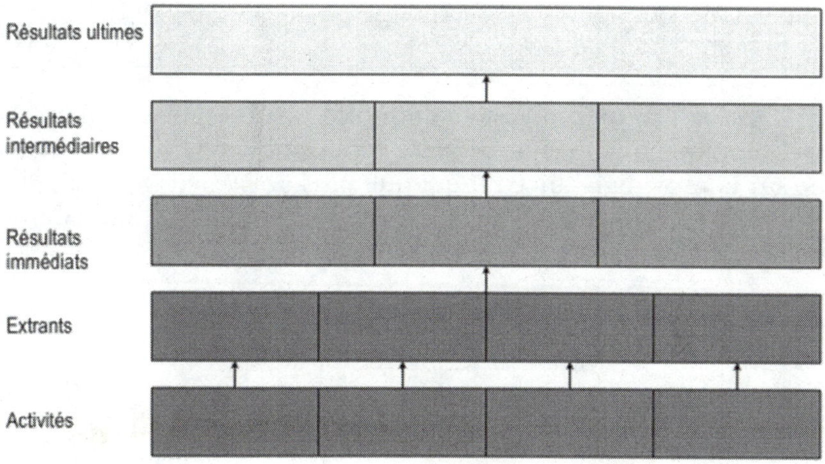

Dans la présentation de projets humanitaires, le tableau suivant présente les trois niveaux de résultats attendus dans le cadre du nouveau modèle logique :

TABLEAU 14

NIVEAU DE RÉSULTATS : ULTIME

Résultat ultime	Le résultat ultime est le changement le plus élevé que l'on puisse raisonnablement attribuer au projet proposé par un lien de causalité. Afin d'harmoniser le lien de causalité avec le modèle logique de programme de la DAHI, l'ONG devra utiliser l'énoncé suivant comme résultat ultime du projet : *Vies sauvées, souffrances atténuées et dignité humaine préservée dans les collectivités en proie à une crise humanitaire ou à l'insécurité alimentaire*

On constate donc que cette définition reprend les trois composantes de l'objectif n° 1 des *Principes et bonnes pratiques de l'aide humanitaire* (juin 2003) déjà présentées.

48. Source : http://www.acdi-cida.gc.ca/INET/IMAGES.NSF/vLUImages/Form/ $file/4031-03F.pdf

TABLEAU 15

NIVEAU DE RÉSULTATS : INTERMÉDIAIRE

Résultat intermédiaire	Changement auquel on s'attend logiquement une fois que le projet est terminé. Afin d'aligner le projet proposé sur le modèle logique de programme de la DAHI, l'ONG doit utiliser l'énoncé suivant comme résultat intermédiaire du projet : *Vulnérabilité réduite des personnes touchées par une crise, particulièrement les femmes et les enfants*

L'accent est donc mis sur la notion de vulnérabilité (physique, psychologique, matérielle, sociale, économique, genrée, etc.) ainsi que sur la reconnaissance du fait que plus de 50 % des populations vulnérables en situation de contexte humanitaire sont habituellement des femmes et des enfants.

TABLEAU 16

NIVEAU DE RÉSULTATS : IMMÉDIATS

Résultats immédiats	Changement directement attribuable aux extrants du projet, soit des résultats à court terme qui correspondent habituellement à une augmentation de la sensibilisation ou des compétences des bénéficiaires à l'égard de (X) ou à une amélioration de l'accès à (Y) chez les bénéficiaires. Exemples d'énoncés de résultats immédiats : • Accès accru à l'eau potable ; • Accès accru à des installations sanitaires conformes aux normes culturelles des utilisateurs ; • Accès accru à des abris d'urgence ; • Accès accru à des interventions visant à prévenir, à dépister et à traiter la malnutrition aiguë modérée ou grave chez les enfants, les femmes enceintes ou allaitantes ou d'autres groupes vulnérables ; • Accès accru aux services de santé maternelle, comme les soins obstétriques d'urgence et la présence d'un professionnel de la santé qualifié à l'accouchement ; • Accès accru aux services pour les victimes de violence sexuelle et sexiste (services juridiques, médicaux et de consultation) ; • Accès accru aux renseignements sur la santé liés à l'environnement ; • Accès accru aux installations de traitement des déchets médicaux

Pour atteindre les résultats immédiats, il faut toujours des extrants, biens ou services directs qui découlent des activités du projet. Les énoncés d'extrants doivent préciser, *mais non pas quantifier*, le produit ou le service fourni, livré ou distribué, à l'instar de :

– fourniture de comprimés pour purifier l'eau;
– construction d'abris qui répondent aux normes du projet Sphère.

C'est donc une différence entre l'ancien cadre logique, que nous avons vu un peu plus tôt, et le nouveau modèle logique de la coopération canadienne puisque les indicateurs appuyant la mesure des extrants doivent désormais figurer dans le *cadre de mesure du rendement*. De la même façon, le modèle logique pour l'action humanitaire propose que les activités soient définies comme des actions entreprises ou un travail mené par lesquels on mobilise des intrants, mais sans que l'on cherche à y détailler quoi que ce soit. Aussi, dans cet outil[49], les hypothèses ne sont pas présentées. Les risques associés à la réalisation du projet sont plutôt présentés dans le registre des risques qui découle de l'analyse des risques. Celle-ci sera couverte plus loin dans ce chapitre. Les indicateurs et les sources ou moyens de vérification sont présentés dans le cadre de mesure du rendement, un outil qui, comme déjà mentionné, sera présenté plus loin dans ce chapitre.

2.14 ÉLABORATION D'UNE STRATÉGIE DE GESTION DES RISQUES

Les hypothèses consignées dans le cadre logique sont liées à des risques, des conditions ou des événements plus ou moins prévisibles susceptibles d'avoir des effets négatifs sur la réalisation du projet et l'atteinte des résultats recherchés.

Il y a plusieurs catégories de risques auxquels peut être confronté un projet[50]:

– les risques liés aux ressources humaines: Le personnel est-il stable au sein du projet? Y a-t-il des risques de conflits dans l'équipe de projet? En humanitaire, les rapides rotations des effectifs vont-elles affecter l'efficacité des opérations, la perte de mémoire institutionnelle et la nécessaire confiance à construire avec les équipes locales? Si elle a du personnel

49. Pour plus de détails, voir: http://www.international.gc.ca/development-developpement/partners-partenaires/bt-oa/rbm_tools-gar_outils.aspx?lang=fra
50. Adapté de: Clifford F. GRAY et Erik W. LARSON. *Management de projet*, Montréal, Chenelière Éducation, 2007; et de P. L. LIENTZ et K. P. REA. *International Project Management*, San Diego, Academic Press, 2003.

affecté à la coordination des activités liées aux secteurs, de quelle façon veillera-t-elle à communiquer en temps opportun l'information nécessaire aux secteurs pertinents et de quelle façon se concertera-t-elle avec les acteurs gouvernementaux concernés à l'échelon local et national ?

- les risques liés à la technologie : L'environnement technologique est-il fiable ? Le matériel importé est-il en phase avec les capacités de gestion et l'entretien local ?
- les risques liés au contexte politique : Y a-t-il des risques que le régime politique soit déstabilisé ? Les conditions liées aux causes qui ont pu précéder la crise humanitaire ont-elles disparu ? Qui, au sein de l'équipe, va prendre la charge du suivi de l'évolution des conditions politiques locales ?
- les risques découlant du contexte culturel : Peut-il y avoir des problèmes ou des conflits liés à la culture ? Les équipes internationales sont-elles assez sensibilisées aux facettes culturelles locales ?
- les risques liés au contexte économique : La situation économique risque-t-elle de se détériorer ? La fluctuation des taux de change peut-elle affecter la faisabilité du projet ? L'arrivée massive d'aide humanitaire peut-elle mettre en péril certains métiers et générer des perturbations dans l'économie locale (inflation, rareté, disponibilité de biens) ;
- les risques découlant du climat : Le site du projet est-il sujet à des perturbations majeures ? Les conditions climatiques peuvent-elles rendre le site inaccessible à certaines périodes ? Les populations bénéficiaires vont-elles être exposées ? Et nos équipes ?
- les risques liés aux catastrophes naturelles : Le projet peut-il être affecté par des catastrophes naturelles, comme une inondation ou un séisme ?
- les risques liés au terrorisme : Des groupes terroristes ou d'autres groupes armés sont-ils présents dans la zone visée par le projet proposé ? Les activités proposées sont-elles susceptibles de faire l'objet d'un détournement ou d'un vol organisé par des groupes terroristes ou armés ? Les questions de sécurité (ou l'éloignement des sites) rendent-elles la gestion et le suivi du projet particulièrement difficiles ?

– les risques liés à la corruption : Est-ce que des mesures particulières pour faire en sorte qu'il n'y ait pas de corruption liée à la demande de financement sont prises ?

L'élaboration du cadre logique a déjà amené une première réflexion sur les risques inhérents à la réalisation du projet. En effet, la dernière colonne du cadre logique incite les concepteurs à identifier les conditions extérieures au projet qui peuvent interférer avec sa réussite. L'analyse et la gestion des risques vont plus loin en poursuivant les objectifs suivants[51] :

– recenser les risques auxquels le projet est ou sera exposé ;
– déterminer et intégrer dans la conception du projet les mesures préventives[52] appropriées de façon à éliminer ou à atténuer les conséquences négatives de certains événements sur le projet ;
– établir les mesures de secours (plans d'urgence) qu'il faudra mettre en œuvre si un événement compromettant la réussite de projet survient malgré le déploiement des mesures préventives ;
– identifier les responsabilités et les ressources requises pour le déploiement des mesures préventives et des mesures de secours.

La figure 43 qui suit présente la démarche de gestion des risques[53].

51. Adapté de : Clifford F. GRAY et Erik W. LARSON. *Management de projet,* Montréal, Chenelière Éducation, 2007.
52. On voit parfois l'utilisation des expressions « mesures de mitigation » ou « mesures d'atténuation » pour désigner ces mesures.
53. Adapté de : Hervé COURTOT. *La gestion des risques dans les projets*, Paris, Economica, 1998, 294 pages et Clifford F. GRAY et Erik W. LARSON. *Management de projet*, Montréal, Chenelière Éducation, 2007, 575 pages.

Figure 43

DÉMARCHE DE GESTION DES RISQUES

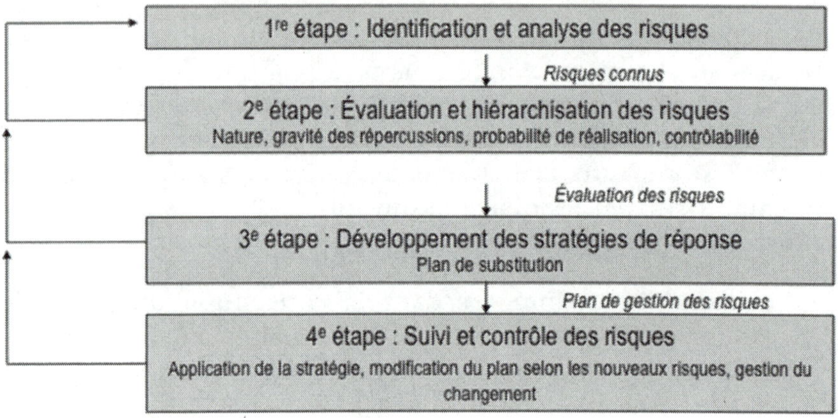

Le contenu de la dernière colonne du cadre logique (hypothèses) est un bon point de départ pour l'identification des risques, car derrière chaque hypothèse, il y a un risque (la non-réalisation de l'hypothèse). Il faut toutefois aller plus loin. Un exercice de remue-méninges devrait permettre d'identifier les facteurs qui pourraient :

- empêcher l'obtention des ressources requises pour la réalisation du projet ;
- nuire à la réalisation des activités ;
- empêcher la production des extrants ou en détériorer la qualité ;
- compromettre la concrétisation des effets et des impacts.

Dans un premier temps, il n'est pas nécessaire de limiter le nombre de facteurs de risques, leur évaluation permettra de ne retenir que les plus importants. Dans chaque cas, il faut déterminer la ou les conséquences néfastes pour le projet. Pour travailler de façon systématique, il est utile de dresser un inventaire des risques au terme de cette phase du processus. Un tableau comme celui qui suit peut être utilisé.

TABLEAU 17
INVENTAIRE DES RISQUES SELON LA LOGIQUE D'INTERVENTION

LOGIQUE D'INTERVENTION	RISQUES	CONSÉQUENCE(S) NÉFASTE(S) POUR LE PROJET
Objectif global		
Objectif spécifique		
Extrant		
Activités		

Les risques identifiés ne sont pas tous de la même importance. L'évaluation des risques permet de ne retenir que ceux qui sont significatifs et de les classer par ordre de gravité. L'analyse des scénarios est la technique la plus facile et la plus courante pour procéder à l'évaluation des risques. Il faut évaluer chaque risque en fonction des aspects suivants[54] :

- l'événement indésirable ;
- l'étape du projet au cours de laquelle l'événement peut survenir ;
- l'interaction avec d'autres parties du projet ou d'un autre projet ;
- toutes les conséquences de l'événement s'il survenait ;
- la probabilité (P) que l'événement survienne (on attribue une cote de 1 à 5, 1 correspondant à une probabilité presque nulle et 5 à une quasi-certitude) ;
- l'ampleur ou la gravité de l'impact[55] (I) de l'événement (on attribue une cote de 1 à 5 selon le niveau de gravité) ;
- la difficulté (D) de détection de l'événement (on attribue une cote de 1 à 5).

---

54. Adapté de : Clifford F. GRAY et Erik W. LARSON. *Management de projet*, Montréal, Chenelière Éducation, 2007.
55. L'ACDI utilise le mot « incidence » pour désigner l'effet de la concrétisation du risque sur l'atteinte des résultats du projet.

Il est possible par la suite de calculer le niveau de risque de chacun des risques :

Niveau de risques = P x I x D

On peut alors consigner les résultats de cette évaluation dans un tableau en classant les risques en fonction de leur indice de gravité.

TABLEAU 18

CLASSIFICATION DES RISQUES SELON LEUR INDICE DE GRAVITÉ

Facteur de risque	Probabilité (P)	Impact (I)	Difficulté de détection	Niveau de risque
	Valeur de 1 à 5	Valeur de 1 à 5	Valeur de 1 à 5	P x I x D
	Valeur de 1 à 5	Valeur de 1 à 5	Valeur de 1 à 5	P x I x D
- - -	- - -	- - -	- - -	- - -
	Valeur de 1 à 5	Valeur de 1 à 5	Valeur de 1 à 5	P x I x D

Il est ensuite possible de localiser chacun des risques sur la matrice de gravité des risques présentée dans la figure suivante.

Figure 44

MATRICE DE GRAVITÉ DES RISQUES

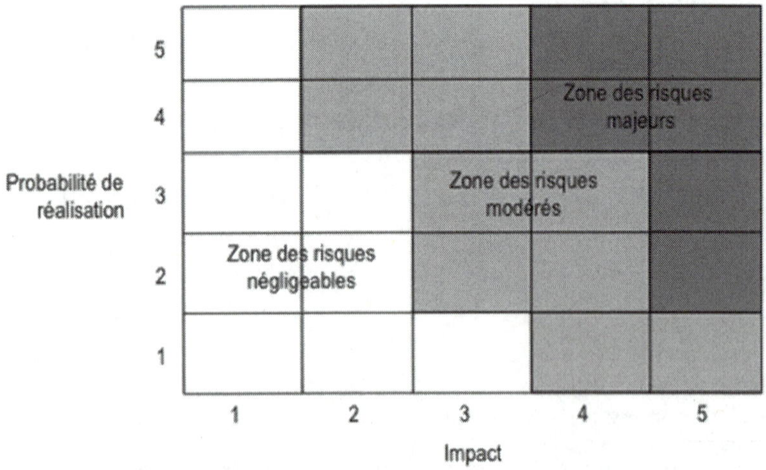

Sur la base de cette évaluation, il faudra apporter une grande attention aux risques majeurs, se préoccuper aussi des risques modérés, bien que dans une moindre mesure, et ne plus considérer les risques négligeables. Dans la majorité des cas, il faudra revoir la colonne « Hypothèses » du cadre logique à la suite de cet exercice.

Il faut en outre se demander comment composer avec chacun des risques retenus :

- Le moment ou le risque est susceptible de survenir.
- La façon dont on compte s'y prendre pour le détecter.
- La personne ou l'organisation qui sera responsable de la détection.
- La ou les mesures préventives à prendre si la chose est possible (il se peut que ces mesures génèrent de nouvelles activités à ajouter au cadre logique, ce qui aura également une incidence sur le budget du projet).
- La mesure de secours à prendre si le risque se concrétise.
- La personne ou l'organisation qui sera responsable de la mise en œuvre de la mesure de secours.
- La façon dont sera effectué le suivi de la mise en œuvre de la mesure de secours.

Un tableau comme celui qui suit peut être utilisé pour consigner la stratégie de gestion des risques du projet, il comporterait autant de lignes qu'il y a de risques[56].

56. On voit l'utilisation de l'expression « Registre des risques » pour désigner un tel tableau.

TABLEAU 19
STRATÉGIE DE GESTION DES RISQUES

Facteur de risque	Détection				Mesure d'atténuation			
	Événement déclencheur	Date ou période probable d'occurrence	Moyen de détection	Responsable de la détection	Mesure préventive	Plan d'urgence		
						Mesure de secours	Responsable	Mesure de suivi
Impact								
Effets								
Extrants								
Activités								

Durant la phase de définition du projet, il faut s'assurer que les mesures préventives, de même que les dispositions à prendre pour le suivi des risques et la mise en œuvre des mesures de secours sont intégrées dans la conception du projet.

Durant la phase de planification, il faut s'assurer que le plan de mise en œuvre du projet prévoit une stratégie de gestion des risques. La mise en œuvre de mesures de secours entraîne généralement un retard dans la réalisation d'une ou plusieurs activités et dans la mobilisation de ressources supplémentaires, ce dont il faudra tenir compte dans la planification du projet.

Durant la phase d'exécution du projet, il faut mettre en œuvre la stratégie de gestion des risques, ce qui sera traité dans le chapitre portant sur l'exécution du projet.

2.15 ÉLABORATION DES STRATÉGIES TRANSVERSALES

La définition des résultats d'un projet doit intégrer un certain nombre de thèmes transversaux aussi appelés « questions intersectorielles[57] ». Il faut notamment prendre en compte les retombées du projet sur la **réduction de la pauvreté**, ainsi que sur **l'égalité**

57. OCDE. Traitement des questions sectorielles dans *Pour une meilleure aide au développement. La gestion de l'aide: pratiques des pays membres du CAD*, Éditions OCDE, 2011, p. 99-104.

entre les femmes et les hommes et sur **l'environnement**[58]. Il importe donc que les analyses préliminaires incluent une étude de la pauvreté, une analyse genrée des rapports sociaux de sexe et une évaluation des incidences environnementales du projet. De telles analyses permettent de définir de façon plus générale le contexte dans lequel le projet est mis en œuvre; elles influent sur le type de stratégies qui peuvent contribuer le mieux à réduire la pauvreté, tout en garantissant la prise en compte des inégalités basées sur le genre et l'adoption de saines pratiques environnementales. En ce sens, les données de base et les indicateurs de rendement des projets ventilés par sexe sont essentiels au suivi et à la gestion des projets dans le contexte de la gestion axée sur les résultats (GAR). Par ailleurs, afin d'approfondir la prise en compte et l'analyse des différents axes d'inégalités sociales, il est conseillé d'utiliser des données et des indicateurs ventilés selon les groupes d'âge et l'appartenance ethnique.

2.15.1 Réduction de la pauvreté

Il convient de se poser les questions suivantes concernant la contribution du projet à la réduction de la pauvreté:

- Quels sont les facteurs sociaux participant à la paupérisation? Quels sont les groupes et sous-groupes les plus affectés?
- Quel est le lien entre la pauvreté et la problématique de développement auquel s'attaque le projet?
- Comment le projet rejoint-il les préoccupations des personnes en situation de pauvreté? Comment pourrait-il les rejoindre?
- Comment le projet contribuera-t-il à la mise en œuvre de la stratégie nationale de réduction de la pauvreté? Comment pourrait-il y contribuer?
- Quels sont les résultats prévus, ou à inclure dans le projet en matière de réduction de la pauvreté?
- Quelles sont les activités qui permettront d'atteindre ces résultats?
- Comment se fera le suivi de ces résultats?

---

58. L'OCDE considère aussi la bonne gouvernance, le renforcement des capacités, le VIH/sida et les droits de la personne comme des thèmes transversaux.

Il est fort probable que les réponses apportées à ces questions amènent les concepteurs du projet à le bonifier, en revisitant le travail de conception effectué jusque-là et en modifiant le cadre logique en conséquence.

2.15.2 Égalité entre les femmes et les hommes

En septembre 2000, les États membres de l'Organisation des Nations Unies (ONU) ont adopté les Objectifs du millénaire pour le développement (OMD). Le troisième objectif se lit comme suit: « Promouvoir l'égalité des sexes et l'autonomisation des femmes. » En 2005, les bailleurs de fonds de l'aide au développement et les pays bénéficiaires de cette aide se sont entendus sur un certain nombre de principes pour accroître l'efficacité de l'aide au développement. Ils ont alors signé la Déclaration de Paris dont il a déjà été fait mention. Dans le sillage de cette déclaration, la gestion axée sur les résultats de développement s'est affirmée comme un instrument précieux pour remédier aux inégalités et accélérer les progrès visant la réalisation des OMD. Conscients que le troisième objectif est capital pour la réalisation de l'ensemble des OMD, la plupart des bailleurs de fonds de l'aide au développement ont décidé de mettre davantage l'accent sur la gestion axée sur les résultats dans le domaine de l'égalité entre les femmes et les hommes (EFH). De forts liens entre les résultats de développement et l'EFH ont par la suite été reconnus à l'occasion du troisième Forum de haut niveau sur l'efficacité de l'aide à Accra, en septembre 2008, un forum qui réunissait les signataires de la Déclaration de Paris. Plus récemment, l'après-OMD met l'accent sur les objectifs de développement durable (ODD), dont un, le cinquième, porte sur l'égalité entre les sexes, et un deuxième, le dixième, porte sur les inégalités réduites. La Convention sur l'élimination de toutes les formes de discrimination à l'égard des femmes (CEDEF) adoptée par l'Assemblée générale de l'ONU et pour laquelle une centaine de pays se sont engagés à respecter les clauses est aussi un élément important en matière d'égalité entre les hommes et les femmes dans les projets de DIAH.

Dans le but d'appuyer la réalisation de l'égalité entre les femmes et les hommes afin d'assurer un développement durable, les bailleurs de fonds se sont dotés d'objectifs en la matière. Ceux de la coopération canadienne sont les suivants[59] :

- Faire avancer la participation des femmes au développement durable de leurs sociétés, à titre de décideuses, sur un pied d'égalité avec les hommes.
- Appuyer les femmes et les filles dans le plein exercice de leurs droits fondamentaux.
- Réduire les inégalités entre les femmes et les hommes quant à l'accès aux ressources et aux bénéfices du développement, et au contrôle sur ces mêmes ressources et bénéfices.

Pour atteindre ces objectifs, la coopération canadienne s'est donné de principes directeurs :

- Elle doit tenir compte de l'égalité entre les sexes comme faisant partie intégrante de toutes ses politiques, tous ses programmes et projets.
- Pour atteindre l'égalité entre les sexes, il faut reconnaître que chaque politique, programme et projet a des répercussions différentes sur les femmes et sur les hommes.
- La réalisation de l'égalité entre les sexes n'implique pas que les femmes deviennent identiques aux hommes.
- Le renforcement du pouvoir des femmes est essentiel pour parvenir à l'égalité entre les sexes.
- Promouvoir la participation égale des femmes, à titre d'agentes de changement, aux processus économique, social et politique, est essentiel pour atteindre l'égalité entre les sexes.
- Seul un partenariat entre les femmes et les hommes peut permettre d'atteindre l'égalité entre les sexes.
- Pour atteindre l'égalité entre les sexes, il faut des mesures conçues précisément pour éliminer les inégalités entre les sexes.
- Les politiques, programmes et projets devraient contribuer à la réalisation de l'égalité entre les sexes.

---

59. ACDI. *Politique de l'ACDI en matière d'égalité entre les sexes*, mars 1999.

La coopération canadienne propose plus spécifiquement une démarche pour l'intégration de l'EFH dans les projets:

1. Analyse comparative entre les sexes.
2. Détermination des difficultés des questions relatives à l'égalité entre les sexes.
3. Formulation des résultats de l'égalité entre les sexes.
4. Élaboration de stratégies transversales en matière d'égalité entre les sexes.
5. Transmission des résultats en matière d'égalité entre les sexes.

La cinquième phase de cette démarche concerne la nécessaire prise en compte des résultats atteints en matière d'EFH dans les différents rapports qui seront produits pendant et au terme de l'exécution du projet. Dans le suivi des progrès (l'élaboration des modalités de suivi est couverte plus loin dans ce chapitre), les changements et les résultats obtenus doivent être transmis en fonction des résultats escomptés en matière d'égalité entre les sexes. Afin que la transmission des résultats soit adéquate, des données de base (ventilées par sexe) doivent être recueillies dès le début du projet, à moins qu'elles n'existent déjà.

L'analyse comparative entre les sexes consiste à décrire et à analyser la dynamique sexospécifique des personnes touchées par le projet (femmes, hommes, filles, garçons). Les éléments suivants doivent être analysés:

- rôles et tâches:
  - à la maison (avec la famille)
  - à l'extérieur (au travail)
  - dans la collectivité (associations structurées et non structurées, organismes politiques et d'influence)
- accessibilité et contrôle des ressources et des bénéfices;
- besoins et intérêts;
- exigences culturelles touchant les femmes et possibilités qui leur sont offertes;
- politiques nationales ayant des effets positifs ou négatifs sur les questions d'égalité entre les sexes dans le domaine du projet.

Il existe une grande variété d'instruments et d'outils de recherche qui permettent de réaliser des analyses comparatives entre les sexes, la plupart privilégiant une approche participative. La collecte de données ventilées par sexe est importante tout comme l'analyse genrée de celles-ci.

En se servant de l'analyse comparative entre les sexes, il faut déterminer les difficultés auxquelles sont confrontées les femmes ou les possibilités qui leur sont offertes dans la société ou dans leur collectivité. En fonction des enjeux relevés mentionnés comme prioritaires par les femmes elles-mêmes grâce à un processus participatif, il faut choisir une ou plusieurs questions liées à l'égalité entre les sexes qui seront abordées dans le projet. Les enjeux choisis doivent être présentés comme les résultats attendus du projet en matière d'égalité entre les femmes et les hommes. Les résultats doivent figurer dans le cadre logique (ou dans le modèle logique).

Il faut élaborer une stratégie pour atteindre ces résultats, stratégie dont découleront les activités à réaliser. L'ACDI propose une série de questions que les concepteurs de projet peuvent se poser pour guider l'élaboration de la stratégie EFH d'un projet[60] :

- Quel est le lien entre l'inégalité entre les hommes et les femmes et le problème de développement auquel s'attaque le projet ? De quelle manière l'égalité entre les sexes est-elle liée aux résultats que le projet compte atteindre ? Comment les enjeux concernant l'égalité entre les sexes sont-ils pertinents au contexte de la mise en œuvre du projet ?
- Quels sont les objectifs de la stratégie du projet en matière d'égalité entre les sexes ? Comment l'application de la stratégie facilitera-t-elle l'atteinte des effets prévus du projet ? Les objectifs correspondent-ils à ceux de la politique du bailleur de fonds qui sera sollicité ?
- Quel est le bien-fondé de la stratégie ? Quelles sont les conditions dans le contexte de développement qui font en sorte qu'il est important d'appliquer la stratégie en matière d'égalité entre les sexes ? Comment les progrès vers l'égalité

60. ACDI. *L'élaboration du plan de mise en œuvre du projet/programme selon l'approche axée sur les résultats*, mars 2001.

entre les femmes et les hommes contribuent-ils à l'atteinte de l'ensemble des résultats du projet ?

- Quels principes et pratiques exemplaires guident l'approche de la promotion de l'égalité entre les sexes ? Sont-ils liés aux principes présentés dans la politique du bailleur de fonds envisagé ?
- Quels sont les défis auxquels est confronté le projet ? Quels sont les défis concernant l'émancipation des femmes ? Quels défis faudra-t-il relever pour aborder les relations inégalitaires entre les sexes ? Quels sont les défis dans l'application de la stratégie ?
- Quels sont les résultats prévus de la stratégie en matière d'égalité entre les sexes ? Comment sont-ils liés aux effets attendus du projet ? Comment sont-ils liés aux résultats prévus du bailleur de fonds envisagé en matière d'égalité entre les sexes ? De quelle manière la mise en œuvre de la stratégie renforcera-t-elle la capacité de l'organisation et de ses partenaires à planifier, gérer et faire le suivi des projets qui favorisent l'habilitation des femmes et réduisent les inégalités entre les femmes et les hommes ?
- Comment le projet atteindra-t-il ces résultats ? Quelles sont les activités prévues ? Comment ces activités s'insèreront-elles aux composantes du projet ? Faudra-t-il recourir à des expertes ou experts spécialisés pour réaliser ces activités ? Comment le projet accroîtra-t-il la compréhension de l'égalité entre les sexes et renforcera-t-il la capacité de l'organisation à travailler à son atteinte ?
- Comment se feront le partage des responsabilités et l'affectation des ressources nécessaires à l'atteinte des résultats ? Qui sera responsable de l'atteinte de quels résultats ? Quelles sont les ressources nécessaires à la mise en œuvre ? Quelle est la contribution que l'on attend de chaque partenaire ?
- Comment se fera le suivi du rendement ? Comment se fera l'intégration du suivi de la stratégie EFH à la structure de gestion du projet et au cadre de mesure du rendement ?

Une autre série de questions doit aussi recevoir des réponses satisfaisantes :

- Quel est le degré de participation des femmes à l'identification et à la planification du projet ?
- Le projet tient-il compte des besoins spécifiques exprimés par les groupes de femmes visés par le projet ?
- Le projet favorise-t-il la prise en compte de la diversité des femmes et de leurs besoins différenciés (selon l'âge, l'appartenance ethnique, etc.) ?
- Le projet favorisera-t-il un meilleur accès des femmes à des postes de décision ?
- Le projet intègre-t-il des mesures visant la création d'occasions spécifiques pour les femmes ainsi qu'un accès et un contrôle des ressources équitables ?
- Le projet permettra-t-il la répartition des bénéfices entre les hommes et les femmes ?
- Le projet est-il de nature à améliorer les conditions de vie des femmes (économiques, éducation, emploi, etc.) ?

Comme dans le cas de la prise en compte de la réduction de la pauvreté, il est fort probable que celle de l'EFH amène les concepteurs du projet à bonifier le projet, à revisiter le travail de conception fait jusque-là et à modifier le cadre logique en conséquence.

Dans le contexte particulier d'une situation humanitaire, l'organisation bénéficiaire d'une contribution de l'aide canadienne devra se livrer à une évaluation précise des enjeux liés à l'égalité entre les sexes[61] dans le contexte de la situation d'urgence (par exemple, les violences basées sur le genre particulièrement les violences sexuelles, la participation des hommes et des femmes à la détermination des priorités sur le plan humanitaire, l'accès à des installations sanitaires adéquates, l'accès aux produits et services humanitaires), le tout étayé par des données quantitatives et qualitatives. L'ONG devra préciser les façons dont le projet abordera les problèmes soulevés par l'analyse genrée et, s'il y a lieu, contribuer à l'obtention de résultats en matière d'égalité

61. Lignes directrices, *op. cit.*, p. 38.

entre les sexes[62]. L'analyse portera sur les enjeux sexospécifiques dans le contexte de la situation humanitaire et sur les obstacles ou possibilités qui se présentent aux femmes, aux hommes, aux filles et aux garçons. Il faudra aussi décrire la capacité organisationnelle de mettre en œuvre des aspects de l'initiative proposée ayant trait à l'égalité entre les sexes. Par exemple, y a-t-il des employés affectés expressément à l'égalité entre les sexes pour appuyer le projet? Ou encore: a-t-on mis en place des systèmes de collecte de données ventilées par sexe et de surveillance des résultats en matière d'égalité entre les sexes?

2.15.3 Environnement

La lutte à la pauvreté est souvent liée à des enjeux environnementaux. La pauvreté ne conduit pas nécessairement à la détérioration de l'environnement, mais les problèmes sont liés entre eux et l'un peut provoquer l'autre.

- Les inégalités structurelles favorisent la paupérisation de certains groupes, plaçant ou maintenant ceux-ci dans des situations précaires tant aux niveaux économique, social que géographique en limitant leurs occasions ainsi que leur accès et contrôle des ressources.
- Les populations les plus démunies sont souvent les plus touchées par la détérioration de l'environnement (par exemple, par la pollution de l'eau).
- Ces mêmes populations sont très vulnérables aux phénomènes environnementaux (par exemple, aux phénomènes climatiques ou liés à la géologie).
- En raison de leur accès et contrôle limité des ressources, les personnes et les groupes en situation de pauvreté voient souvent leur habitat être surexploité ce qui participe à la détérioration des conditions environnementales (par exemple, en causant un déboisement excessif) et de la qualité de vie.
- La préservation de la biodiversité comme moyen de subsistance peut particulièrement permettre aux personnes en

62. Pour vous aider dans ces démarches, voir ACDI. *Égalité entre les sexes et aide humanitaire: guide des enjeux*, 2003, 29 pages.

situation précaire de se sortir de la pauvreté. La biodiversité agit comme capital naturel important pour les individus et les familles qui n'ont pas de capital financier ou physique[63].

L'intégration des préoccupations environnementales dans les projets de développement est plutôt récente, la priorité étant donnée à la modernisation et au développement économique[64]. Cela a changé avec l'institutionnalisation des enjeux environnementaux dans les organisations internationales et particulièrement avec la mise en place d'un processus d'évaluation des impacts environnementaux (EIE) introduit aux États-Unis dans les années 1970. Perçus au départ comme une nouvelle d'impérialisme, les EIE permettent de décrire les impacts environnementaux et sociaux possibles d'un projet et de partager avec les parties prenantes les stratégies et moyens de préservation de l'environnement ou d'atténuation des effets non désirés des projets sur l'environnement. Les EIE contribuent à empêcher la réalisation de certains projets ou encore forcent la production de documents ou de certaines parties d'un document de projet qui permet de partager l'information et de prévenir les erreurs qui pourraient être commises à cet effet.

Cela dit, l'évaluation des impacts environnementaux d'un projet demeure difficile à réaliser et à prédire compte tenu de la faible présence de données, l'emploi de consultants étrangers qui connaissent mal le contexte local ou encore la complexité intrinsèque des systèmes socioécologiques[65]. La participation de certains groupes peut aussi être difficile dans divers contextes.

Au moment de la formulation des OMD en septembre 2000, la communauté internationale a reconnu les liens qui existent entre la pauvreté et l'environnement et a estimé que la salubrité environnementale est essentielle au développement durable. Le septième objectif se lit comme suit: « Assurer un environnement durable. »

---

63. *Biodiversité et pauvreté: dix questions fréquemment posées – dix implications politiques*, IIED, 2011.
64. J.-P. LEBLOND. « Peut-on réconcilier l'environnement et le développement ? », dans Beaudet et Haslam. *Enjeux et défis du développement international*, PUO, 2014.
65. J.-P. LEBLOND. « Peut-on réconcilier l'environnement et le développement ? », dans Beaudet et Haslam. *Enjeux et défis du développement international*, PUO, 2014.

Dans la foulée des OMD, les bailleurs de fonds de l'aide au développement ont reconnu l'importance de l'environnement dans la Déclaration de Paris de 2005 et ont pris l'engagement de redoubler d'efforts. Les Objectifs de développement durable (ODD) post- 2015 mettent également l'accent sur les aspects environnementaux dont la majorité des objectifs a trait à ce thème : eau et assainissement (objectif 6), énergie propre à un coût abordable (objectif 7), villes et communautés durables (objectif 11), consommation et production responsables (objectif 12), mesure relative à la lutte contre les changements climatiques (objectif 13), vie aquatique (objectif 14) et vie terrestre (objectif 15).

La politique environnementale de la coopération canadienne pour un développement durable et la Stratégie de développement durable soulignent que l'environnement constitue à la fois une priorité de programmation et un enjeu qui doit être intégré dans tous les plans, politiques, programmes et activités de la coopération canadienne. Cette coopération se soumet ainsi aux exigences de la Loi canadienne sur l'évaluation environnementale (LCEE). L'objectif de cette loi est « de veiller à ce que les projets soient étudiés avec soin et prudence avant que des autorités fédérales prennent des mesures à leurs égard, afin qu'ils n'entraînent pas d'effets environnementaux négatifs importants ».

L'intégration des enjeux environnementaux dans la conception des projets permet d'élaborer des projets qui :

- favorisent le développement durable ;
- ne nuisent pas à l'environnement ;
- multiplient les effets bénéfiques sur l'environnement, la santé et la société ;
- apportent, dès le début, des éclaircissements sur les problèmes environnementaux et sociaux, ce qui permet de les régler tôt ou de les atténuer en évitant des retards et des coûts additionnels ;
- accroissent la conscience environnementale des intervenants, des bénéficiaires, de la communauté, voire de la population de l'ensemble du pays.

Pour procéder à cette intégration, il est utile de se poser un certain nombre de questions, notamment :

- Où, et dans quel contexte environnemental, les activités du projet seront-elles mises en œuvre ?
- Dans ce contexte, est-ce que les besoins des groupes en situation de vulnérabilité (en raison de leur situation géographique, de leur difficile accès aux ressources ou des inégalités de genre et ethniques) sont pris en compte ?
- Quel est le lien entre la qualité de l'environnement et le problème de développement auquel s'attaque le projet ?
- Le projet contribuera-t-il à détériorer l'environnement ? Si oui, quelles sont les mesures d'atténuation prévues ?
- Le projet contribuera-t-il à mettre en valeur l'environnement ? Quelles mesures seront prises pour renforcer ces effets ?
- Quels avantages ou quelles contraintes l'environnement peut-il poser pour le projet ?
- Le projet contribuera-t-il à la mise en œuvre de la stratégie nationale en matière d'environnement ?
- Le projet compte-t-il des résultats en matière de protection, d'amélioration ou de mise en valeur de l'environnement ? Pourrait-il en compter ? Si oui, quelles sont les activités prévues pour l'atteinte de ces résultats ? Quelles sont les ressources requises ? Comment se fera le suivi ?
- Comment procédera-t-on pour mesurer les effets environnementaux, pour en faire le suivi et pour en rendre compte ?
- Aura-t-on besoin d'avoir recours à la Loi canadienne sur l'évaluation environnementale (LCEE) ?

La nature de certains projets, par exemple ceux en agriculture, en ingénierie ou en foresterie, demandera une analyse plus poussée des impacts environnementaux sur le projet. Aussi, comme dans le cas de la prise en compte de la réduction de la pauvreté et de l'EFH, l'intégration d'une stratégie transversale en matière d'environnement nécessite une approche favorisant la participation des parties prenantes et nécessitera fort probablement une modification du cadre logique du projet.

Dans un contexte humanitaire, si une proposition contient des ouvrages ou des travaux liés à ces ouvrages (chose qui a été ou qui sera construite par des humains – par exemple, un puits, un bâtiment, un abri, un pont ou un pipeline), l'organisation devra fournir le plus de détails possible au sujet de ces ouvrages au moment de soumettre sa proposition, grâce auquel un spécialiste de l'environnement de la coopération canadienne se servira des renseignements donnés pour déterminer si le projet proposé nécessite une évaluation environnementale, conformément à la LCEE.

2.16 ÉLABORATION DE LA STRATÉGIE DE DURABILITÉ

Le développement durable ne se conçoit pas sans une appropriation du projet par les bénéficiaires et une pérennisation des effets recherchés. La pérennisation est définie comme étant la continuation des effets au-delà de la fin du projet. Ce processus commence dès les premiers événements qui jalonnent le déroulement des projets, c'est-à-dire dès leur conception. La pérennité est définie comme étant le résultat du processus de pérennisation.

Pour la coopération canadienne[66], l'objectif fondamental de la durabilité est d'institutionnaliser les effets du projet au sein des organismes des pays en développement ou des communautés qui bénéficient de l'aide canadienne. Une stratégie de durabilité aide à ce que les stratégies, les structures et le processus de gestion favorisent la participation des intervenants, le renforcement des capacités et l'appropriation des résultats par les bénéficiaires. La durabilité est plus susceptible de se produire lorsque, en plus de l'organisation porteuse du projet, les partenaires et les bénéficiaires locaux sont intégrés au processus décisionnel. En participant aux prises de décisions sur l'utilisation des ressources, ils développent leur capacité à évaluer les besoins, à formuler des solutions équitables et à en assurer la mise en œuvre. Une telle approche permet d'améliorer la capacité à intégrer ce qui est bénéfique du projet aux stratégies et aux méthodes de fonctionnement des organisations et des communautés. Le renforcement des capacités et la responsabilisation des partenaires ainsi que des bénéficiaires sont des éléments clés d'une stratégie de durabilité.

---

66. ACDI. *L'élaboration du plan de mise en œuvre du projet/programme selon l'approche axée sur les résultats*, mars 2001.

Les bailleurs de fonds exigent qu'une stratégie de durabilité soit élaborée afin de s'assurer de la pérennité des résultats une fois le financement terminé. Ils veulent s'assurer, par exemple :

- de l'implication de structures pérennes ;
- du transfert d'expertise et du renforcement des capacités des acteurs clés du projet ;
- de la création d'alliances stratégiques entre les bénéficiaires du projet ;
- de développement de produits tangibles ;
- de la participation et de la prise en charge locales ;
- que le cadre financier est réaliste (participation, prise en charge des coûts récurrents) ;
- que la technologie qui sera utilisée est adaptée au contexte.

La coopération canadienne[67] propose une série de questions que l'on peut se poser pour guider l'élaboration d'une stratégie de durabilité :

- Quels sont les effets du projet qui se maintiendront après la fin de celui-ci ? Quels sont les principaux changements qu'apportera le projet et qui en bénéficiera ? Comment les changements seront-ils institutionnalisés ? Quel est le risque lié à l'institutionnalisation des effets ? Quels sont les indicateurs qui conviennent pour évaluer l'institutionnalisation des effets ?

- Comment tient-on compte des besoins et des intérêts des partenaires et des bénéficiaires dans la formulation des effets ? De quelle manière les effets reflètent-ils les besoins et les intérêts des bénéficiaires ?

- Comment tient-on compte des besoins et des intérêts des partenaires et des bénéficiaires dans les stratégies d'atteinte des résultats ? Comment la mise à jour des stratégies du projet reflétera-t-elle les besoins et les intérêts des partenaires et des bénéficiaires ? Quels sont les mécanismes et les processus qui seront en place pour assurer que tous les

67. ACDI. *L'élaboration du plan de mise en œuvre du projet/programme selon l'approche axée sur les résultats*, mars 2001.

partenaires et les bénéficiaires participent au suivi de la mise en œuvre du projet?

- Quelles sont les capacités, les compétences et les connaissances dont les partenaires et les bénéficiaires ont besoin pour participer efficacement à la définition, à la planification et au suivi de la mise en œuvre du projet? Comment les responsabilités seront-elles réparties afin que les partenaires et les bénéficiaires acquièrent les capacités nécessaires à l'obtention de résultats durables?
- De quelle manière les responsabilités seront-elles transférées aux partenaires et aux bénéficiaires au cours du projet afin d'assurer la durabilité des résultats? Comment cette stratégie de transfert a-t-elle été conçue? Qui contrôlera les ressources affectées à ce transfert? De quelle manière l'accroissement des responsabilités se traduira-t-il au niveau du budget du projet?
- La durabilité des effets entraînera-t-elle des coûts récurrents pour les organisations ou les communautés concernées? Ces organisations ou ces communautés ont-elles la capacité de supporter ces coûts? Sinon, comment ce problème peut-il être résolu?

Il faut retenir qu'une stratégie de durabilité est porteuse lorsque:

- les structures et le processus de gestion favorisent la participation des intervenants;
- le projet prévoit un renforcement des capacités;
- il y a appropriation des résultats par les bénéficiaires.

Évidemment, il est possible qu'il faille revoir le cadre logique du projet pour intégrer les actions à prendre pour assurer la durabilité du projet.

Dans un contexte humanitaire, la durabilité de l'action n'est pas le plus souvent une préoccupation fondamentale, aussi longtemps que l'action a eu le pouvoir de satisfaire les objectifs centraux de l'action humanitaire: sauver des vies, atténuer les souffrances des populations et restaurer la dignité de ces dernières. Par contre, deux choses sont importantes:

- La première est de définir dès le départ une stratégie de retrait ou de transfert des responsabilités à l'issue de l'initiative proposée, et de décrire de quelle façon elle se départira de tout matériel ou équipement restant une fois le projet terminé ;
- La seconde est de comprendre comment son intervention peut s'inscrire à court et moyen terme dans le développement d'une stratégie de transition de l'urgence vers la reconstruction et le développement (ou stratégie *Linking Relief, Rehabilitation and Development*[68] [LRRD]). Depuis 2005, ce type de stratégie peut aussi s'inscrire dans le cadre d'une approche de « relèvement précoce », organisée autour d'un groupe sectoriel (*cluster*) sous l'égide le plus généralement du PNUD. À l'encontre d'une stricte linéarité entre intervention d'urgence, reconstruction ou réhabilitation et développement, cette approche favorise le redémarrage immédiat des opérations de relèvement dès que la phase de première urgence est terminée et que les acteurs humanitaires ont « stabilisé » la situation des populations.

2.17 ANALYSE DE LA FAISABILITÉ[69]

Lors de la conception du projet, l'analyse de faisabilité permet de répondre à la question « Le projet est-il réalisable ? » Le mot « faisabilité » a une connotation technique, mais il faut être conscient du fait que la faisabilité d'un projet comporte plusieurs dimensions : technique, géographique, politique, légale, sociale et culturelle, environnementale, organisationnelle, financière et économique.

L'examen systématique des différents aspects de la faisabilité pourra amener les concepteurs à apporter des modifications au concept initial ou, dans certains cas, à rejeter carrément l'idée de départ du projet. Au moment de cette analyse, il est possible, selon la nature du projet, que certaines dimensions ne s'appliquent pas au projet que l'on conçoit. Il importe de faire état dans le

68. Voir par exemple : http://www.coordinationsud.org/document-ressource/associer-laide-durgence-la-rehabilitation-et-le-developpementlrrd-vers-une-approche-mieux-concertee-pour-ameliorer-la-resilience-et-limpact/
69. Pour plus d'information sur l'analyse de faisabilité, voir : Wilson O'SHAUGHNESSY. *La faisabilité de projet*, Les Éditions SMG, 1992.

document de définition du projet uniquement des éléments de faisabilité qui sont pertinents au projet.

L'analyse de faisabilité doit permettre de définir les hypothèses et conditions de succès de la réalisation du projet et de sa viabilité au cours de la phase de mise en œuvre. La qualité de la démarche repose sur la capacité de concevoir le projet dans le cadre d'une approche systémique et sur le dynamisme, la cohésion et la complémentarité de l'équipe de travail.

Dans le cas de grands projets d'infrastructure, l'analyse de la faisabilité constitue un projet en soi.

2.17.1 Faisabilité technique

L'étude de faisabilité technique doit statuer sur la possibilité de produire l'extrant du projet. Cela représente l'aspect le plus substantiel du projet, surtout lorsqu'il s'agit de la réalisation d'une infrastructure. Cette analyse doit se faire en apportant des réponses aux questions suivantes :

- Est-ce que la méthodologie ou le procédé envisagé pour produire les extrants du projet existent et sont éprouvés ?
- Les outils technologiques requis existent-ils ?
- Sera-t-il nécessaire d'effectuer des recherches pour adapter la méthodologie, le procédé ou la technologie ?
- Sera-t-il nécessaire de procéder à des essais ou à du travail préliminaire ?

2.17.2 Faisabilité géographique

La localisation du projet doit être étudiée, notamment pour répondre aux questions suivantes :

- Le site est-il bien desservi par les moyens de transport nécessaires ?
- Le site est-il bien desservi par les réseaux de communication nécessaires ?
- Le site est-il situé à proximité d'un réservoir de main-d'œuvre qualifiée ?
- Le site est-il facilement accessible par les bénéficiaires ou les utilisateurs de l'extrant du projet ?

- Le site présente-t-il des difficultés climatiques ?
- Le site implique-t-il des conditions de vie difficiles pour le personnel ?
- Le site pose-t-il des problèmes d'attraction des ressources humaines requises ?
- L'approvisionnement en matériaux ou équipements peut-il être problématique ?
- Quels sont les avantages comparatifs du site ?

2.17.3 Faisabilité politique

Le contexte politique doit être examiné afin de déterminer les facteurs qui pourraient rendre la réalisation du projet difficile, voire impossible. Ces facteurs pourraient concerner les points suivants :

- la stabilité du régime politique en place ;
- la position des acteurs politiques nationaux, régionaux et locaux sur le projet ;
- le rapport de forces entre les partisans et les opposants au projet ;
- la proximité d'une échéance électorale ou référendaire.
- la nécessité d'obtenir des autorisations ou la signature d'une entente avec les acteurs politiques en place (gouvernements, communes, villes, villages, etc.)

Ces préoccupations rejoignent l'analyse des parties prenantes et la stratégie de gestion des parties prenantes.

2.17.4 Faisabilité légale

Il faut s'assurer que la réalisation du projet se déroulera dans le respect des lois et des règlements en vigueur, notamment ceux concernant :

- l'aménagement du territoire ;
- les appels d'offres et la passation des marchés ;
- la protection de l'environnement ;
- les normes à respecter ;
- les conditions de travail ;

- l'importation ;
- la fiscalité.

Il n'est pas impossible que la réalisation du projet passe par l'adoption ou la modification de certains textes (lois, règlements, décrets, arrêtés, directives, etc.). Il faut en tenir compte dès la conception, puisque cela peut nécessiter des activités spécifiques ou occasionner des délais supplémentaires. Dans une situation humanitaire, les organisations internationales responsables de la protection internationale (UNHCR) des requérants d'asile, des personnes réfugiées, déplacées à l'interne et rapatriées, mais aussi de la surveillance des droits de la personne (Haut-Commissariat des Nations Unies aux droits de l'homme [HCNUDH]) auront à cœur de valider avec le gouvernement hôte les dispositions légales qui influent sur la détermination du statut des groupes les plus vulnérables comme de la population en général.

2.17.5 Faisabilité sociale et culturelle

Le contexte social doit être examiné afin de s'assurer que le projet est réalisable. Les questions suivantes doivent notamment recevoir une réponse :

- Quels sont les impacts sociaux prévisibles du projet ?
- Le projet favorisera-t-il certains groupes sociaux au détriment d'autres groupes ?
- Le projet contribuera-t-il à corriger des inégalités sociales ?
- Le projet est-il de nature à susciter ou à envenimer un conflit ?
- Le projet est-il en accord avec les valeurs de la société ?
- Le projet prend-il en compte les savoirs et les pratiques traditionnelles des partenaires et des bénéficiaires du projet ?

L'acceptabilité sociale des projets est de plus en plus considérée comme un facteur critique de succès. Cette analyse est également reliée à l'analyse des parties prenantes.

2.17.6 Faisabilité environnementale

Une étude d'impact sur l'environnement doit être menée, notamment pour répondre aux questions suivantes :

- Le projet aura-t-il des effets néfastes sur la qualité de l'air ?
- Le projet polluera-t-il un ou plusieurs cours d'eau ?
- Le projet contaminera-t-il le sol ?
- Le projet produira-t-il des déchets dangereux ?
- Le projet polluera-t-il l'environnement par le bruit ?
- Le projet altérera-t-il l'aspect visuel de l'environnement de façon négative ?
- Le projet aura-t-il, au contraire, des effets bénéfiques sur l'environnement ?

Dans le cas de nombreux « petits » projets, ce tour de piste peut être vite fait. Par contre, dans le cas de projets de grande envergure, une étude environnementale en bonne et due forme peut devoir être menée et des audiences publiques peuvent devoir être organisées.

En plus de s'interroger sur les effets positifs ou négatifs d'un projet de développement ou d'action humanitaire, il est important que l'ONG puisse démontrer sa capacité institutionnelle sur le plan de la gestion de l'environnement. Dans ce contexte, le Programme d'assistance humanitaire internationale (PAHI) exige que les ONG puissent justifier[70] :

- une politique sur l'environnement ou des directives en matière de « sauvegarde » ;
- une stratégie environnementale pour la mise en œuvre des projets.

---

70. *Lignes directrices sur les propositions de financement présentées par les organisations non gouvernementales*, MAECD, août 2013, p. 26.

2.17.7 Faisabilité organisationnelle

L'organisation doit statuer sur la possibilité de gérer et de réaliser le projet, donc répondre aux questions suivantes :

- L'organisation a-t-elle la capacité de gérer le projet ?
- L'organisation a-t-elle la capacité technique de réaliser le projet ?
- L'organisation dispose-t-elle des ressources nécessaires à la réalisation du projet ou, sinon, comment assurera-t-elle le recrutement ?
- Les ressources humaines de l'organisation ont-elles la formation requise pour réaliser le projet ?
- Le personnel de l'organisation est-il favorable à la réalisation du projet ?
- Le niveau de motivation du personnel est-il suffisamment élevé pour entreprendre le projet ?
- Le climat organisationnel permet-il d'entreprendre le projet ?
- La structure de l'organisation est-elle compatible avec la réalisation du projet ?
- Le style de gestion est-il compatible avec la réalisation du projet ?

Il faut aussi se poser ce type de questions pour les organisations partenaires qui interviendront dans le projet, de même que sur la capacité des bénéficiaires à jouer le rôle attendu, notamment pour en assurer la durabilité.

2.17.8 Faisabilité financière

Il faut statuer sur la rentabilité du projet et sur la possibilité de le financer, donc :

- Effectuer une analyse financière du projet.
- Si l'organisation n'a pas les fonds nécessaires à la réalisation du projet :
  - > rechercher des programmes d'aide financière (subventions) ;

> élaborer un plan de financement;
> rechercher un organisme bailleur de fonds.

L'analyse financière cherche à savoir, en se plaçant du point de vue de l'investisseur, si la réalisation du projet constitue un investissement rentable. Cet exercice est généralement fait par une personne ayant des compétences dans ce domaine (expert-comptable ou économiste). Cette analyse, pertinente dans le cas des projets à caractère commercial, mais peu utilisée dans les projets de développement international et d'action humanitaire, dépasse le cadre du présent ouvrage.

Nous ne nous attarderons pas sur les nouvelles règles en matière d'admissibilité des agences humanitaires canadiennes ou internationales qui souhaiteraient disposer d'un financement de la part du gouvernement canadien, même s'il demeure extrêmement utile d'analyser la somme des conditionnalités qui régissent l'octroi éventuel d'un financement à une agence humanitaire[71]. Accéder à un financement humanitaire canadien reste en effet un exercice difficile. Au-delà des conditionnalités administratives (enregistrement) et financières (états financiers), la condition la plus exigeante à satisfaire reste celle de *compter au moins cinq ans d'expérience opérationnelle et avoir démontré un savoir-faire et des capacités en matière de prestation d'aide humanitaire internationale* [...] *dans au moins trois pays bénéficiant d'une aide au développement international*[72]. Le «ticket d'entrée» est donc très élevé pour la plupart des petites ou moyennes ONG canadiennes intéressées à l'action humanitaire.

Plus conforme à l'amélioration des meilleures pratiques en matière d'action humanitaire, la coopération canadienne insiste aussi pour que l'entité sollicitant un financement se conforme aux codes de conduite suivants: Code de conduite pour le Mouvement international de la Croix-Rouge et du Croissant-Rouge et pour les organisations non gouvernementales (ONG) lors des opérations de secours en cas de catastrophes; Plan d'action pour la prévention de l'exploitation et de la violence sexuelle dans les situations de crise humanitaire; et enfin que l'organisation démontre un

71. «Section 2: Présentation du profil institutionnel d'une ONG», *Lignes directrices... op. cit.*, p. 10-14.
72. Paragr. 7, Section 2.

« engagement à s'efforcer d'améliorer la qualité et la reddition de comptes dans les politiques et les programmes d'aide humanitaire internationale; par exemple, dans le cadre d'initiatives visant à aspirer à satisfaire aux normes minimales du Projet Sphère pour les interventions lors de catastrophes [...]; et enfin, démontrer un rendement antérieur en matière de coordination sur le terrain, qui témoigne de la compréhension du système sectoriel (*clusters*) du CPI (Comité permanent interorganisations) et de la participation à ce système sur le terrain[73] ». Tout conseil d'administration ayant une connaissance des normes et obligations internationales en matière d'intervention humanitaire devrait faire valider l'enregistrement de l'adhésion de son organisation à ces codes de conduites et régimes de normes et standards minimaux.

2.17.9 Faisabilité économique

L'analyse économique a une perspective beaucoup plus large que l'analyse financière. On cherche à savoir si le projet est bénéfique pour la société dans son ensemble. Tout comme l'analyse financière, l'analyse économique dépasse le cadre du présent ouvrage.

Certaines caractéristiques du système économique peuvent rendre la réalisation du projet difficile ou impossible, notamment :

- le type de système économique;
- la situation générale de l'économie;
- le niveau d'inflation;
- le niveau de chômage;
- la balance des paiements;
- le niveau d'endettement de l'État;
- la situation budgétaire de l'État;
- la politique fiscale;
- la politique monétaire;
- le niveau de taxation en vigueur;
- les mesures douanières en vigueur;
- le code d'investissement en vigueur.

---

73. Paragr. 8, 9 et 10, Section 2.

2.18 ÉLABORATION DU CALENDRIER DE RÉALISATION DU PROJET

Lors de la formulation du projet, on s'en tient généralement à situer dans le temps l'exécution de ses activités principales, celles mentionnées dans le cadre logique, sans oublier les activités de gestion. Il faut donc :

- déterminer la date de début du projet ;
- ordonnancer les activités ;
- estimer la durée des activités ;
- élaborer un diagramme de Gantt (chronogramme qui porte le nom du mathématicien qui a imaginé cette façon de faire), à titre indicatif :
  - > si le projet dure plus de 5 ans, on utilisera le trimestre pour la première année et l'année par la suite comme unité de temps ;
  - > si le projet dure entre 2 et 5 ans, on utilisera le trimestre ;
  - > si le projet ne dure que quelques mois, on utilisera la semaine ;
  - > autrement, on utilisera le mois.

Un diagramme de Gantt se présente comme suit :

Figure 45

EXEMPLE DE FORMAT DU DIAGRAMME DE GANTT

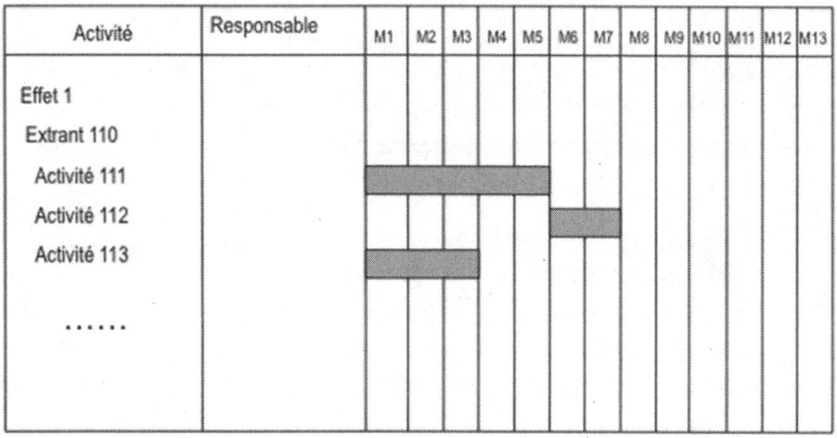

L'utilisation d'un logiciel de gestion de projet (par exemple, Microsoft Project) peut s'avérer utile, sinon un tableur (par exemple, Excel) peut faciliter le travail.

L'estimation de la durée des activités est faite en fonction des ressources qui seront consacrées au projet, elle doit donc être effectuée concurremment avec l'identification des ressources.

Le calendrier général de réalisation est repris de façon beaucoup plus détaillée dans la phase de planification du projet.

2.19 IDENTIFICATION DES RESSOURCES REQUISES

Pour chacune des activités apparaissant au cadre logique, il faut estimer les ressources requises :

- ressources humaines (expertises requises : qualité et quantité, niveaux d'effort requis, en jours ouvrables, de chaque personne) ;
- ressources matérielles (qualité et quantité) ;
- ressources financières ;
- ressources informationnelles.

Il faut aussi déterminer les ressources requises pour la gestion du projet et celles qui sont requises sans être affectées à une activité en particulier.

Le résultat de cet exercice peut être consigné dans un tableau semblable à celui qui suit.

TABLEAU 20
IDENTIFICATION DES RESSOURCES

Activité	Début	Fin	Ressources requises
Activité 1			
Activité 2			
- -			
Gestion			

2.20 ÉLABORATION DES MODALITÉS DE SUIVI ET D'ÉVALUATION

2.20.1 Modalité de suivi

Dès la conception du projet, les modalités de suivi et d'évaluation du projet doivent être élaborées. Le suivi d'un projet est une activité continue qui recueille les données de façon systématique afin de fournir aux responsables et aux parties prenantes des indications sur l'utilisation des ressources, la réalisation des activités les progrès réalisés dans la production des extrants et l'atteinte des objectifs de développement. Il s'agit également de l'occasion d'évaluer l'intégration effective des axes transversaux tels que l'égalité entre les hommes et les femmes. Le suivi est une forme d'autoévaluation continue du déroulement et du rendement du projet. Les informations fournies par le système de suivi permettent de prendre en temps voulu des mesures correctives pendant le cycle de vie du projet, ce qui accroît la probabilité d'obtenir les résultats escomptés et d'assurer la durabilité du projet.

La responsabilité du suivi incombe à l'organisation qui met en œuvre le projet et à ses partenaires. Les responsables de la gestion et les intervenants impliqués doivent donc accepter de se charger de certaines activités de collecte et de traitement des données, d'analyse des informations et de production de rapports.

La mise en place d'un système de suivi ne doit pas être improvisée lorsque l'exécution du projet débute, elle doit être prise en compte dès la conception et lors de la planification du projet, et les coûts liés à son fonctionnement doivent être pris en compte dans le budget du projet. La présentation du système de suivi et d'évaluation dans le document de conception est un important facteur de succès lors de la soumission du projet à des bailleurs de fonds.

Traditionnellement, jusqu'au milieu des années 1990, le suivi était essentiellement centré sur la mise en œuvre proprement dite du projet, sans préoccupation ou presque pour l'atteinte des résultats de développement. Ce suivi traditionnel avait les caractéristiques suivantes[74] :

- une description du problème ou de la situation avant l'intervention ;
- des critères de référence pour les activités et les extrants immédiats ;
- une production systématique de rapports sur l'approvisionnement et l'utilisation des ressources ;
- une production systématique de rapports sur la réalisation des activités et la production des extrants ;
- le suivi est conçu pour fournir de l'information sur des questions administratives, de mise en œuvre et de gestion, par opposition à des questions plus larges concernant l'efficacité du développement.

L'avènement du mode de gestion par résultats a permis de faire la distinction entre le suivi de la mise en œuvre (suivi opérationnel) et le suivi des résultats (suivi du rendement, suivi de la performance).

---

74. Jody Zal KUZEK et Ray C. RIST. *Vers une culture du résultat*, Washington DC, Banque mondiale, 2006.

Figure 46

DISTINCTION ENTRE LE SUIVI DE LA MISE EN ŒUVRE ET DES RÉSULTATS

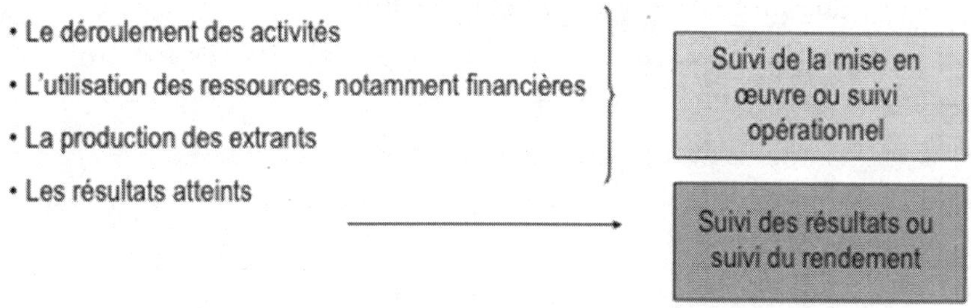

Il y a bien sûr ici un lien avec la chaîne des résultats, tel que le montre la figure 46.

Figure 47

SUIVI DE LA MISE EN ŒUVRE ET DES RÉSULTATS SELON LA CHAÎNE DES RÉSULTATS

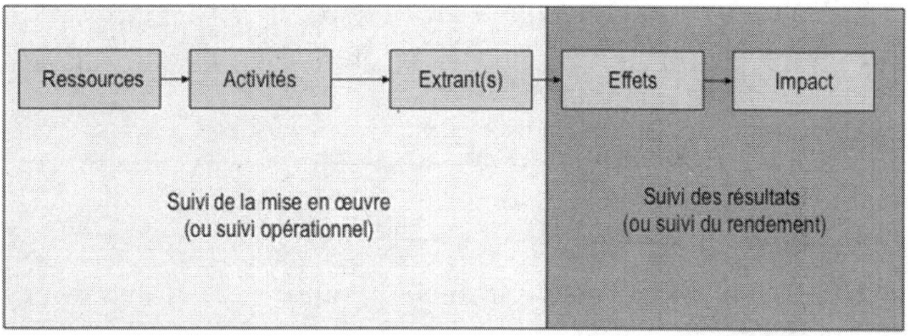

Pour pouvoir suivre l'utilisation des *ressources* lors de l'exécution du projet, il faut prévoir des mécanismes qui permettront aux responsables du projet d'être régulièrement informés :

– de la participation effective des ressources humaines à la réalisation des activités ;
– des problèmes de nature « humaine » pouvant survenir et des propositions de solution à apporter ;
– de la disponibilité en temps voulu et de la qualité des ressources matérielles et informationnelles requises ;

- de la disponibilité des ressources financières requises ;
- des sommes engagées et dépensées pour la réalisation des activités, incluant les activités de gestion du projet.

Le suivi de la réalisation des *activités* ne sera possible que si l'on a prévu des mécanismes qui permettront aux responsables du projet d'être régulièrement informés :

- du démarrage effectif de chacune des activités ;
- des difficultés rencontrées et des propositions de correctifs à apporter ;
- de la participation des partenaires ;
- de la participation équitable des hommes et des femmes ;
- des réactions suscitées par la réalisation des activités notamment dans le cas des bénéficiaires ;
- de la date de fin de chacune des activités ;
- de la production des biens livrables des activités ;
- des réactions suscitées par la production des biens livrables notamment dans le cas des bénéficiaires. Ces réactions devraient être collectées dans une perspective genrée ;
- de la conformité des biens livrables aux spécifications de quantité et de qualité.

Le suivi de la production des *extrants* impose la mise en place de mécanismes qui permettront aux responsables du projet d'être régulièrement informés :

- de la production des extrants à la suite de la réalisation des activités ;
- des réactions suscitées par la production des extrants notamment dans le cas des bénéficiaires. Ces réactions devraient être collectées dans une perspective genrée ;
- de la conformité des extrants aux spécifications de quantité et de qualité.

Pour le suivi des *résultats*, il faut prévoir les mécanismes qui permettront, en cours de réalisation du projet, de s'assurer qu'on se dirige vers la concrétisation des effets et des impacts. Les principales caractéristiques d'un suivi axé sur les résultats sont les suivantes[75] :

- des données de départ pour décrire le problème ou la situation avant l'intervention ;
- des indicateurs pour les réalisations ;
- une collecte de données sur les extrants pour voir si et comment ils contribuent aux résultats de développement (effets et impact) ;
- une collecte de données pour suivre l'évolution des indicateurs d'effets et d'impact lorsque c'est possible ;
- davantage d'intérêt pour les perceptions de changement parmi les partenaires ;
- une production systématique de rapports contenant plus d'information qualitative et quantitative sur la progression vers les effets et l'impact incluant une perspective genrée ;
- le suivi est effectué conjointement avec les partenaires stratégiques.

Le suivi systématique d'un projet se fait concrètement en « mesurant » périodiquement des indicateurs mentionnés dans le cadre logique du projet. La planification des modalités de suivi et d'évaluation peut toutefois mener à l'identification de nouveaux indicateurs, il faut alors ajuster le cadre logique en conséquence. Lorsqu'on utilise le modèle logique, comme c'est le cas pour la coopération canadienne, ce n'est qu'au moment de l'élaboration des modalités de suivi et d'évaluation que se pose le problème d'élaboration des indicateurs, qui prend place dans le développement d'un cadre de mesure du rendement. Ce cadre prend la forme d'un tableau :

75. Adapté de : Jody Zal KUZEK et Ray C. RIST. *Vers une culture du résultat*, Washington DC, Banque mondiale, 2006.

TABLEAU 21

CADRE DE MESURE DU RENDEMENT

Résultats escomptés	Indicateurs	Données de base	Cibles	Sources de données	Méthodes de collecte des données	Fréquence	Responsabilités
Impact							
Effets							
Extrants							
Activités							
Ressources							

Même lorsque le cadre logique est utilisé comme outil de conception, on devrait élaborer un cadre de mesure du rendement, car l'exercice permet d'aller plus loin dans l'élaboration des modalités de suivi et d'évaluation. Le cadre de mesure du rendement devrait être élaboré de façon participative en suivant la procédure suivante :

1. Remplir la première colonne (en se basant sur la première colonne du cadre logique si cet outil a été utilisé).
2. Élaborer quelques indicateurs pour chaque résultat escompté en évitant le trop grand nombre (ceux figurant dans le cadre logique si cet outil a été utilisé)[76].
3. Identifier la source des données et la méthode de collecte des données pour chacun des indicateurs (celles figurant dans le cadre logique si cet outil a été utilisé).
4. Choisir la fréquence de collecte des données.
5. Assigner les responsabilités de collecte et de traitement des données pour chacun des indicateurs.
6. Inscrire les données de base des indicateurs si elles sont disponibles.

---

76. Voir la section de ce chapitre portant sur le cadre logique pour des indications sur l'élaboration des indicateurs.

7. Établir une cible réaliste pour chacun des indicateurs (celles figurant dans le cadre logique si cet outil a été utilisé).

Pour chacun des indicateurs, il faut déterminer la source des données requises pour établir la donnée de base et pour le suivi durant l'exécution du projet. Lorsqu'on parle de « sources », on fait référence à qui (individu ou organisation) fournit les données et non à la méthode pour recueillir les données. Toute personne, toute organisation ou tout document qui peut fournir de l'information liée à un indicateur constitue une source de données. Dans le cas de certains indicateurs, les données sur le rendement peuvent se retrouver dans des sources existantes (rapports annuels, rapport d'études, rapports d'évaluation, etc.). On peut aussi se référer aux indicateurs suivis par les organisations gouvernementales, par des organisations de la société civile, par des ONG internationales, etc. Les bailleurs de fonds peuvent disposer de systèmes de suivi de certains des indicateurs de rendement du projet.

Les sources de données ont une influence sur la crédibilité des rapports de rendement que le projet produira, la triangulation des données (utilisation de plusieurs sources de données) accroît cette crédibilité. En procédant à l'identification des sources de données, il importe d'avoir certaines considérations à l'esprit [77] :

- Les données sont-elles facilement accessibles ?
- Les données sont-elles compréhensibles par les personnes concernées ?
- Les parties prenantes ont-elles participé équitablement à l'identification des sources de données ?
- Les sources de données fournissent-elles des données de qualité ?
- Peut-on accéder aux sources de données sur une base régulière et à des moments opportuns ?
- La collecte, le traitement et l'utilisation des données peuvent-ils se faire à des coûts raisonnables ?

---

77. Adapté de : Jody Zal KUZEK et Ray C. RIST. *Vers une culture du résultat*, Washington DC, Banque mondiale, 2006.

Il convient, lors de la détermination des sources de données, de distinguer les données primaires et les données secondaires[78] :

- Les données primaires sont recueillies directement auprès des individus ou des organisations concernés et incluent des données administratives, budgétaires ou personnelles, des enquêtes, des entrevues et des observations directes.
- Les données secondaires sont recueillies par des organisations externes et sont rassemblées à des fins différentes de celles du projet, par exemple des données d'enquête recueillies par une autre agence (PNUD, Organisation des Nations Unies pour l'éducation, la science et la culture [UNESCO], Institut de la statistique, etc.), des données sur les marchés financiers ou des données provenant d'enquêtes sur la démographie, la santé, etc.

Lorsqu'il faut recourir à des données secondaires, certaines précautions s'imposent[79].

- Sont-elles valides ?
- Sont-elles fiables ?
- Sont-elles accessibles ?
- À quelle fréquence les instruments de collecte des données sont-ils validés ?
- Utiliser des données secondaires implique d'utiliser les données de quelqu'un d'autre pour rendre compte du progrès et des réussites vers l'atteinte des objectifs du projet. Sommes-nous à l'aise avec ce scénario, compte tenu des avantages et désavantages que cela implique ?

Il n'est pas impossible que cette identification des sources de données entraîne le rejet d'un indicateur et la recherche d'un indicateur de remplacement dont la mesure sera plus facilement réalisable. Il importe de mentionner également que la recherche de données pour les projets de pays en développement peut être difficile et que l'équipe de projet peut être confrontée à des

78. Source : Jody Zal KUZEK Ray C. RIST. *Vers une culture du résultat,* Washington DC, Banque mondiale, 2006.
79. Adapté de : Jody Zal KUZEK et Ray C. RIST. *Vers une culture du résultat*, Washington DC, Banque mondiale, 2006.

sources multiples ou contradictoires pour la présentation des données. Par exemple, certaines statistiques telles que le taux de scolarisation, le pourcentage de femmes à des postes de décision et le nombre de cas d'infections d'une communauté à une maladie contagieuse peuvent varier d'un organisme à un autre. La participation de l'ensemble des parties prenantes au projet peut permettre d'échanger sur cette problématique et de convenir des sources les plus pertinentes à retenir pour le suivi du projet.

Une fois les sources de données établies, il faut déterminer quelles seront les méthodes de collecte de données (consultation de documents clés, entrevues d'informateurs clés, groupe de discussion [*focus group*], enquête par questionnaire, etc.). La figure 48 présente les principales méthodes de collecte de données des plus informelles au plus structurées.

Figure 48[80]

MÉTHODES DE COLLECTE DE DONNÉES

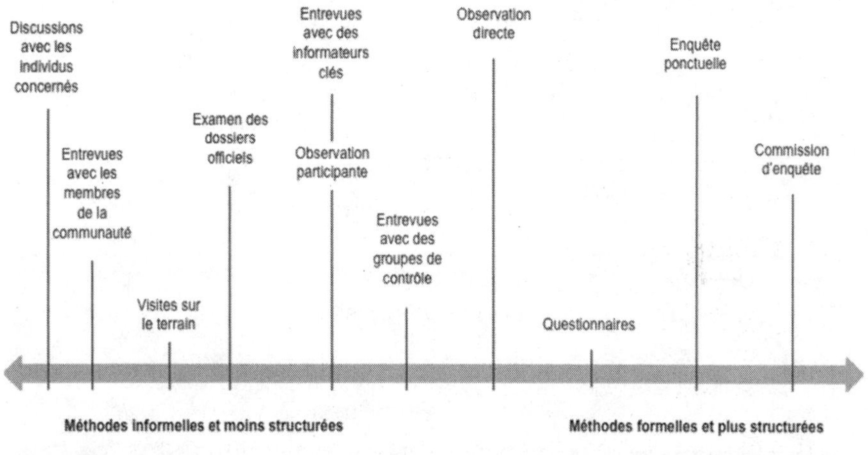

Il faut apprécier le caractère pratique et le coût des méthodes envisagées et les choisir sur la base de leurs avantages et de leurs inconvénients.

Pour chaque indicateur, il faut aussi établir à quelle fréquence il faudra procéder à sa « mesure » (effectuer la collecte et le traitement des données), donc répondre aux questions suivantes :

80. Source : Kuzek, Jody Zal et Ray C. Rist (2006). *Vers une culture du résultat*, Washington DC, Banque mondiale.

- À quel intervalle l'information sur chacun des indicateurs sera-t-elle recueillie?
- Est-ce que l'information sur un indicateur sera recueillie régulièrement dans le cadre de la gestion du projet, tous les trois mois, annuellement pour la production des rapports, à mi-parcours dans le cadre d'une évaluation externe ou seulement à la fin du projet?
- Il ne faut pas oublier qu'il faudra possiblement recueillir les données de base pour certains indicateurs au début du projet.

De manière à pouvoir constater les progrès qui seront accomplis, il faut établir la situation de départ avant d'intervenir avec le projet afin de pouvoir évaluer les progrès qui seront réalisés. On ne peut pas projeter un niveau de performance visé dans le futur (fixer des cibles) sans avoir d'abord établi de point de comparaison. Le point de comparaison (la donnée de base ou donnée de référence) est la première mesure d'un indicateur. Il définit les conditions de départ par rapport auxquelles les changements à venir pourront être comparés. Le tableau suivant présente des exemples de données de base pour quelques indicateurs[81].

TABLEAU 22

DONNÉES DE BASE POUR LES INDICATEURS – EXEMPLES

Objectif	Indicateur	Données de base
Améliorer l'accès des enfants du pays aux programmes préscolaires	• Proportion d'enfants éligibles des régions urbaines inscrits dans des programmes préscolaires • Proportion d'enfants éligibles des régions rurales inscrits dans des programmes préscolaires	• En 2010, 75 % des enfants de trois à cinq ans • En 2010, 40 % des enfants de trois à cinq ans
Améliorer l'apprentissage des enfants dans les écoles primaires	• Proportion des élèves de 6e année qui obtiennent au moins 70 % aux examens standardisés de mathématiques et de sciences	• En 2010, 55 % ont obtenu au moins 70% en mathématiques, et 60 % ont obtenu au moins 70 % en sciences

81. Source: Jody Zal KUZEK et Ray C. RIST. *Vers une culture du résultat*, Washington DC, Banque mondiale, 2006.

Lorsqu'un indicateur est tout à fait nouveau, on ne dispose pas de sa valeur de départ, il faut soit en prendre la mesure avant le début du projet si on dispose de suffisamment de moyens pour ce faire, ou alors cette « mesure » sera effectuée tout au début du projet et cette valeur de l'indicateur deviendra la donnée de base. Dans un tel cas, il faut considérer cette activité comme faisant partie du projet et le budget du projet devra en tenir compte.

De façon à pouvoir évaluer la performance du projet, il faut établir une cible pour chacun des indicateurs, comme mentionné dans la section de ce chapitre portant sur le cadre logique. Une cible est une valeur particulière d'un indicateur qui témoignera de l'atteinte de l'objectif. Cette valeur doit être positionnée dans le temps et dans l'espace. Par exemple : 80 % de la population de la région de l'ouest d'Haïti estime vivre en sécurité à la fin de l'année 2015. Comme l'illustre la figure 49[82], la valeur cible d'un indicateur doit être établie en tenant compte de la donnée de base (la valeur de départ) et de ce que le projet réalisera pour faire évoluer la situation dans un sens favorable. Elle doit être ambitieuse, mais empreinte de réalisme compte tenu des moyens dont dispose le projet pour introduire un changement.

Figure 49

VALEUR CIBLE D'UN INDICATEUR

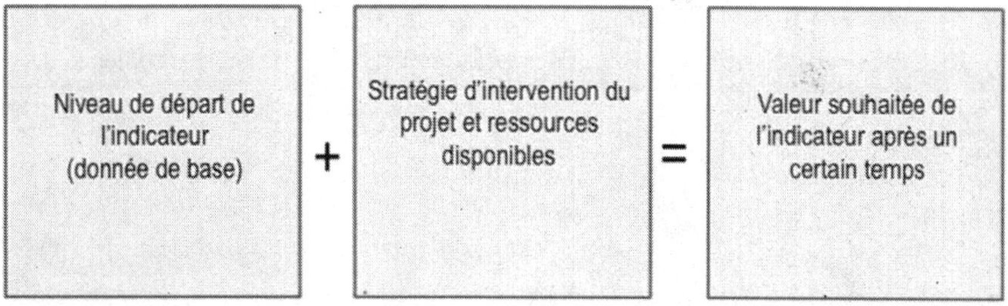

82. Source : Jody Zal KUZEK et Ray C. RIST. *Vers une culture du résultat*, Washington DC, Banque mondiale, 2006.

Quelques facteurs sont à considérer lors de l'établissement des cibles :

- Il faut tenir compte de la performance passée lorsqu'on se projette dans l'avenir.
- Le niveau des ressources disponibles pour induire le changement.
- Fixer des cibles pour des périodes qui dépassent trois ou quatre ans n'est pas recommandé. Trop d'imprévus peuvent survenir pour qu'on puisse projeter des cibles de performance au-delà de trois ou quatre ans. Il faut demeurer réaliste.
- Pour arriver à déterminer des cibles de façon réaliste, il faut reconnaître que les réalisations les plus souhaitées sont complexes et ne peuvent être atteintes qu'à long terme. Il est donc nécessaire de fixer des cibles à court terme en progressant vers l'atteinte des réalisations.
- Si l'indicateur est nouveau, on doit se montrer prudent en établissant des cibles définitives. Il pourrait être préférable de fixer plutôt une cible échelonnée. Une cible n'a pas besoin d'être une valeur numérique unique, dans certains cas, il peut s'agir d'une échelle de valeurs. Par exemple, en 2011, une cible dans le domaine de l'éducation peut stipuler qu'« en 2016, de 80 à 85 % de tous les étudiants qui recevront leur diplôme de l'école secondaire seront familiers avec l'informatique ».

Le tableau suivant présente des exemples de cibles.

TABLEAU 23
CIBLES POUR LES INDICATEURS – EXEMPLE

Objectif	Indicateur	Données de base	Cibles
Améliorer l'accès des enfants du pays aux programmes préscolaire s	• Proportion d'enfants éligibles des régions urbaines inscrits dans des programmes préscolaires • Proportion d'enfants éligibles des régions rurales inscrits dans des programmes préscolaires	• En 2010, 75 % des enfants de trois à cinq ans des régions urbaines inscrits dans des programmes préscolaires • En 2010, 40 % des enfants de trois à cinq ans des régions rurales inscrits dans des programmes préscolaires	• D'ici 2016, 85 % des enfants de trois à cinq ans des régions urbaines inscrits dans des programmes préscolaires • D'ici 2016, 60 % des enfants de trois à cinq ans des régions rurales inscrits dans des programmes préscolaires
Améliorer l'apprentissage des enfants dans les écoles primaires	• Proportion des élèves de 6e année qui obtiennent au moins 70 % aux examens standardisés de mathématiques et de sciences	• En 2010, 55 % ont obtenu au moins 70% en mathématiques, et 60 % ont obtenu au moins 70 % en sciences	D'ici 2016, 80% devront obtenir au moins 70 % en mathématiques et 67 % devront obtenir au moins 70 % en sciences

L'élaboration des modalités de suivi ne se résume pas au cadre de mesure du rendement, il faut aussi :

- déterminer les besoins en information du chef de projet, des différents niveaux de gestion de l'organisation maître d'œuvre, des partenaires dans l'exécution du projet, des comités impliqués dans la gestion du projet, du bailleur de fonds, des autres parties prenantes ;
- revoir les systèmes et procédures existants de collecte des données afin de procéder à la collecte des données prévues dans le cadre de mesure du rendement. Généralement, le projet n'est pas responsable de la collecte des données reliées aux indicateurs d'impact (résultat ultime à long terme) ;
- arrêter les modalités de traitement des données afin d'obtenir en temps voulu la valeur des indicateurs prévus au cadre de mesure du rendement ;
- développer et documenter selon les besoins les modalités de production et les formats des rapports ;

- prévoir les ressources nécessaires au développement et au fonctionnement des systèmes de collecte, de traitement et de présentation des informations;
- prévoir la formation des personnes impliquées dans la gestion de l'information si nécessaire;
- planifier le suivi des risques.

La fréquence de production des rapports narratifs (rapports d'avancement, rapports de progrès ou rapports sur le rendement) et financiers doit être prévue. Tous les bailleurs de fonds exigent un rapport narratif et un rapport financier annuel. Selon l'envergure du projet, certains exigent aussi des rapports semestriels alors que d'autres pourront requérir des rapports trimestriels. Si la fréquence de production des rapports narratifs n'est pas trimestrielle, il peut s'avérer utile de produire un rapport de démarrage au terme du premier trimestre du projet. Au niveau des rapports financiers, les bailleurs ont généralement des attentes très précises sur la façon de les présenter, certains fournissent les gabarits à utiliser pour les tableaux à présenter. Les destinataires des rapports et leurs modalités d'approbation doivent être précisés.

Il faut aussi planifier et arrêter les modalités des *revues de projet*. Les revues de projet sont des révisions régulières qui permettent aux responsables de la mise en œuvre du projet et aux principales parties prenantes d'analyser les informations recueillies grâce au suivi, de réfléchir aux implications, de prendre des décisions fondées et des mesures de gestion adaptées pour faciliter une mise en œuvre efficace. Le but principal de ces opérations de contrôle est de partager l'information, de prendre des décisions qui s'imposent pour faciliter la mise en œuvre du projet.

La production des rapports (narratifs et financiers) est un bon moment pour planifier une revue de projet au niveau du comité de gestion. Le dépôt du bilan annuel (rapport narratif et rapport financier annuel) est un moment crucial pour planifier une revue de projet, dans ce cas l'opération peut être jumelée avec la réunion du comité directeur (appelé aussi «comité de pilotage») qui devrait normalement approuver le plan de travail de l'année à venir.

Dans le cas de projets de grande envergure ou de haute complexité, les bailleurs de fonds recourent parfois aux services d'un agent de suivi externe qui fait rapport au gestionnaire de projet du bailleur de fonds, qui partage généralement les résultats avec l'organisation responsable de la mise en œuvre et avec le comité directeur du projet. L'agent de suivi passe en revue et commente les données de référence associées aux indicateurs de rendement, la valeur des indicateurs de rendement ainsi que les rapports narratifs et financiers du projet. Il effectue aussi des missions sur le terrain et assiste, au besoin, aux réunions des comités. Il peut aussi prodiguer des conseils sur les aspects techniques de la mise en œuvre. La présence d'un agent de suivi ne dispense pas l'équipe de gestion du projet d'effectuer le suivi interne du projet.

La mise en place des mécanismes de suivi du projet a des incidences budgétaires et sur le calendrier de réalisation qu'il faudra prendre en considération lors de l'élaboration du budget.

2.20.2 Élaboration des modalités d'évaluation

En plus d'élaborer les modalités de suivi, il faut définir les modalités d'évaluation. L'évaluation est l'appréciation systématique et objective d'un projet proposé, en cours d'exécution ou complété. L'objectif de l'évaluation est de déterminer la pertinence, l'efficience, l'efficacité, l'impact et la durabilité du projet. Il existe certaines différences entre le suivi et l'évaluation. Une évaluation doit fournir une information crédible et utile, permettant l'incorporation des leçons apprises dans le processus décisionnel.

L'évaluation se distingue du suivi par :

- sa **portée** plus large (il s'agit de savoir si ce sont les bons résultats et les bonnes stratégies qui ont été déterminées) ;
- sa **fréquence** moindre (généralement à mi-parcours, à la fin du projet ou ex-post) ;
- les **personnes impliquées** (il s'agit en général d'évaluateurs externes indépendants pour plus d'objectivité) ;
- les **utilisateurs des rapports** dans le cas des évaluations de fin de projet et ex-post (les utilisateurs sont généralement

des spécialistes du développement au sein des organismes bailleurs de fonds).

Comme veut le démontrer le tableau ci-dessous, il y a toutefois une complémentarité entre le suivi et l'évaluation.

TABLEAU 24
COMPLÉMENTARITÉ ENTRE LE SUIVI ET L'ÉVALUATION

Suivi	Évaluation
Clarifie les objectifs du projet	Étudie pourquoi les résultats visés ont ou n'ont pas été atteints
Lie les activités et les ressources correspondantes aux objectifs	Évalue les contributions spécifiques de certaines activités et leurs effets sur les résultats
Formule les objectifs en indicateurs de performance et définit des cibles	Examine le processus de mise en œuvre
Collecte systématiquement des données sur ces indicateurs et compare les résultats obtenus avec les cibles	Étudie les résultats non voulus
Rend compte des progrès aux gestionnaires et leur signale la présence de problèmes	Détermine les leçons à retenir, met en relief les réalisations significatives ou le potentiel d'un programme, et suggère des recommandations pour des améliorations

On distingue trois types d'évaluation :

- **Évaluation en cours d'exécution**, généralement à mi-parcours : en plus de couvrir les aspects techniques et la gestion du projet, le bien-fondé du projet est remis en question, les résultats attendus et les stratégies sont aussi mis en doute.
- **Évaluation de fin de projet :** centrée sur les leçons à tirer du projet du point de vue technique et du point de vue de la gestion. On cherche à apprécier les résultats à court terme et, en se projetant dans le temps, à savoir si la concrétisation des effets et des impacts est vraisemblable.
- **Évaluation rétrospective ou ex-post :** centrée sur l'appréciation des effets et des impacts du projet, on cherche à savoir si les hypothèses de développement qui sous-tendent la chaîne des résultats se vérifient dans la réalité. On appelle aussi ce type d'évaluation « évaluation d'impact ».

Les humanitaires ont, depuis quelques années, développé quelques autres variantes en matière d'évaluation comme les « RTE », ou évaluation en temps réel (*Real-Time Evaluation*), qui permettent de porter un jugement sur les premières semaines ou premiers mois de mise en œuvre d'un programme d'assistance humanitaire, soit global, soit propre à une agence. L'OCHA met désormais l'accent sur des « évaluations interagences » pour mener à bien des évaluations qui engagent et interpellent l'ensemble des agences du système de réponse humanitaire des Nations Unies.

Les évaluations sont généralement des exigences des organismes bailleurs de fonds. Dans le cas des projets qui ne durent que quelques mois, on ne réalise généralement qu'une évaluation de fin de projet. On constate que les projets qui durent quelques années font l'objet d'une évaluation de mi-parcours, d'une évaluation de fin de projet et, malheureusement, plus rarement d'une évaluation rétrospective.

Dans tous les cas, il faut :

- prévoir le moment où l'évaluation sera réalisée ;
- déterminer qui aura la responsabilité d'établir les termes de référence (les responsables du projet ou le bailleur de fonds) ;
- déterminer les modalités du choix du ou des consultants qui feront l'évaluation ;
- décider des modalités de consultation à la suite du dépôt de la version provisoire du rapport d'évaluation.

Comme mentionné plus haut, le projet doit prendre en charge les coûts du suivi, par contre la chose est moins claire dans le cas de l'évaluation :

Dans certains cas, le financement de l'évaluation de mi-parcours ou de l'évaluation de fin de projet est pris en charge par le bailleur de fonds[83] alors que dans d'autres cas, il faut prévoir les coûts de ces opérations dans le budget du projet.

---

83. Au Canada, depuis 2013, les dispositions du modèle logique envisagent cette possibilité : « On encourage l'ONG à effectuer une évaluation du projet proposé, une fois celui-ci achevé, afin de renforcer l'apprentissage et la reddition de comptes. En pareils cas, la DAHI pourrait accepter d'assumer jusqu'à 50 % des coûts d'une évaluation externe. Cela nécessite que l'ONG demande à la DAHI de participer à

L'évaluation rétrospective, lorsqu'elle est réalisée, doit se faire un certain temps après la fin du projet et les coûts ne sont pas imputés au projet.

2.21 ÉLABORATION DES MODALITÉS DE GESTION DU PROJET

En plus de concevoir le projet dans ses aspects techniques et les modalités de son suivi et de son évaluation, il faut prévoir la façon dont sera gérée son exécution, ce qui veut dire qu'il faut décider :

- de la façon dont il sera arrimé à la structure permanente de l'organisation ;
- de l'organisation interne du projet ;
- des rôles et responsabilités des intervenants ;
- de la composition et des attributions des comités.

2.21.1 Arrimage du projet à la structure de l'organisation

Puisqu'un projet a un caractère temporaire, une structure provisoire doit être créée pour le réaliser. Cette structure réunit des personnes de provenances diverses dans l'organisation et, dans certains cas, des personnes de l'extérieur de l'organisation. Cette structure devra fonctionner malgré les frontières organisationnelles créées implicitement ou explicitement par la structure permanente (organigramme) de l'organisation. Plusieurs solutions sont possibles :

- le recours à la structure permanente de l'organisation (structure fonctionnelle) ;
- la structure par projets ;
- la structure matricielle.

La solution « fonctionnelle », le recours à la structure permanente de l'organisation, consiste à ne rien changer à la structure de l'organisation, comme veut l'illustrer la figure 50, on cherche simplement l'unité administrative la plus appropriée pour réaliser

l'établissement du cadre de référence de l'évaluation. » Annexe 5, *Gabarit de budget sommaire, Modèle logique*, août 2013.

le projet. Le responsable de cette unité devient alors habituellement *de facto* le « chef » de projet.

Figure 50
STRUCTURE PERMANENTE DE L'ORGANISATION

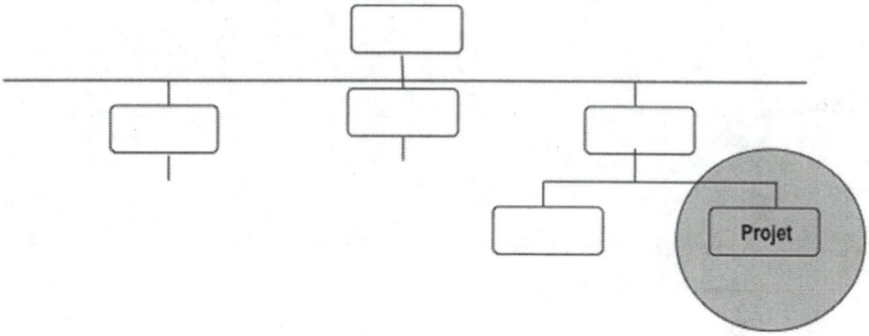

Cette solution convient généralement quand toutes les ressources humaines nécessaires sont regroupées au sein d'une même unité administrative située tout en bas de l'organigramme. Par exemple, si dans une école, il y a un projet qui démarre pour revoir le système de classement des livres de la bibliothèque, il sera logique que le projet soit logé à la bibliothèque, car il fera appel principalement aux ressources de cette unité au sein de l'école. Elle convient nettement moins quand les ressources humaines sont dispersées dans l'organisation, car il faut alors remonter parfois très haut dans la structure organisationnelle pour trouver un gestionnaire qui serait en autorité sur toutes ces personnes. Il faut noter que dans cette solution, il n'y a pas d'équipe dédiée, c'est le personnel de l'unité concernée qui est appelée à réaliser le projet en plus de continuer à vaquer aux tâches habituelles. Le tableau qui suit présente les avantages et les inconvénients de la *structure fonctionnelle.*

TABLEAU 25

AVANTAGES ET INCONVÉNIENTS DE LA STRUCTURE PERMANENTE OU FONCTIONNELLE

Avantages	Inconvénients
• Il y a une flexibilité maximale dans l'utilisation du personnel, car il demeure dans leur unité administrative pour toute la durée du projet.	• Le projet n'est pas le point focal des préoccupations, car il s'ajoute aux tâches habituelles que le personnel a à effectuer au sein de leur unité.
• Il y a une disponibilité des compétences du personnel au sein de l'unité administrative.	• Il est possible que finalement la responsabilité ultime du projet ne repose pas sur une personne en particulier.
• Les spécialistes ne sont pas coupés des contacts avec leurs collègues, car ils demeurent au sein de leur unité.	• La motivation du personnel affecté au projet tend à ne pas être élevée, car les personnes peuvent être davantage motivées par la réalisation de leurs autres tâches.
• L'unité administrative constitue le lieu d'avancement normal du personnel, car les personnes n'ont pas à être réaffectées à la fin du projet.	• L'approche systémique du projet n'est pas facilitée, car le personnel a tendance à travailler uniquement entre eux au sein de l'unité.

À l'autre extrémité du spectre des solutions, il est possible de créer une structure spécifique autonome quasi indépendante de la structure permanente de l'organisation, on parle alors d'une *structure par projets*. Cela suppose que les ressources humaines requises sont détachées temporairement de leur unité administrative d'origine pour former une équipe de projet. Comme l'illustre la figure suivante, certaines organisations peuvent être entièrement structurées de cette façon (structure par projets), c'est le cas de certains bureaux d'ingénieur-conseil, de certains cabinets de consultants ou encore de certaines ONG. Le schéma suivant illustre, en la simplifiant, une structure organisationnelle par projets. Dans une telle structure, chaque projet « possède » ses propres ressources humaines, lorsqu'un projet se termine, les ressources sont affectées à d'autres projets ou remerciées.

Figure 51
STRUCTURE PAR PROJETS

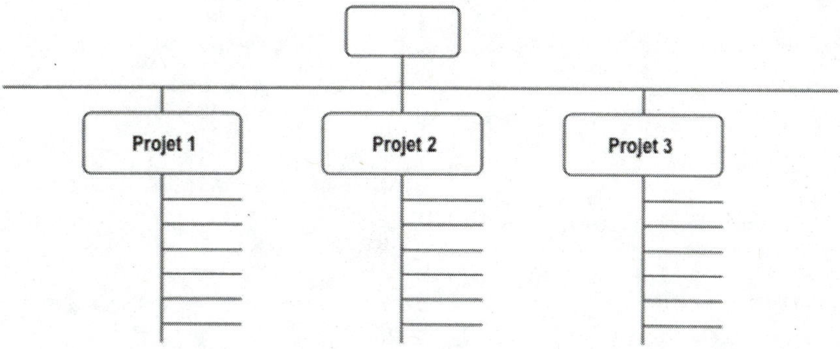

Il n'est toutefois pas possible de structurer de cette façon une organisation qui doit poursuivre la réalisation d'activités courantes, par exemple un ministère de l'Éducation nationale ou un centre hospitalier. Il est alors possible, sans modifier la structure permanente de l'organisation, d'y «greffer» une structure autonome temporaire qui disposera de ses propres ressources humaines.

Figure 52
STRUCTURE PAR PROJETS AU SEIN DE LA STRUCTURE PERMANENTE DE L'ORGANISATION

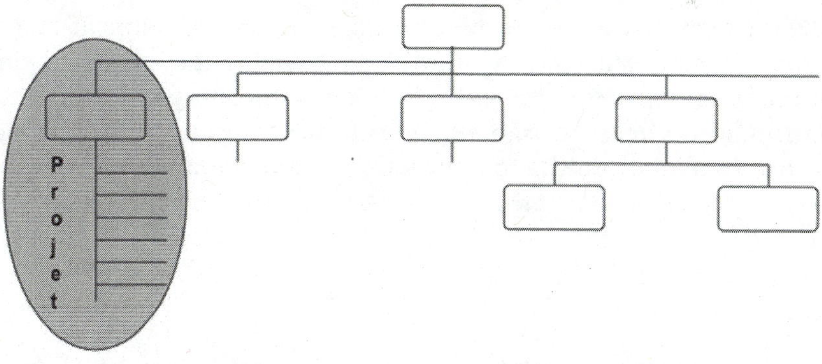

Comme dans le cas de la structure fonctionnelle, le recours à la structure par projets comporte des avantages et des inconvénients.

TABLEAU 26
AVANTAGES ET INCONVÉNIENTS DE LA STRUCTURE PAR PROJETS

Avantages	Inconvénients
• Le gestionnaire de projet a l'autorité sur le personnel affecté au projet car il dépend de lui ou elle dans la structure organisationnelle • Les communications et les décisions sont rapides car tout le personnel est affecté au projet • La motivation du personnel du projet tend à être élevée car tout le personnel se dédie au projet uniquement • Il y a unité de commandement qui est le ou la gestionnaire de projet • Il s'agit d'une structure facile à implanter car il s'agit de créer le projet dans la structure organisationnelle • L'approche systémique du projet est facilitée car les personnes peuvent provenir de différentes unités administratives	• Il peut y avoir duplication des efforts dans les projets car généralement les tâches (comptabilité, gestion du personnel, communication, etc.) sont effectuées au sein du projet plutôt que d'être partagées avec les unités de l'organisation dédiées à cette fin • Les ressources humaines spécialisées peuvent être sous-utilisées si le projet ne prévoir pas suffisamment de tâches pour les occuper à temps plein • Les spécialistes affectés au projet peuvent être isolés de leurs contacts professionnels car il travaillent uniquement au sein du projet • Il y a un niveau élevé d'incertitude à la fin du projet car les personnes doivent se relocaliser à l'intérieur ou à l'extérieur de l'organisation • Le coût peut être plus élevé car le projet doit assumer les salaires de tous les membres de l'équipe pour la durée du projet

Une solution mitoyenne entre le recours à la structure permanente de l'organisation et la structure par projet est la *structure matricielle*. Avec cette solution, le responsable du projet n'est pas positionné au sein de l'organisation en fonction de la logique hiérarchique verticale de l'organisation, et les ressources humaines qui ne seront pas requises à temps plein sur le projet demeurent dans leur unité naturelle d'appartenance au sein de l'organisation. L'idéal est toutefois que le responsable du projet y soit affecté à temps plein. Cette solution contredit explicitement le principe d'unité de commandement : des employés se retrouvent avec deux « patrons » soit le responsable de leur unité administrative d'appartenance et le responsable du projet.

Figure 53
STRUCTURE MATRICIELLE

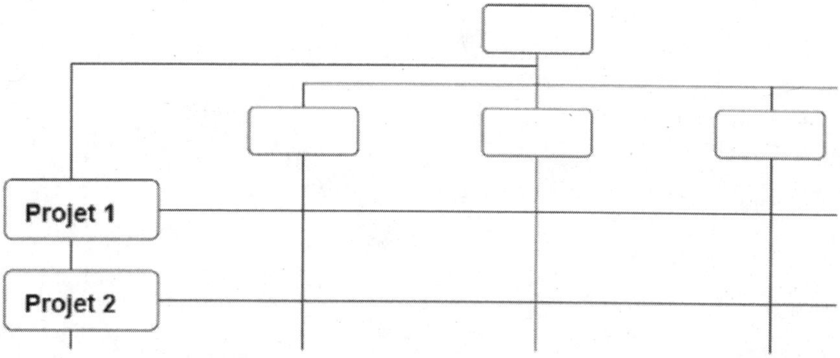

Certains projets disposent d'un noyau dur de ressources humaines affectées à temps complet au projet alors que les ressources complémentaires le sont à temps partiel dans un modèle matriciel. Il est aussi possible que certaines ressources humaines soient fournies au projet par des organisations partenaires, notamment dans le cas où des organisations se regroupent au sein d'un consortium ; le projet est alors habituellement logé au sein de l'organisation chef de file et les ressources humaines proviennent de l'une ou l'autre des organisations partenaires.

Lorsque les projets sont nombreux et d'envergure, il peut s'avérer nécessaire d'avoir recours à un gestionnaire de projets, qui coordonne les projets et qui gère l'interface entre la haute direction et les gestionnaires, c'est ce que veut illustrer la figure ci-dessous.

Figure 54

STRUCTURE MATRICIELLE AVEC COORDONNATEUR DES PROJETS

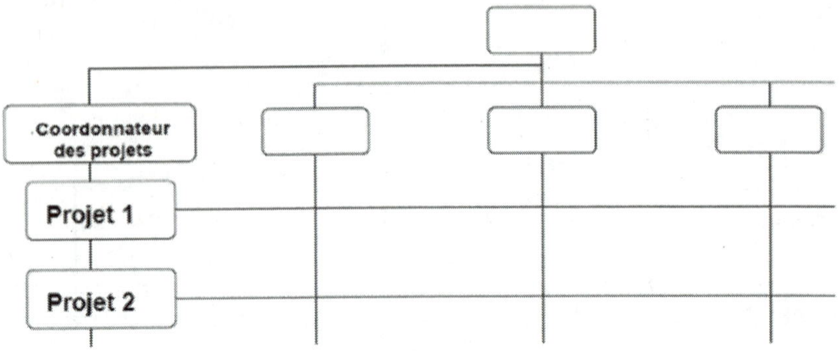

Certaines organisations se dotent d'un bureau de projets qui a, comme mentionné dans le chapitre 1, les responsabilités suivantes[84] :

- répondre aux appels d'offres et faire la promotion des différentes expertises ;
- analyser et définir les divers projets ;
- développer les outils de gestion de projet ;
- organiser le système d'information de gestion et l'historique des projets ;
- identifier les ressources et les gestionnaires potentiels de projet ;
- supporter et accompagner les gestionnaires de projets sur le terrain.

Dans une organisation où les projets sont regroupés en programmes, il est possible d'avoir des gestionnaires de programmes tel que le montre la figure 55.

84. Adapté de : Lientz et Rea. *International Project Management*, San Diego, Academic Press, 2003.

Figure 55
STRUCTURE MATRICIELLE AVEC GESTIONNAIRE DE PROGRAMME

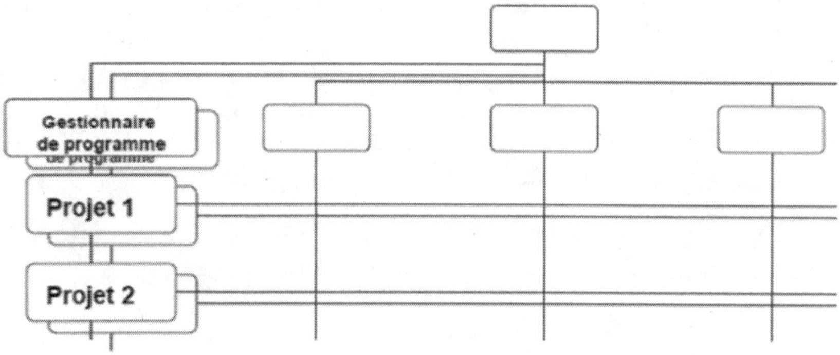

Certaines organisations procèdent ainsi pour regrouper les projets d'un même continent, on retrouvera par exemple une division Afrique, une division Amérique latine et une division Asie.

Les avantages et les inconvénients du recours à la structure matricielle sont les suivants :

TABLEAU 27
AVANTAGES ET INCONVÉNIENTS DE LA STRUCTURE MATRICIELLE

Avantages	Inconvénients
- L'accès est mis sur le projet puisqu'il repose sur un gestionnaire et une équipe projet - Le projet a accès à un grand réservoir de main-d'oeuvre d'expertise diversifiée car le projet peut aller chercher des ressources dans tout l'organisation voir même en dehors de l'organisation - Les personnes affectées au projet vivent moins d'anxiété à la fin du projet que dans le cas de la structure par projet car elles peuvent demeurer dans leur poste - Le temps de réponse au client est aussi rapide que dans le cas de la structure par projet - Il est possible d'optimiser l'utilisation des ressources au niveau de l'ensemble de l'organisation - Cette structure permet une flexibilité dans son implantation car on peut avoir accès graduellement au bassin de ressource	• Le pouvoir est partagé entre le gestionnaire du projet et les autres gestionnaires de l'organisation desquels relève le personnel • Le projet peut entrer en conflit relativement à l'utilisation des ressources car les personnes dans les unités de l'organisation risquent de ne pas être disponibles pour participer au projet lorsque requis • Cette structure ne respecte pas le principe de l'unité de commandement car les personnes relèvent à la fois du gestionnaire de projet lorsqu'elles interviennent dans le projet et de leur supérieur hiérarchique lorsqu'elles sont dans leur unité

Il est possible de distinguer deux types de structures matricielles :

- Les matrices faibles au sein desquelles les gestionnaires fonctionnels (les responsables des unités administratives permanentes de l'organisation) détiennent l'essentiel du pouvoir. Dans une telle situation, le responsable du projet peut éprouver de la difficulté à obtenir les ressources humaines qualifiées requises par le projet.
- Les matrices fortes au sein desquelles la balance du pouvoir penche en faveur des responsables de projet.

L'expérience tend à démontrer que les matrices fortes favorisent davantage la réussite des projets que les matrices faibles.

Le niveau de rattachement d'un directeur de projet au sein de l'organisation n'est pas neutre ; plus le niveau de rattachement du responsable de projet est élevé dans la structure de l'organisation, plus cette personne a du pouvoir pour négocier l'obtention des ressources dont elle a besoin avec les gestionnaires fonctionnels.

2.21.2 Organisation interne du projet

Une fois que le projet a été logé au sein de la structure de l'organisation, il importe d'en définir l'organisation interne. Un organigramme représentant visuellement la structure de gestion du projet doit être élaboré. Il doit être accompagné d'une description narrative de l'approche globale de gestion du projet qui exprimera la vision et les valeurs du partenariat ou des partenariats s'il y a lieu, ainsi que la manière dont les partenaires collaboreront pour atteindre les résultats.

Il est possible de penser à un organigramme comme à une pyramide dans laquelle le pilotage stratégique du projet est placé au sommet, la gestion au centre et la mise en œuvre à la base. L'organigramme présente les partenaires, les comités et les équipes qui travailleront à chaque palier. Il précise également les niveaux de responsabilisation ainsi que les mécanismes de communication entre les divers paliers. L'organigramme doit être accompagné d'une description narrative de l'approche globale de gestion. Cette description doit démontrer le bien-fondé de l'approche de gestion et la manière dont le choix de structure et de processus reflète les attentes des partenaires relativement à la participation, à la prise de décision et à la responsabilisation. S'il y a lieu, il faut indiquer comment on compte renforcer les capacités de gestion au moyen de la participation, du soutien et d'autres activités de renforcement des capacités.

Il est utile de se poser les questions suivantes lors de l'élaboration de la structure du projet[85] :

- **Quels sont les fondements de l'approche de gestion du projet ?** De quelle manière l'approche reflète-t-elle les attentes des partenaires quant à la participation et à la prise de décision ? Comment renforce-t-elle la responsabilisation à l'égard des résultats ? Comment renforcera-t-elle la capacité de gestion axée sur les résultats de l'organisation qui mettra en œuvre le projet et de ses partenaires ? Comment favorisera-t-elle la prise en compte effective des préoccupations du bailleur de fonds envisagé (thèmes transversaux, politiques, orientations, priorités) ? Comment favorisera-t-elle le progrès vers l'atteinte des objectifs en matière d'égalité entre les sexes ?
- **Qui participera à la gestion en fonction des résultats ?** Qui assurera le pilotage stratégique ? Qui gérera la mise en œuvre de la stratégie ? Qui gérera la qualité ? Qui fera la gestion des personnes, des finances et des opérations ? Qui gérera et mettra en œuvre les activités ? Qui aidera à renforcer les capacités des partenaires en matière de gestion et de prise de décision ?
- **Quels sont les comités et les groupes qui devront être formés pour soutenir le processus décisionnel participatif ?** Quel est le mandat des comités et des groupes dans la gestion en fonction des résultats ? Qui fera partie de ces comités et de ces groupes ? Quelles mesures seront prises pour assurer la participation équitable des femmes et des hommes au processus décisionnel ?
- **Quels sont les modes de fonctionnement entre les partenaires ?** Quelles sont les voies de communication et qui fera rapport à qui ? Quelles méthodes adopteront les partenaires

---

85. ACDI. *L'élaboration du plan de mise en œuvre du projet/programme selon l'approche axée sur les résultats*, mars 2001.

pour assurer des liens efficaces entre les paliers de pilotage stratégique, de gestion et d'exécution ?

Divers partenaires ou parties prenantes joueront possiblement des rôles de direction, de gestion, des rôles techniques, opérationnels ou de renforcement des capacités dans le projet. En jouant leurs rôles, ils seront responsables d'un certain nombre de fonctions, d'activités et de résultats. Il faut indiquer les responsabilités qui existeront pendant toute la durée du projet, celles qui existeront pendant le cycle annuel du projet et celles qui s'appliqueront à des composantes spécifiques du projet. Des rôles et responsabilités clairement définis aident à créer un contexte de travail dans lequel les partenaires se sentent à l'aise et s'engagent à atteindre les résultats. Les rôles doivent s'aligner sur les attentes des partenaires et correspondre à leurs capacités. Les descriptions doivent aussi préciser la responsabilisation des intervenants[86]. La composition de la structure de gestion est surtout l'occasion d'impliquer concrètement les parties prenantes dans la gestion et la mise en œuvre du projet.

Tout comme pour l'élaboration de la structure du projet, quelques questions sont utiles pour la détermination des rôles et responsabilités[87] :

- **Quels sont les rôles à remplir pour que le projet obtienne des résultats ?** Quels sont les besoins en leadership, gestion, opérations, assistance technique, renforcement des capacités ? Quel est le lien entre ces rôles et l'atteinte des résultats ?
- **Quelle est la capacité de l'organisation et de ces partenaires à jouer ces rôles ?** Quels sont les rôles que l'organisation et ces partenaires sont appelés à jouer ? Quels sont les rôles qu'ils sont capables de jouer compte tenu de leurs capacités ? Quels rôles devront-ils jouer afin que les résultats soient durables ? Quelles sont les activités de renforcement des capacités qui sont nécessaires ?
- **Quelles sont les responsabilités que ces rôles exigent ?** Quelles sont les responsabilités exigées par la planification, la mise en œuvre, le suivi et l'établissement des rapports sur

86. ACDI. *L'élaboration du plan de mise en œuvre*, mars 2011.
87. ACDI. *L'élaboration du plan de mise en œuvre*, mars 2011.

les résultats ? Quelles sont les autres responsabilités qui se greffent au cycle annuel, aux composantes du projet et aux activités ? Quelles sont les responsabilités que l'organisation et ses partenaires s'attendent à assumer ?

- **Quelle est la responsabilisation associée à l'adoption de ces responsabilités ?** Quels sont les accords en place pour définir la responsabilisation de chacun ? Quel appui sera fourni ? Comment mesurera-t-on la façon dont seront assumées les responsabilités ? Quelles sont les conséquences d'un non-respect des engagements ?

Dans ce contexte, les gestionnaires de projet ont de nombreuses responsabilités, dont[88] :

- planifier le travail à réaliser de façon à ce que les objectifs soient atteints ;
- organiser l'équipe de projet ;
- assigner les tâches ;
- diriger l'équipe de projet ;
- coordonner la réalisation des activités ;
- suivre et contrôler l'avancement ;
- gérer les changements ;
- gérer les interfaces.

Cette liste met en lumière la nécessité pour le gestionnaire de projet d'exercer un leadership (assigner les tâches, diriger l'équipe de projet), de même que l'importance des communications (gérer les interfaces : entretenir des relations avec les diverses parties prenantes du projet). Les rôles et responsabilités d'un ou d'une gestionnaire de projet, notamment en ce qui concerne la gestion de l'équipe de projet, seront présentés plus en détail dans le chapitre portant sur la gestion de la mise en œuvre du projet.

La figure 56 présente une façon de systématiser les rôles d'un ou d'une gestionnaire de projet.

---

88. Adapté de : J. Rodney TURNER. *The Handbook of Project Management*, London, Maidenhead, UK, McGraw-Hill, 1993 ; Bernard André GENEST et Tho Hau NGUYEN. *Principes et techniques de la gestion de projets*, Laval, Les Éditions Sigma Delta, 2010 ; Clifford F. GRAY et Erik W. LARSON. *Management de projet*, Montréal, Chenelière Éducation, 2007.

Figure 56

RÔLES D'UN OU D'UNE GESTIONNAIRE DE PROJET

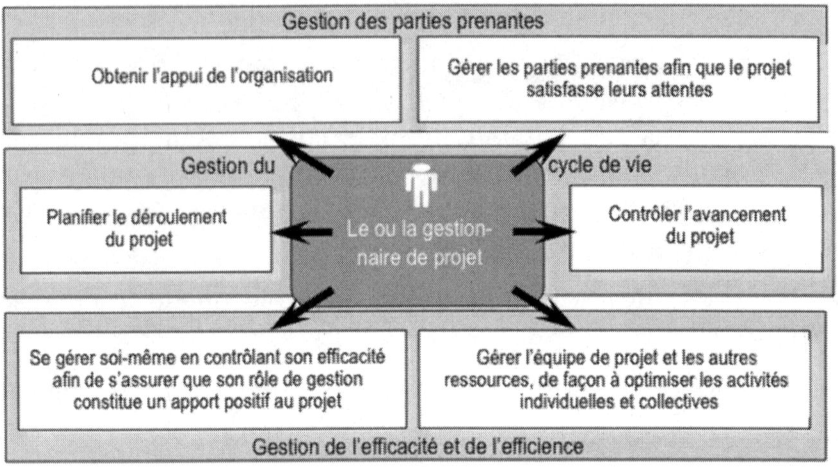

Ce modèle a le mérite de bien mettre en évidence les aspects humains de la gestion de projet en faisant apparaître l'importance du leadership et de la communication.

Les comités sont des mécanismes qui permettent d'assurer la participation des partenaires au processus décisionnel en leur faisant jouer un rôle significatif dans la planification, la mise en œuvre et le suivi du projet. Ils contribuent au renforcement des capacités de gestion. On distingue:

- le comité directeur, ou comité de pilotage, chargé de la direction stratégique et du suivi général;
- le comité de gestion chargé de la mise en œuvre et de la gestion des ressources;
- le ou les comités consultatifs chargés de fournir des avis techniques.

Le *comité directeur* devrait se réunir une première fois pour adopter le plan de mise en œuvre (PMO) et ensuite une fois l'an pour prendre connaissance du bilan de l'année écoulée et approuver le plan de travail annuel (PTA) de l'année à venir. Une réunion spéciale du comité devrait suivre le dépôt du rapport d'évaluation de mi-parcours et de l'évaluation de fin de projet si de telles évaluations sont prévues.

Lorsque le projet doit soumettre des rapports (narratifs et financiers) trimestriels, la fréquence des réunions du *comité de gestion* peut aussi être trimestrielle, avant la transmission des rapports. Il devrait se réunir pour discuter de la version préliminaire du PMO, des rapports (narratifs et financiers) annuels et des PTA, et aussi, à la suite des réunions du comité directeur, pour discuter de la mise en œuvre des décisions prises. Une réunion spéciale du comité, après celle du comité directeur, devrait suivre le dépôt du rapport d'évaluation de mi-parcours si une telle évaluation est prévue. Lorsque plusieurs organisations sont impliquées dans un projet, par exemple au sein d'un consortium, le comité de gestion regroupera un représentant de chaque organisation. Le comité directeur et le comité de gestion doivent aussi être représentatifs en genre et en diversité.

Le ou les comités consultatifs devraient être réunis pour obtenir des avis sur le PMO avant qu'il soit soumis au comité directeur et au moins une fois l'an, pour discuter de la version préliminaire du rapport narratif annuel et émettre des avis sur le PTA proposé pour l'année à venir. Les comités consultatifs constituent une façon d'impliquer les parties prenantes clés du projet, notamment les bénéficiaires hommes et femmes.

La figure qui suit présente un exemple de structure de projet et illustre certains des éléments mentionnés précédemment. Ce projet implique deux gouvernements (pays développé et pays en développement) afin qu'il partage leur expertise en matière d'administration publique. Il est financé par l'agence bilatérale du pays développé et il est mis en œuvre par une agence d'exécution, dans le cas présent, une université. Cette structure montre pour ce faire qu'un comité mixte a été mis en place, lequel réunit les représentants des deux gouvernements, de l'agence bilatérale et de l'agence d'exécution. Ce comité se réunit une à deux fois par année dans le pays en développement pour faire le suivi stratégique du projet et prendre les décisions qui s'imposent. Pour faciliter davantage la coordination opérationnelle des activités du gouvernement du pays développé, un comité consultatif a été créé et il se réunit plusieurs fois par année avec des représentants des différents ministères impliqués. Un comité similaire est également créé dans le pays en développement, lequel réunit également un représentant de l'agence bilatérale sur le terrain par l'ambassade. Différents coordonnateurs des composantes du projet ont été identifiés au sein de l'université qui assure la maîtrise d'œuvre du projet. Ces coordonnateurs siègent aussi au comité consultatif. En plus du directeur du projet, la gestion du projet est complétée par une équipe projet, une coordonnatrice de l'axe égalité femmes/hommes et un coordonnateur du projet dans le pays en développement. Celui-ci assure l'animation du comité de coordination sur le terrain. Cette structure illustre à la fois les différents niveaux de gestion, soit du stratégique à l'opérationnel, la participation des principales parties prenantes au projet et la prise en compte de la dimension genre. Cela constitue un exemple pour un projet d'une certaine envergure. La structure qui est développée au sein de chaque projet doit toutefois tenir compte de l'envergure et de la complexité du projet qui sera mis en œuvre.

Figure 57

STRUCTURE D'UN PROJET – EXEMPLE

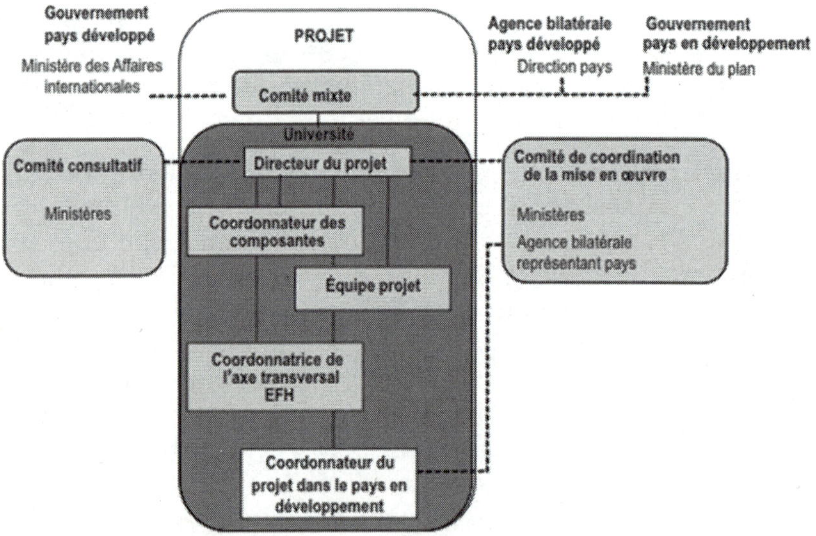

Ces activités liées à la gestion du projet doivent être déterminées et incluses comme une des composantes du cadre logique. Il est nécessaire de bien les intégrer dès la définition du projet afin que des ressources y soient assignées, qu'elles soient présentes dans le calendrier du projet et qu'elles soient prévues dans la planification des coûts. Généralement, les activités de gestion à définir et à planifier concernent:

- la préparation d'un plan de recrutement du personnel;
- l'embauche du personnel au sein de l'équipe du projet (chargé de projet, techniciens, personnel administratif, etc.);
- la préparation d'un plan d'acquisition des équipements et des approvisionnements (locaux, véhicules, denrées, matériel informatique, etc.);
- la production des différents rapports de projet (révision du plan de mise en œuvre, rapports d'étape, rapports de mission, rapport d'évaluation, etc.);
- la tenue des différentes réunions des instances de gestion telles que mentionnées précédemment;
- le plan de gestion du changement (déterminer les rôles et responsabilités, les mécanismes de suivi, etc.);
- le plan de gestion des parties prenantes (par exemple, conclure des ententes de partenariat);
- la stratégie de gestion de la durabilité du projet (réunions, préparation d'un plan, recherche de financement, etc.);
- la stratégie de gestion des dimensions éthiques (rencontre de formation, préparation d'un code d'éthique, etc.);
- le plan de communication.

Le plan de communication est particulièrement important dans le cadre de la gestion du projet. Il vise à déterminer:

- Quel est l'objectif du plan de communication? Il importe ici de prévoir quels sont les résultats prévus et les points particuliers visés par les efforts de communications à faire;
- Quels sont les publics cibles? C'est-à-dire identifier les personnes qui doivent rester informées du projet afin que leur appui soit garanti ou que leur opposition s'atténue. Il est également utile d'identifier les personnes que les partenaires doivent informer dans leur propre réseau, les personnes qui peuvent profiter des leçons apprises dans le projet et les cibles prioritaires;

- Quels sont les messages? Plus précisément déterminer les intérêts des publics cibles dans le projet, les informations que le projet doit fournir et les concepts principaux que les publics cibles doivent retenir;
- Quels sont les moyens de communication à utiliser? C'est-à-dire déterminer les outils de base à utiliser, les activités qui peuvent être organisées et les technologies et autres médias à utiliser;
- Quelles sont les ressources nécessaires sur les plans matériel, humain et financier?
- Quel est le calendrier d'exécution du plan de communication?

L'ensemble de ces activités est pertinent à cette étape de la définition du projet, mais il importe de souligner que la nature et l'ampleur de ces activités varieront en fonction de la complexité et de l'envergure du projet.

2.22 ÉLABORATION DU BUDGET DU PROJET

On distingue deux modes de présentation du budget d'un projet:

– le budget par catégorie d'intrants (catégories de dépenses);
– le budget par extrant avec une ventilation par activité.

Certains bailleurs de fonds exigent les deux et peuvent avoir prévu les formats de présentation qui doivent être utilisés. Il faut garder à l'esprit qu'il est rarement possible d'élaborer un budget détaillé lors de la conception du projet, c'est au terme de la phase de planification qu'il sera possible de le faire (voir le chapitre 3).

2.22.1 Budget par catégories d'intrants

Il est possible de procéder de façon systématique pour élaborer le budget par catégorie d'intrants:

– regroupement de ressources par catégorie d'intrants: personnel de l'organisation impliqué dans la mise en œuvre du projet, personnel des partenaires, sous-traitants, consultants nationaux et internationaux, véhicules, équipements,

locaux, dépenses remboursables (transport, hébergement, subsistance, communications, impression et reproduction de documents, etc.);
- calcul du coût total d'utilisation de chacune des catégories d'intrants toutes activités confondues y compris les activités de gestion et de suivi;
- ventilation des coûts dans le temps (par trimestre pour la première année du projet, par année par la suite; par mois si le projet dure moins d'une année).

Il ne faut pas oublier de quantifier sur le plan monétaire les contributions en nature de l'organisation et de ses partenaires, car elles apparaîtront comme contribution dans la stratégie de financement. Voici quelques exemples de contribution en nature:

- salaires et avantages sociaux des employés et professionnels qui ne seront pas imputés au projet;
- honoraires des consultants qui seront mis gracieusement à la disposition du projet;
- travail communautaire de la part de communautés bénéficiaires;
- locaux qui seront mis gracieusement à la disposition du projet;
- équipements qui seront mis gracieusement à la disposition du projet;
- matériel consommable qui sera mis gracieusement à la disposition du projet;
- services qui seront rendus gracieusement au projet: transport, reprographie, communications, traduction, sécurité, etc.

Dans le cadre de certains programmes, les bailleurs de fonds peuvent établir un pourcentage prédéterminé pour les frais généraux, pourcentage qui ne peut être dépassé. Dans le cas de projets non sollicités qui sont soumis au mécanisme réactif de l'ACDI, il s'agit de 12 % du total des dépenses admissibles. Pour les projets humanitaires canadiens, le montant des frais généraux ne doit pas excéder 7,5 % du total du projet.

Dans certains programmes, les bailleurs de fonds peuvent établir un pourcentage prédéterminé pour le poste « imprévu », pourcentage qui ne peut être dépassé. Dans le cas de projets non sollicités qui sont soumis au mécanisme réactif de l'ACDI, 5 % du budget du projet semble être une norme tacite. Le nouveau modèle logique de la coopération canadienne ne reprend pas à son compte une disposition de cette nature. En son absence, il sera donc opportun de penser à hausser certaines lignes budgétaires en anticipation d'augmentation de dépenses à venir (événements imprévus, inflation, etc.).

Dans la mesure où toutes les données pertinentes sont saisies correctement, l'utilisation d'un logiciel de gestion de projet peut faciliter le travail d'élaboration d'un budget par catégories d'intrants.

2.22.2 Budget par extrants

Tout comme dans le cas du budget par catégories d'intrants, il est possible de procéder de façon systématique pour l'élaboration du budget par extrants :

- Détermination des coûts fixes qui seront imputés aux frais généraux ou à la gestion du projet (coût ressources requises pour l'ensemble du projet dont le niveau ne varie pas dans le temps durant la durée de vie du projet : locaux, équipement, salaires).
- Détermination des coûts unitaires des ressources qui seront affectées à des activités, y compris les activités de gestion du projet (salaires et avantages sociaux, honoraires professionnels, frais de transport, frais d'hébergement et de subsistance, frais de location de locaux ou d'équipement, frais de communication, frais d'impression ou de reproduction de document, etc.).
- Calcul du coût d'utilisation de chacune des ressources pour chacune des activités, y compris les activités de gestion du projet.
- Calcul du coût de réalisation de chacune des activités et des sous-totaux par extrant.
- Ventilation des coûts dans le temps (par trimestre pour la première année du projet, par année par la suite ; par mois si le projet dure moins d'une année).

2.23 ÉLABORATION DE LA STRATÉGIE DE FINANCEMENT

Pour élaborer la stratégie de financement d'un projet, il faut:

- déterminer quelle sera la contribution de l'organisation proposant le projet (en argent et en nature - la contribution en nature doit être quantifiée sur le plan monétaire);
- déterminer quelle sera la contribution des partenaires de l'organisation proposant le projet (en argent et en nature - la contribution en nature doit être quantifiée sur le plan monétaire);
- calculer le besoin de financement;
- planifier des besoins de financement (échelonnement dans le temps des besoins financiers qui devront correspondre à des décaissements du ou des bailleurs de fonds);
- identifier un ou plusieurs organismes bailleurs de fonds en tenant compte de leur stratégie d'appui au pays concerné.

Certains programmes d'assistance financière d'organismes bailleurs de fonds exigent que l'organisation proposant un projet et ses partenaires contribuent au financement du projet. Dans certains cas, la hauteur minimale de cette contribution est fixée.

2.24 RÉDACTION DU DOCUMENT DE PROJET (PROPOSITION DE PROJET)

Une table des matières type d'une proposition de projet a été présentée au début de ce chapitre. Toutefois, lorsque le bailleur de fonds auquel est destinée la proposition de projet émet des directives concernant la présentation des propositions de projet, il est impératif de les suivre. Ces directives peuvent concerner:

- la table des matières;
- le nombre maximum de pages du document;
- le nombre maximum de pages par section du document;
- la police de caractères à utiliser;
- la taille minimale des caractères;
- la dimension des marges;
- le nombre d'exemplaires à fournir;
- les modalités de transmission;

– la date limite pour la soumission de la proposition;
– etc.

La proposition doit convaincre les lecteurs (notamment les analystes et les responsables des organismes bailleurs de fonds):

– que le problème soulevé est important et doit être résolu;
– qu'il peut être résolu en déployant la stratégie proposée;
– que l'organisation proposant le projet peut le résoudre.

Il peut s'avérer utile de préparer une présentation de la proposition de projet, par exemple pour la faire valider par les partenaires ou pour la présenter au personnel de l'organisme bailleur de fonds. Une telle présentation doit aller à l'essentiel et ne pas être trop longue.

***

Ce deuxième chapitre avait pour objectif de présenter tout le contenu nécessaire à l'identification et à la conception d'un projet en développement international et action humanitaire. Il montre l'ensemble des éléments auxquels on doit penser avant même que le projet soit commencé. Cette première étape est stratégique puisqu'elle constitue la base sur laquelle reposent les étapes subséquentes soit la planification, la mise en œuvre et l'évaluation du projet.

CHAPITRE 3

La planification du projet de développement international et d'action humanitaire

3.1 INTRODUCTION

Ce troisième chapitre porte sur la planification d'un projet. Il présente en introduction les principes et facteurs qui influencent la planification et, sur la base du contenu lié à la conception du projet, les trois principales dimensions faisant l'objet de la planification. La première est la dimension technique qui permet le fractionnement du travail et l'affectation des ressources. La deuxième est la dimension temps qui repose principalement sur l'estimation de la durée et de l'ordonnancement des activités. La détermination des coûts et du budget constitue enfin la dernière dimension. Celle-ci concerne les différents types de contributions, frais et budgets requis à cette étape.

3.2 PRINCIPES ET FACTEURS QUI INFLUENCENT LA PLANIFICATION

Comme nous l'avons vu dans le chapitre 1, le cycle de vie d'un projet fait apparaître les différentes phases que traverse ce projet.

Figure 58

CYCLE DE VIE

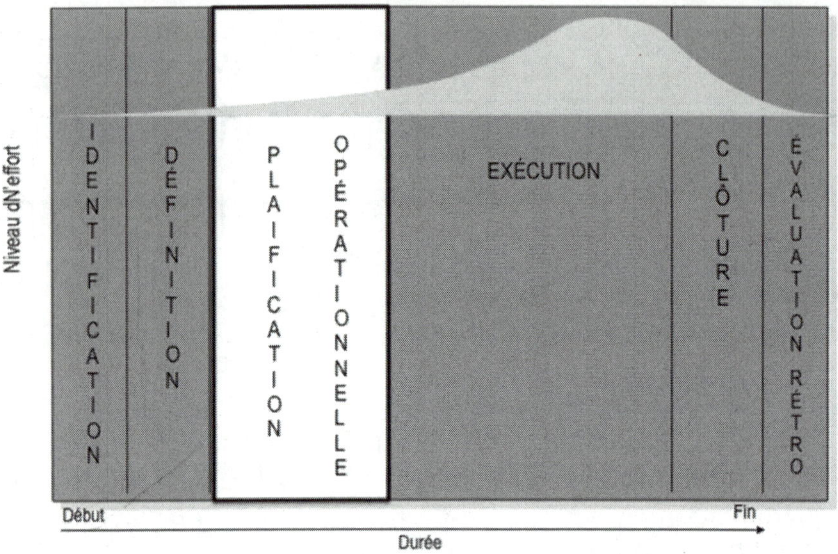

La phase de planification suit celle de définition qui a fait l'objet du chapitre 2. Comme nous l'avons aussi vu au chapitre 1, à la suite d'une évaluation préalable portant essentiellement sur l'opportunité du projet, une décision est prise (sélection ou non du projet) sur la base du document de projet (proposition de projet). C'est à ce moment qu'il convient de planifier l'exécution du projet. La phase de planification poursuit plusieurs objectifs, notamment de :

- déterminer les spécifications du projet qui permettront, dans chacune des dimensions (**technique – temps – coûts**) de procéder au suivi et à l'évaluation du projet ;
- élaborer la feuille de route (plan de mise en œuvre [PMO]) qui guidera l'exécution du projet ;
- élaborer les modalités de gestion du projet, notamment en matière de suivi et d'évaluation.

Tout comme lors de la phase de définition du projet, il convient de procéder de façon systématique pour la phase de planification. Cette démarche n'étant pas linéaire, il est fréquent que des retours en arrière sur des éléments concernant la définition du projet soient nécessaires. Il s'agit d'un processus itératif qui peut nous amener à revoir certains éléments tels que le cadre ou le modèle logique du projet, la stratégie de gestion des risques, l'analyse des parties prenantes, l'analyse de la faisabilité, etc. Plusieurs des tâches à réaliser consistent à revoir, actualiser et détailler davantage le travail fait lors de la phase de définition du projet. De façon à éviter les répétitions, nous ne reprendrons pas ici ce qui a déjà été présenté dans le chapitre 2, mais il demeure important de s'y référer. Comme pour le document de projet, les bailleurs de fonds ont chacun leurs pratiques en matière de PMO. Par exemple, la coopération canadienne a produit un guide pour l'élaboration du PMO pour les projets qu'elle finance. Ces outils sont mis à la disposition de l'équipe projet lorsqu'elle obtient son financement.

Certains facteurs peuvent influencer la planification (Gray et Larson, 2007). L'*horizon de la planification* peut avoir une incidence. Si l'on planifie un projet qui ne débutera que dans quelques années, il s'avère plus difficile d'estimer les événements qui pourront influencer les activités, car il peut arriver que nous ne les connaissions pas au moment de la planification. Celle-ci peut également être difficile à estimer selon la *durée du projet*. En effet, plus le projet s'échelonne dans le temps, plus la planification sera complexe. À l'inverse, à court terme, comme dans le cas des projets d'action humanitaire, elle n'impliquera pas les mêmes défis de projection dans le temps. Bien qu'il soit possible d'utiliser des logiciels facilitant la planification du projet comme Microsoft Project, cette planification est réalisée par des personnes, d'où l'importance de prendre en compte le *facteur humain* ainsi qu'une marge d'erreur possible. Certaines organisations ont davantage d'expérience et de ressources que d'autres en cette matière, ce qui peut influer sur la qualité de la planification. En planifiant, un *gonflement des estimations* est possible, notamment en matière de durée et de ressources financières. Par exemple, s'il est prévu qu'une activité dure 3 jours et demi, il arrive que nous arrondissions à 4 jours. Il en va de même pour le budget, car si le coût d'une activité est de 3890 $, il est fort probable que nous indiquerons 4000 $. Ces redressements à la hausse permettent aussi souvent d'anticiper certaines modifications à venir non anticipées du projet (inflation, augmentation du temps de mise en œuvre, etc.) et de mitiger certains risques. D'un autre côté, il est possible que les planificateurs soient victimes d'un excès d'optimisme. Cela amènera une révision du calendrier d'exécution et un réaménagement budgétaire au moment du suivi du projet, lequel sera traité dans le chapitre 4. Enfin, plusieurs *facteurs externes*, dont il importe de tenir compte, influencent la planification du projet. Par exemple, au moment de déterminer le calendrier du projet, il est important de prendre en compte les différents congés ou événements qui se déroulent dans certains pays ou encore les conditions climatiques qui y prévalent qui pourraient occasionner des retards dans le calendrier. Certaines conditions économiques locales peuvent changer de manière durable (taux de change, taxes et droits, inflation) tout comme certaines règles administratives ou légales (droit du travail, salaires, avantages sociaux, etc.).

Quelques principes peuvent également faciliter la rigueur du processus d'estimation lors de la planification (Gray et Larson, 2007). Il est bon d'en confier la *responsabilité* à une personne ou à un petit groupe de personnes afin d'assurer la cohérence des éléments et des paramètres. Une réflexion collective permet une meilleure appropriation d'équipe de tous les angles et facteurs de mise en œuvre du projet; elle accroît aussi la possibilité que plusieurs personnes soient en mesure d'assurer les modifications inhérentes à son évolution dans le temps. Cela n'empêche pas de faire appel à *différentes ressources* pour obtenir l'information nécessaire à la planification. Certains spécialistes sont mieux placés pour indiquer la nature et la durée d'activités spécifiques à un domaine. Bien que plusieurs éléments puissent venir interférer dans la mise en œuvre, au moment de planifier le projet, il est conseillé de planifier selon les *conditions normales* de la période visée plutôt que de recenser toutes les particularités, par exemple en suivant le calendrier des activités de chacun des pays, ce qui pourrait rendre la planification plus fastidieuse. Comme discuté précédemment, il importe dans ces circonstances de se donner une certaine marge de manœuvre pour parer aux *imprévus* au moment de la mise en œuvre du projet, notamment en prévoyant davantage de temps dans le calendrier et un certain montant dans le budget (généralement, les imprévus – qui seront présentés directement dans les lignes budgétaires directes au moment de dresser le bilan financier du projet – se calculent sous forme de pourcentage présenté à la fin du budget)[1]. Enfin, la planification fait appel à certains paramètres dans l'estimation du temps et des

1. Il est à noter que ce ne sont pas tous les gabarits budgétaires des bailleurs de fonds qui intègrent des propositions pour des imprévus.

ressources pour lesquels il est utile de conserver une certaine conformité, par exemple, en utilisant la même *unité de temps* dans la durée des activités d'un calendrier ou encore une même monnaie au sein d'un budget.

3.3 CONTENU TYPE D'UN DOCUMENT DE PROJET

Comme mentionné dans le chapitre 2, la figure 59 présente la table des matières type d'un document de projet incluant la planification du projet. Cette table des matières peut varier selon les exigences des bailleurs de fonds, mais si la forme varie, le fond est sensiblement toujours le même.

Figure 59

TABLE DES MATIÈRES TYPE D'UN DOCUMENT DE PROJET

Sommaire exécutif
Introduction
Contexte et justification du projet
Présentation du projet
- Stratégie d'intervention
- Bénéficiaires
- Contribution à la réduction de la pauvreté
- Stratégie d'égalité entre les femmes et les hommes
- Stratégie environnementale
- Stratégie de viabilité
- Stratégie de gestion des risques
- Cadre de mesure du rendement
- Modalité de gestion du projet
- **Planification de la dimension technique (activités et affectation des ressources)**
- **Planification de la dimension temps (calendrier)**
- **Planification de la dimension coûts (budgets)**

Modalités de suivi et d'évaluation du projet
Stratégie de financement du projet
Présentation de l'organisation proposant le projet
Appuis au projet
Annexes
- Liste des documents analysés
- Liste des personnes, groupes ou organisations consultés
- Cadre logique ou modèle logique du projet
- Budget du projet
- Lettres d'appui au projet, s'il y a lieu
- Autorisations obtenues, s'il y a lieu
- Protocoles d'ententes signés avec des partenaires, s'il y a lieu
- Curriculum vitae du directeur de projet et des personnes qui occuperont les autres postes clés au sein de l'équipe de projet

3.4 DIMENSION TECHNIQUE

Planifier un projet dans la dimension technique consiste essentiellement, dans un premier temps, à déterminer les activités et ensuite les tâches (décomposition des activités en sous-activités) à réaliser. Ces activités sont les mêmes que celles identifiées dans le cadre logique présenté au chapitre 2, mais il s'agit ici de détailler ces activités, de préciser en quoi elles consistent, quel sera le bien livrable (résultat de chacune des activités) et quels sont les critères de qualité auxquels doit répondre ce bien livrable. L'exercice pourrait éventuellement amener une révision de la liste des activités listées lors de la définition du projet et une mise à jour en conséquence du cadre logique. Cette réflexion sur le travail à réaliser est aussi l'occasion d'identifier les ressources (humaines, matérielles et informationnelles) qui seront requises dans chaque cas.

3.4.1 Structure de fractionnement du travail

L'identification des activités ne se réalise pas en faisant simplement la liste des activités. Il convient de procéder de façon systématique afin que le lien entre chacune des activités et les différents niveaux du cadre logique du projet soit explicité. Pour cela, on élabore une structure de fractionnement du travail (appelée également « structure des travaux »). Si l'on se réfère à la chaîne des résultats telle que présentée au chapitre 2, la figure 60 présente les activités selon les extrants, effets et impact du projet.

Figure 60

STRUCTURE DE FRACTIONNEMENT DU TRAVAIL

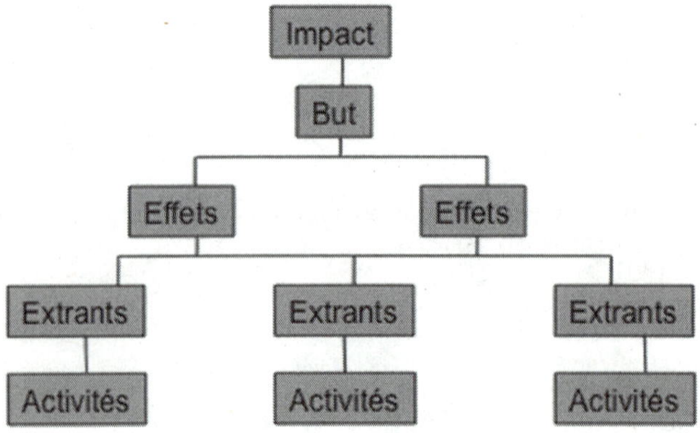

Pour un même projet, il est important que cette structure d'activités soit identique à celle présentée dans le cadre logique. La figure 61 ci-dessous présente la structure de fractionnement du travail selon les éléments du cadre logique, soit l'objectif global, l'objectif spécifique et les extrants. Selon les éléments du cadre logique, soit l'objectif global, l'objectif spécifique et les extrants, la figure fait apparaître la décomposition des activités en tâches.

Figure 61

STRUCTURE DE FRACTIONNEMENT DU TRAVAIL DÉTAILLÉE

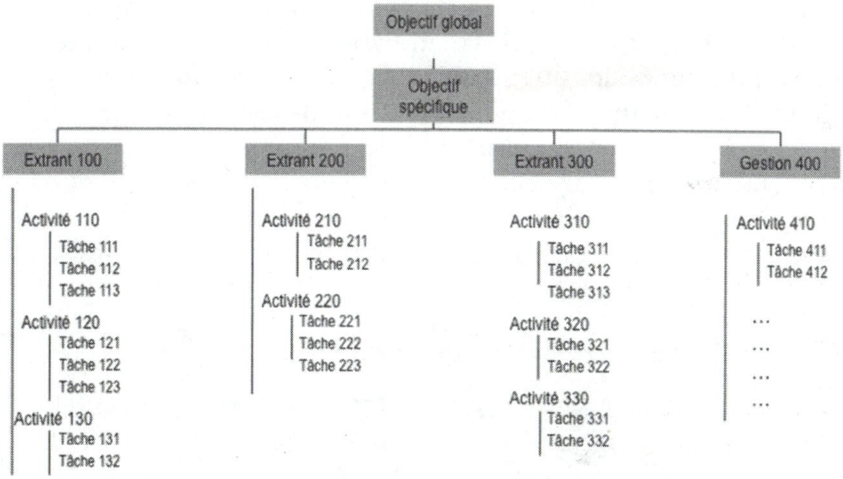

La figure ci-dessus présente un fractionnement plus complexe pour lequel les activités et les tâches sont détaillées. Dans le cas de projets d'une certaine complexité, il est d'usage et utile de donner un code aux tâches et aux activités à l'intérieur des composantes du projet. Ce codage peut être utilisé pour le cadre logique et doit être identique dans les deux cas. Si l'exercice de fractionnement nous amène à une structure différente, il faut faire les modifications nécessaires dans le cadre logique afin que le tout soit harmonisé. Tel que le montre la figure 61, une portion des activités est liée à la gestion du projet. Les activités de gestion du projet (réunions de gestion, remise de rapports, évaluation du projet, etc.) doivent être également planifiées dans toutes ses dimensions, car des ressources et du temps devront y être consacrés. Ces activités de gestion doivent également se retrouver dans le cadre logique du projet.

Une fois la structure de fractionnement du travail établie, il convient de procéder à une description des activités. Selon l'envergure du projet et le volume nécessaire d'informations à produire, cette description peut se faire de façon narrative ou sous la forme d'un tableau dans lequel chaque activité est décrite de façon résumée en un paragraphe.

3.4.2 Affectation des ressources

La planification doit permettre également d'affecter des ressources pour chacune des activités au projet. Dans un premier temps, il faut affecter les ressources humaines, en tenant compte de la représentativité et de la diversité. Cette étape permet de déterminer « qui fait quoi » dans le projet. À partir des activités qui ont été choisies, un tableau d'affectation des ressources est réalisé (tableau 28). Il permet également de s'enquérir de leur disponibilité. Encore une fois, les activités et tâches indiquées doivent évidemment être les mêmes que celles mentionnées dans le cadre logique.

TABLEAU 28
TABLEAU D'AFFECTATION DES RESSOURCES

Effet / Activité / Tâche					
Projet	▭				
Effet 1		▭			
Extrant 110				▭	
Activité 111			▭		
Tâche 1111					▭
Tâche 1112		▭			
Activité 210 ...					

Aux fins d'illustration, les ressources sont représentées dans le tableau 28 comme de petites icônes. Dans la réalité, il faudrait mettre le nom ou la fonction des personnes concernées comme titre des colonnes. En franchissant un pas de plus, on arrive au tableau des responsabilités en indiquant la nature des interventions des uns et des autres dans le projet. Ces tableaux doivent être constitués relativement avec l'organisation interne du projet, telle que présentée au chapitre 2.

TABLEAU 29

TABLEAU DES RESPONSABILITÉS

Activité / Tâche						
Projet	■					
Effet 1		■				
Extrant 110				■		
Activité 111			■	◆		
Tâche 1111		●		◆	■	▲
Tâche 1112		■	⬬	●	▲	
Activité 112						
...						

■ Responsable ▲ Exécute ⬬ Soutien

◆ Doit approuvé ● Doit être consulté

3.4.3 Niveau d'effort

Une fois l'affectation des ressources effectuée, il est nécessaire de déterminer le niveau d'effort des ressources associées au projet. Pour chaque activité mentionnée et pour laquelle des ressources sont mobilisées, il faut déterminer les dates de début et de fin prévue de l'activité et affecter le niveau d'effort dans chaque cas. L'expression « niveau d'effort » réfère à la charge de travail et non à la durée de l'activité. Il est possible, par exemple, que l'on dispose d'un mois pour la réalisation d'une activité (la durée de l'activité serait donc d'un mois), mais que la charge de travail d'un expert soit de 7 jours ouvrables ; on dit alors que le niveau d'effort de cette ressource est de 7 jours. Le tableau 30 illustre, avec l'exemple de la conférence sur la sécurité alimentaire en Afrique, l'affectation des ressources et le niveau d'effort qui a été déterminé pour chacune des ressources. Elle indique également le niveau d'effort total de chaque ressource affectée au projet.

TABLEAU 30
NIVEAU D'EFFORT

				NIVEAU D'EFFORT			
ACTIVITÉS	DURÉE	DÉBUT	FIN				
1- Déterminer le lieu de la conférence	10 j	5 Janvier	16 janvier	4j	2j	4j	2j
2- Choisir les conférenciers	15 j	19 janvier	6 février	5j	3j	5j	3j
3- Développer le contenu des séances	60 j	9 février	3 avril	30j		35j	
4- Faire un site Web	20 j	9 février	6 mars		10j		
5- Lancer les invitations	15 j	9 mars	27 mars				10j
6- Réserver des locaux	5 j	19 janvier	23 janvier	3j		1j	
7- Engager des traducteurs	5 j	19 janvier	23 janvier			1j	1j
8- Faire la programmation des séances	30 j	6 avril	15 mai		15j		5j
Total				42j	30j	46j	21j

Un tel tableau peut aussi être produit automatiquement par les logiciels de gestion de projet, dans la mesure où les données lui sont fournies adéquatement. Ce tableau est un bon outil pour s'assurer de la disponibilité des ressources au moment voulu ; si ce n'est pas le cas, il faudra ajuster le calendrier de réalisation du projet (voir section suivante sur la dimension temps) afin d'en arriver à un calendrier respectant les contraintes de disponibilité des ressources et d'établir, ensuite, un tableau de mobilisation des ressources plus définitif. Ainsi, afin d'intégrer les contraintes de ressources et faire le nivellement de celles-ci, il importe de répondre aux questions suivantes :

- La main-d'œuvre affectée au projet est-elle suffisante et disponible pour le mener à terme ?

- Faudra-t-il recourir à des sous-traitants ?
- À quel point l'utilisation des ressources est-elle souple ?
- L'échéance initiale est-elle réaliste ?
- Y a-t-il une division équitable des tâches et des responsabilités entre les hommes et les femmes ?

Il est aussi utile de produire un tableau pour chacune des ressources faisant apparaître les activités qui la concernent. Les logiciels de gestion de projet fournissent des diagrammes d'activités par ressource. La prise en compte des contraintes de disponibilité des ressources peut entraîner une révision de la date prévue de fin du projet initialement envisagée ou des changements dans la configuration des ressources si cette date doit être maintenue. Par exemple, si une ressource doit absolument réaliser plusieurs activités de façon consécutive, il faudra dans ce cas repousser la date de fin de projet.

3.4.4 Fiche d'activité

Un outil simple afin de colliger de façon systématique l'information pour chaque activité est la fiche d'activité. Une fois complétées, ces fiches ne se retrouvent pas dans le texte du document de projet, mais elles sont très utiles afin de consigner l'information qui permettra par la suite de produire le budget du projet. Tel que l'indique le tableau 31, cette fiche consigne pour chaque activité les informations définies précédemment (l'extrant qui est rattaché, le livrable de l'activité, les ressources humaines affectées, la durée de l'activité et le niveau d'effort ainsi que la date de l'activité). Ces informations peuvent être entrées pour chaque activité et chacune des fiches pourra être complétée lors de l'élaboration du budget (section subséquente).

TABLEAU 31
FICHE D'ACTIVITÉ

Extrant:
Activité:
Livrable:
Ressources humaines:
Durée, niveau d'effort :
Date

Type de dépenses	Type d'unité	Nombre d'unité	Coût unitaire	Niveau d'effort	Total

3.5 DIMENSION TEMPS

Une fois la planification de la dimension technique du projet élaborée, il importe de planifier le projet dans la dimension temps. Cette organisation du temps a déjà été abordée dans le chapitre 2, sous la rubrique « Élaboration du calendrier de réalisation du projet ». À ce moment, il a été mentionné que, pour chacune des activités identifiées dans la dimension technique, il faut déterminer la date de début du projet, ordonnancer les activités, estimer la durée des activités et réaliser un diagramme de Gantt.

3.5.1 Estimation de la durée et ordonnancement des activités

Ainsi, il convient dans un premier temps de reprendre cette estimation du temps de réalisation des activités et de procéder à leur ordonnancement en se demandant pour chaque activité laquelle la précède. Il est ensuite utile de consigner le résultat de cet exercice dans un tableau tel que celui présenté ci-dessous.

TABLEAU 32
ORDONNANCEMENT DES ACTIVITÉS

Activités	Durée	Prédécesseurs	Date de début prévue	Date de fin prévue
• Activité 1				
• Activité 2				
...				

À titre d'exemple, si le projet vise à organiser une conférence sur la sécurité alimentaire en Afrique au mois de juin, il faut, en plus de convenir de l'ensemble des activités à réaliser, déterminer l'ordre dans lequel elles doivent être exécutées. Les prédécesseurs sont indiqués par le numéro de l'activité. On parle de prédécesseurs ou de préséance lorsqu'il existe une relation entre deux activités, soit que la date de début ou de fin de l'activité dépend de la date de début ou de fin de l'autre activité. Il y a donc une relation conditionnée ou de dépendance entre les deux activités.

Le tableau 33 illustre quelques activités requises et leur ordonnancement. Dans ce tableau, les prédécesseurs sont désignés par le numéro des activités dont la réalisation est prérequise.

TABLEAU 33
ORDONNANCEMENT DES ACTIVITÉS – EXEMPLE

Activités	Durée	Prédécesseurs	Date de début prévue	Date de fin prévue
1. Déterminer le lieu de la conférence	10 j		5 janvier	16 janvier
2. Choisir les conférenciers	15 j	1	19 janvier	6 février
3. Développer le contenu des séances	60 j	2	9 février	3 avril
4. Faire un site Web	20 j	2	9 février	6 mars
5. Lancer les invitations	15 j	4	9 mars	27 mars
6. Réserver des locaux	5 j	1	19 janvier	23 janvier
7. Engager des traducteurs	5 j	1	19 janvier	23 janvier
8. Faire la programmation des séances	30 j	3	6 avril	15 mai

Un modèle d'ordonnancement des activités du projet peut également être établi au moyen d'un réseau de préséance aussi appelé « réseau PERT » (*program evaluation and review technique*) du projet.

Figure 62
RÉSEAU PERT

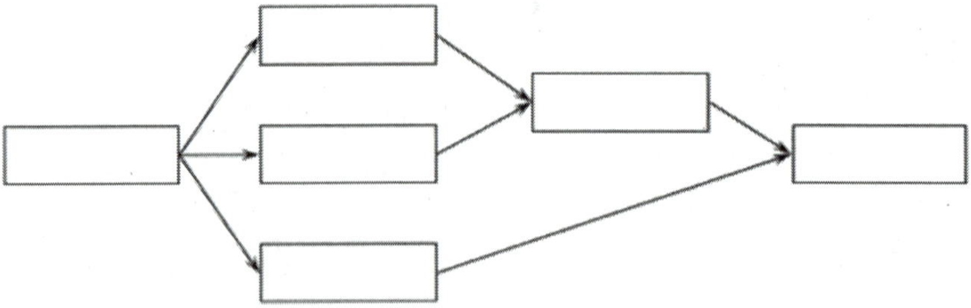

Dans le cas de notre exemple de conférence sur la sécurité alimentaire en Afrique, la figure 63 illustre le réseau de préséance qui pourrait être présenté.

Figure 63
RÉSEAU PERT – EXEMPLE

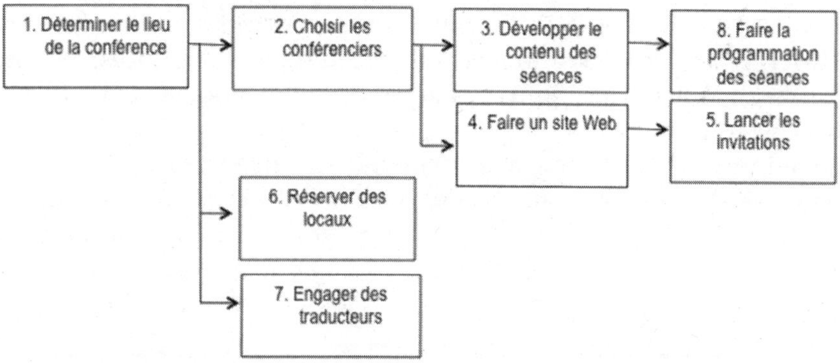

Dans la mesure où les données leur sont communiquées correctement, les logiciels de gestion de projet, par exemple Microsoft Project, produisent automatiquement un tel réseau. Les logiciels de gestion de projet produisent aussi le diagramme de Gantt qui est une représentation graphique du calendrier de réalisation du projet. Il est possible également de travailler avec des logiciels libres disponibles sur le Web. Dans le domaine de l'action humanitaire, il est par exemple possible d'utiliser Sigmah[2], logiciel libre de gestion de projets humanitaires porté par 12 structures humanitaires françaises[3], et développé par le *Think Tank* humanitaire du Groupe URD. La vocation de Sigmah est de permettre aux opérateurs de suivre l'état d'avancement des projets et des financements, de définir, suivre et cartographier des indicateurs à différents niveaux, de centraliser les documents de projets et d'opérationnaliser une démarche d'assurance qualité, en définissant des critères et des points critiques liés aux projets.

3.5.2 Calendrier de réalisation du projet

L'élaboration du diagramme consiste à mettre en relation les activités du projet avec une échelle de temps. Pour ce faire, il faut entrer la même structure d'activités que celle utilisée pour le cadre logique et la structure de fractionnement du travail, et choisir une échelle de temps qui convient à la durée du projet. Par exemple,

2. http://www.sigmah.org/fr/home
3. http://www.sigmah.org/fr/node/38

un projet de plusieurs années ne devrait pas avoir la semaine comme échelle de temps, mais plutôt le trimestre en indiquant également l'année ou les années dans l'en-tête supérieur. À l'inverse, un projet qui s'échelonne sur quelques mois devrait utiliser la semaine comme échelle de temps et les mois comme en-tête supérieur. La figure 64 montre un calendrier sous forme de diagramme de Gantt pour l'exemple précédent de la conférence internationale sur la sécurité alimentaire en Afrique. Il faut également déterminer une date de début ou encore une date de fin du projet. Généralement, on choisit une date de début, mais il peut arriver qu'une date de fin soit fixée si cette date doit être absolument respectée. Dans ce cas, les activités se planifient à rebours jusqu'à indiquer la date de début du projet. Pour les besoins de l'exemple, la date de début du projet est fixée au 5 janvier. Ce diagramme de Gantt a été réalisé à l'aide du logiciel Microsoft Project.

Figure 64

DIAGRAMME DE GANTT – EXEMPLE MICROSOFT PROJECT

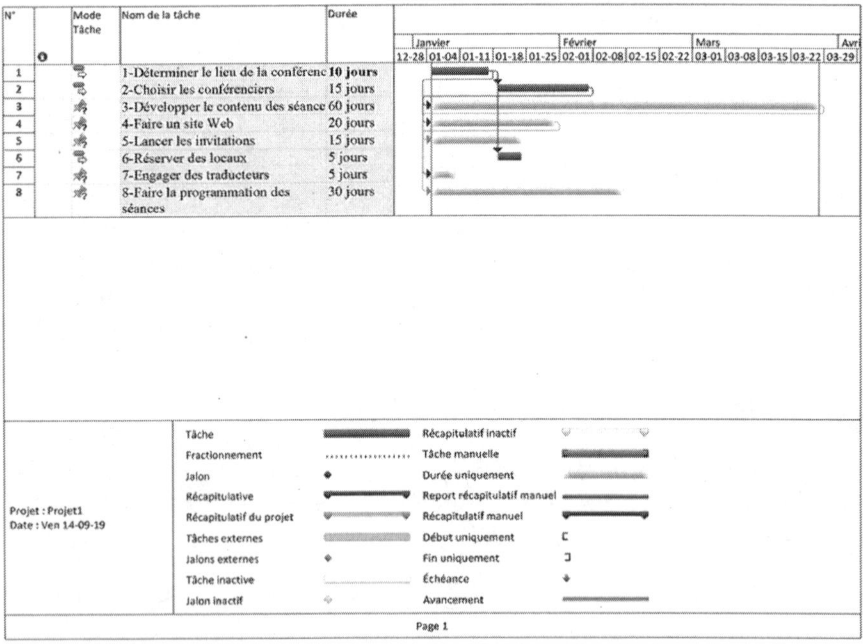

Dans le diagramme de Gantt, il est important de conserver la même structure d'activités, qui est listée une seule fois, et la même échelle de temps même si le diagramme se présente sur plusieurs pages. Il faut aussi que les activités soient lisibles avec une taille de caractère acceptable. Utiliser uniquement la numérotation des activités est à éviter de même qu'une formulation trop longue des activités, car cela enlève l'espace nécessaire au calendrier. Il faut éviter, même pour un projet de grande envergure, d'avoir un diagramme trop volumineux puisque cet outil demeure un outil visuel. Son utilité est donc maximisée lorsqu'il fournit de façon simple et synthétisée le calendrier de réalisation du projet.

À défaut de disposer d'un logiciel de gestion de projet, il est possible de réaliser un tel diagramme avec un tableur, par exemple, Microsoft Excel ou encore en créant un tableau dans Microsoft Word. Les ONG canadiennes, dans le cadre de la présentation de demandes de financement de projets humanitaires[4], sont invitées à utiliser le modèle ci-dessous. La fin de toute portion en surbrillance sert à indiquer la date à laquelle l'activité sera terminée (par exemple, tous les articles non alimentaires sont distribués aux bénéficiaires; ou, toutes les latrines sont construites).

Figure 65

DIAGRAMME DE GANTT – MODÈLE DE LA COOPÉRATION CANADIENNE

	Mois 1				Mois 2				Mois 3				Mois 4			
Activités	s1	s2	s3	s4	s1	s2	s3	s4	s1	s2	s3	s4	s1	s2	s3	s4
Activité 1																
Activité 2																
Activité 3																
Activité 4																
Activité 5																

Il est aussi possible de profiter de la présentation du calendrier de réalisation des activités pour positionner dans le temps les différents livrables (losange noir) présentés dans le plan de mise en œuvre.

4. Lignes directrices, *op.cit.*, 2013, Annexe 11, p. 56.

Figure 66

INTÉGRATION DES LIVRABLES DU PROJET DANS UN CALENDRIER DE RÉALISATION D'ACTIVITÉS

No	Activités	Calendrier des activités								
		Décembre			Janvier				Février	
		S1	S2	S3	S1	S2	S3	S4	S1	S2
1. Phase de démarrage										
1.1	Discussions de lancement	■								
1.2	Revue documentaire préliminaire	■	■							
1.3	Réunion de cadrage/rapport de démarrage		■	◆						
1.4	Révision et finalisation du rapport de démarrage			■						
2. Collecte de données										
2.1	Revue documentaire approfondie			■						
2.2	Entrevues avec parties prenantes et agences partenaires				■	■				
2.3	Visites de terrain				■	■				
3. Analyse et production du rapport										
3.1	Analyse des données et synthèses					■				
3.2	Préparation du rapport final provisoire						■		◆	
3.3	Révision et intégration des commentaires/rapport définitif							■	■	◆
3.4	Restitution finale									■

◆ Livrables

3.6 DIMENSION COÛTS ET BUDGET

La planification de la dimension technique et de la dimension temps permet finalement de planifier le projet dans la dimension des coûts, qui correspond à l'élaboration du budget du projet. Cet exercice permet de produire :

- un budget par activité qui indique le coût pour chacune des activités du projet ;
- un budget par ressource qui indique le coût pour chaque ressource affectée au projet ;
- un budget par période de temps qui indique le coût pour chacune des périodes du projet.

Afin de produire un budget, il faut affecter des coûts pour chacune des ressources nécessaires. Il faut ainsi déterminer des coûts unitaires des ressources qui seront affectées aux activités, y compris les activités de gestion du projet (salaires et avantages sociaux, honoraires professionnels, frais de transport, frais d'hébergement et de subsistance, frais de location de locaux ou d'équipement, frais de communication, frais d'impression ou de reproduction de document, etc.).

Il y a plusieurs façons de procéder à cette affectation des coûts. Un outil simple est d'utiliser la fiche d'activité telle que présentée précédemment (figure 69). Pour chaque activité, il est nécessaire d'indiquer le type de dépense, le type d'unité, le nombre d'unité, le coût unitaire, le niveau d'effort et le total de la dépense. Il faut rappeler que l'expression « niveau d'effort » réfère à la charge de travail et non à la durée de l'activité. Comme mentionné précédemment, le niveau d'effort est différent de la durée d'activité puisqu'il représente le temps que la ressource consacrera à l'activité. Le tableau ci-après est une illustration d'une fiche d'activité complétée d'après l'exemple de la conférence sur la sécurité alimentaire. À des fins d'exemple, il est prévu que le gestionnaire de projet et la professeure se déplacent pour aller visiter le lieu pressenti de la conférence.

TABLEAU 34

FICHE D'ACTIVITÉ – EXEMPLE BUDGET

Extrants: Conférence sur la sécurité alimentaire
Activités: déterminer le lieu de la conférence
Livrable: document présentant le lieu de la conférence
Ressources humaines: gestionnaire de projet, professeure, professionnel
Durée, niveau d'effort : 12 jours, 10 jours
Date: 5 au 16 janvier

Type de dépenses	Catégorie	Nombre d'unité	Coût	Niveau d'effort	Total
Salaire	Gestionnaire de projet	1	500$/jour	4 jours	2000$
	Professeure	1	800$/jour	4 jours	3200$
	Professionnel	1	250$/jour	2 jours	500$
Frais déplacement	Billets d'avion	2	1000$	-	2000$
Frais de séjours	hébergement et repas (Per diem)	2	150/jours	4 jours	1200$
Frais impression	Document	1	25$	-	25$
...					
Total					8925$

3.6.1 Contribution en nature

La figure précédente indique pour une activité du projet le coût total de l'activité qui est dans cet exemple de 8925 $. Il ne faut pas oublier de quantifier en termes financiers les contributions en nature de l'organisation et de ses partenaires, car elles apparaîtront comme une contribution dans la stratégie de financement. Ces contributions, qui ne nécessitent pas d'injection directe d'argent, concernent principalement :

- les salaires et avantages sociaux des personnes d'une organisation (employés et professionnels) qui ne seront pas imputés au projet ;
- les honoraires des consultants qui seront mis gracieusement à la disposition du projet ;
- le travail de bénévoles, coopérants volontaires ou de communautés locales ;
- les locaux qui seront mis gracieusement à la disposition du projet ;
- les équipements qui seront mis gracieusement à la disposition du projet ;
- le matériel consommable qui sera mis gracieusement à la disposition du projet ;
- les services qui seront rendus gracieusement au projet : transport, reprographie, communications, traduction, sécurité, etc.

À titre d'exemple, la figure suivante montre comment il est possible de prendre en considération la contribution en nature qui pourrait être faite dans le cadre de la même fiche d'activité en ajoutant la contribution de l'organisation pour le prêt d'un local et l'implication d'un bénévole. Le coût total de l'activité est la somme des contributions, donc il est dans cet exemple-ci de 10 125 $.

Contribution en nature → Benevoles ou services/materiel donné au projet.
les frais en nature ne sont pas imputés au budget du projet.

TABLEAU 35
FICHE D'ACTIVITÉ – EXEMPLE CONTRIBUTION EN NATURE

Fiche d'activité						
Extrants : Conférence sur la sécurité alimentaire **Activité :** Déterminer le lieu de la conférence **Livrable :** Document présentant le lieu de la conférence **Ressources humaines :** Gestionnaire de projet, professeure, professionnel **Durée, niveau d'effort :** 10 jours,12 jours **Date :** 5 au 16 janvier						
Type de dépenses	Catégorie	Nombre d'unité	Coût	Niveau d'effort	Total	Contribution en nature
Salaire	Gestionnaire de projet	1	500 $/jour	4 jours	2000 $	
	Professeure	1	800 $/jour	4 jours	3200 $	
	Professionnel	1	250 $/jour	2 jours	500 $	
	Bénévole	1	-	5 jours	-	200 $
Frais de déplacement	Billets d'avion	2	1000 $	-	2000 $	
Frais de séjour	Hébergement et repas (*per diem*)	2	150 $/jour	4 jours	1200 $	
Frais d'impression	Document	1	25 $	-	25 $	
Frais de locaux	Locaux	1	1000 $	-		1000 $
Total					8925 $	1200 $
Total du projet					**10 125 $**	

Certains projets nécessitent de faire certaines acquisitions: véhicules, mobilier, ordinateurs, etc. De manière à disposer de ces équipements au moment voulu, il faut planifier ces opérations d'achat en tenant compte des procédures à suivre (procédures de l'organisation et celles possiblement imposées par le bailleur de fonds) et des délais habituellement observés. Certains projets demandent en plus de recourir à un processus compétitif pour recruter des personnes, pour faire l'acquisition de biens ou de services et de confier la réalisation d'activités à des sous-traitants.

3.6.2 Budget du projet

En complétant chacune des fiches pour l'ensemble des activités, le total des fiches permet de déterminer le budget de l'ensemble du projet. Un tableau synthèse pourrait être ainsi produit.

TABLEAU 36
BUDGET PAR ACTIVITÉ

Activité	$
Projet	
Activité 1	
Activité 2	
…	
…	
…	
…	
…	
Imprévus	
TOTAL	

Cela permet également de calculer le coût total pour chacune des ressources et ainsi d'établir le budget par ressource.

TABLEAU 37
BUDGET PAR RESSOURCE

Ressource	$
Ressources #1	
Ressources #2	
Ressources #3	
Ressources #4	
Ressources #5	
Ressources #6	
….	
Imprévus	
TOTAL	

Cela permet enfin de calculer le coût total pour chaque période de temps et ainsi établir le budget par période de temps du projet. Selon la durée totale du projet ou les exigences des bailleurs de fonds, la période peut être déterminée au mois, au trimestre ou au semestre.

TABLEAU 38
BUDGET PAR PÉRIODE DE TEMPS

Période	$
Janvier	
Février	
Mars	
Avril	
Mai	
Juin	
....	
Imprévus	
TOTAL	

Dans la production d'un budget par activité, par ressources et par période de temps, le montant total est évidemment le même. Dans la mesure où toutes les données pertinentes sont saisies correctement, l'utilisation d'un logiciel de gestion de projet peut faciliter le travail d'élaboration d'un budget par catégories d'intrants. Il est également possible d'utiliser le logiciel Excel pour constituer l'ensemble du budget en utilisant les liaisons entre les feuilles pour calculer automatiquement les montants associés aux types de dépenses. Enfin, plusieurs organisations qui gèrent par projet se sont dotées de leur propre système informatique permettant de constituer le budget du projet. Ces systèmes adaptent et uniformisent les différents outils présentés précédemment en fonction du type de projets qu'ils réalisent.

3.6.3 Imprévus

Tel que le montrent les tableaux précédents, une rubrique « imprévus » a été ajoutée à chacun des tableaux. Il est en effet important de prévoir un certain montant que le projet pourrait utiliser pour une dépense qui n'aurait pas été planifiée, mais qui serait jugée nécessaire. Pour ce faire, un faible pourcentage du budget total peut être calculé, normalement entre 5 % et 10 %. Ce pourcentage ne doit pas être élevé puisque le but de l'exercice de planification est de prévoir le maximum des coûts pour chacune des activités. Il est à noter que le pourcentage alloué aux imprévus, qui est habituellement fixé par le bailleur de fonds, ne peut être dépassé. Comme évoqué antérieurement, certains bailleurs de fonds n'acceptent pas l'insertion d'une rubrique sur les imprévus ; il faut, par conséquent, prévoir les imprévus dans le montant de chacune des activités.

3.6.4 Contribution des partenaires

Certains programmes financés par des bailleurs de fonds exigent que l'organisation qui propose un projet, et ses partenaires, contribue au financement du projet. Cette contribution est aussi appelée dans certains cas la « contrepartie » du financement octroyé par le bailleur de fonds puisqu'il est fréquent dorénavant que les bailleurs de fonds demandent, en complément à leur subvention, que les organisations partenaires au projet investissent aussi dans le projet. Cet investissement, qui contribue à la pérennité du projet, est habituellement fait par des contributions en argent ou en nature. Parfois, la hauteur minimale de cette contribution peut être fixée. Elle peut être représentée dans le budget en l'indiquant dans la fiche d'activité. Le coût total peut ainsi être décortiqué selon les différents contributeurs du projet. Il est de la responsabilité des gestionnaires de projet de vérifier les exigences des bailleurs de fonds.

TABLEAU 39
FICHE D'ACTIVITÉ AVEC CONTRIBUTION DES PARTENAIRES

Extrants : Activités : Livrable : Ressources humaines : Durée, niveau d'effort : Date :								
Type de dépenses	Catégorie	Nombre d'unité	Coût	Niveau d'effort	Total	**Contribution bailleurs de fonds**	**Contribution partenaire 1**	**Contribution partenaire 2**

3.6.5 Frais généraux

Dans le cadre de certains programmes, les bailleurs de fonds peuvent établir un pourcentage prédéterminé pour les frais généraux, pourcentage qui ne peut être dépassé. Dans le cas, par exemple, de projets non sollicités qui sont soumis au mécanisme réactif de la coopération canadienne, il s'agit de 12 % du total des dépenses admissibles. Pour les projets d'ordre humanitaire, le montant maximal des frais d'administration à l'agence partenaire est fixé à un maximum de 7,5 % des coûts directs du projet. Ces frais visent généralement à couvrir :

- les coûts indirects ou frais généraux liés à l'organisation qui implante le projet, notamment la publicité et la promotion (non liées à un programme ou projet précis) ainsi que des frais de communication générale ;
- les frais bancaires (non liés à un programme ou projet précis) ;
- les activités de développement de l'organisation ;
- les dépenses liées à la maintenance informatique ;
- une partie des salaires de l'organisation (services de direction, financiers et administratifs, ressources humaines) qui ne sont pas directement imputables au projet, du loyer de bureau, les vérifications internes ou externes de l'organisation, les déplacements non liés précisément au projet, etc.

Dans ce contexte, il est recommandé de lier les activités de gestion du projet aux activités de contenu du projet déjà prévues. Par exemple, si tous les partenaires sont réunis pour un séminaire de formation, il pourrait être opportun de profiter de ces déplacements pour réunir par la même occasion le comité de gestion du projet. Depuis 2013, pour la mise en œuvre de projets humanitaires, il est intéressant de prendre en compte le fait que les agences de mise en œuvre peuvent intégrer des dépenses de sécurité comme des dépenses de projet (et donc non incluses dans les frais généraux), au même titre que des activités « d'analyse, de suivi et d'évaluation », tant d'évaluation des besoins, de suivi local (*monitoring*) que d'évaluation[5].

3.6.6 Budget par catégorie de dépenses

La production d'un budget par activité, par ressource et par période de temps permet d'élaborer également de façon systématique le budget par catégorie ou type de dépense. Ce budget présente :

- le regroupement de ressources par catégorie d'intrants : personnel de l'organisation impliqué dans la mise en œuvre du projet, personnel des partenaires, sous-traitants, consultants nationaux et internationaux, véhicules, équipements, locaux, dépenses remboursables (transport, hébergement, subsistance, communications, impression et reproduction de documents, etc.) ;
- le calcul du coût total d'utilisation de chacune des catégories d'intrants toutes activités confondues, y compris les activités de gestion et de suivi ;
- la ventilation des coûts dans le temps (par trimestre pour la première année du projet, par année par la suite ; par mois si le projet dure moins d'une année).

Pour ce faire, il s'agit de calculer par exemple le total des montants liés au type de dépenses tel qu'il est indiqué dans la fiche d'activité, et ce, pour toutes les activités du projet. Le tableau suivant montre un exemple à produire dans ce type de budget. Le

5. Modèle logique, août 2013.

montant total doit aussi être le même que les autres tableaux du budget (activité, ressources, temps).

TABLEAU 40
BUDGET PAR CATÉGORIE DE DÉPENSES

Intrants ou type de dépenses	Catégorie	Coût total
Salaire	Gestionnaire de projet	
	Professeure	
	Professionnel	
	Bénévole	
Frais de déplacement	Billets d'avion	
Frais de séjour	Hébergement et repas (*per diem*)	
Frais d'impression		
Frais de locaux		
....		
Imprévus		
Total		

Le coût total du budget par type de dépense peut également être ventilé par une période de temps à l'exemple du tableau suivant.

TABLEAU 41

BUDGET PAR TYPE DE DÉPENSES ET PÉRIODES DE TEMPS

Intrants ou type de dépenses	Catégorie	Coût			Total
		Janv.-févr.	Mars-avril	Mai-juin	
Salaire	Gestionnaire de projet				
	Professeure				
	Professionnel				
	Bénévole				
Frais de déplacement	Billets d'avion				
Frais de séjour	Hébergement et repas (*per diem*)				
Frais d'impression					
Frais de locaux					
....					
Imprévus					
Total					

Plusieurs bailleurs de fonds exigent, en plus du budget par activités, ressources et périodes de temps, ce type de budget dans leur appel d'offres. Dans certains programmes, les bailleurs peuvent avoir prévu les formats de présentation qui doivent être utilisés.

En somme, la planification est une étape importante dans la préparation d'un plan de mise en œuvre, car elle permet de prendre des décisions appropriées pour l'ensemble du projet avant même que celui-ci soit dans sa phase d'exécution. Présentez clairement l'ensemble des éléments liés à la planification tant au niveau du contenu que de la mise en page. Pour ce faire, il est opportun de rappeler notamment :

- d'utiliser la même structure d'activités et d'affectation des ressources pour la présentation du calendrier du projet et du budget ;

- de favoriser une lecture adéquate des schémas et des nombreux tableaux (faire suivre les en-têtes, éviter les tableaux trop volumineux, etc.);
- d'introduire les tableaux produits dans le document par du texte;
- de donner, sous forme de texte, les grands paramètres des informations présentées dans les tableaux.

***

Ce troisième chapitre avait pour objectif de présenter les étapes et outils permettant la planification du projet dans ses trois dimensions: technique, coût et temps. Cette planification permet également, avant même que le projet ne soit commencé, d'avoir une estimation détaillée du projet et d'effectuer le cas échéant des modifications à la fois dans sa planification et sa conception. Par exemple, si le coût est trop élevé ou la durée du projet est trop longue, il faudra peut-être réduire son envergure. Il sera donc plus facile d'effectuer ces changements avant la mise en œuvre du projet.

CHAPITRE 4

La mise en œuvre du projet de développement international et d'action humanitaire

4.1 INTRODUCTION

Ce quatrième chapitre porte sur la mise en œuvre d'un projet. Nous y présentons toutes les étapes et démarches pertinentes au démarrage du projet ainsi que les activités de gestion nécessaires à la réalisation du projet. Il contient également la mise en œuvre des différentes stratégies de gestion du projet telles que les risques, les parties prenantes, le budget et les changements. Nous abordons également la production des différents rapports et le suivi de la performance du projet. Aussi, une dimension importante de la mise en œuvre d'un projet est présentée au sein de ce chapitre, soit la gestion de l'équipe et le rôle du gestionnaire de projet. La clôture du projet est abordée en conclusion.

La mise en œuvre du projet constitue la phase d'exécution du projet dans le cycle de vie d'un projet comme présenté au chapitre 1.

Figure 67
CYCLE DE VIE D'UN PROJET

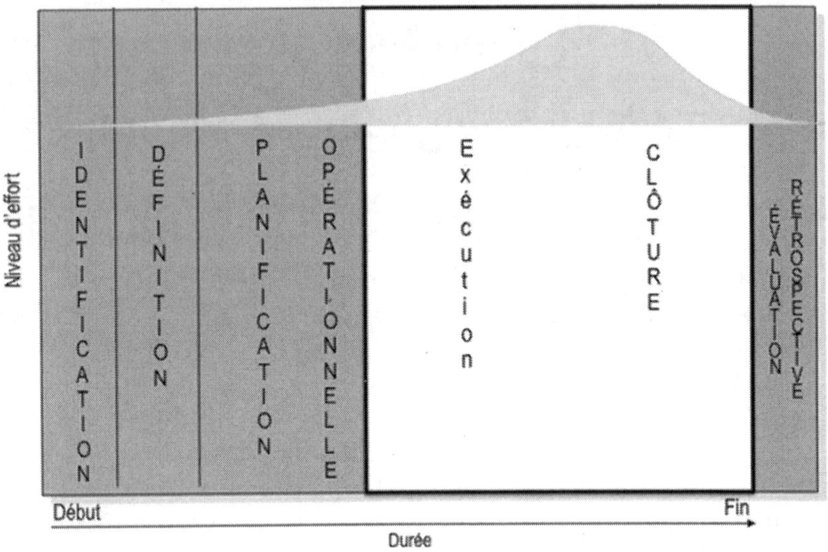

Cette phase est celle où le niveau d'effort et la durée sont généralement plus substantiels.

4.2 DÉMARRAGE DU PROJET

Selon la nature du projet, un certain nombre de dispositions sont à prendre lors du démarrage d'un projet.

4.2.1 Démarches administratives

Il est possible que l'organisation maître d'œuvre du projet[1] (organisation qui exécute le projet: ONG, firme privée ou organisation publique) ait à effectuer des démarches pour le démarrage du projet, par exemple:

- obtenir le statut d'employeur dans le pays concerné;
- obtenir des autorisations d'importation en franchise de certains équipements, notamment des véhicules automobiles s'il y a lieu;
- ouvrir un compte bancaire;

1. On utilise aussi l'expression «agence d'exécution».

– si l'organisation maître d'œuvre est une ONG, il est possible qu'elle ait à s'enregistrer auprès de l'instance gouvernementale concernée. Cette étape peut se révéler complexe et difficile, particulièrement dans un contexte d'urgence. Dans certaines situations où l'État est « fragile » ou peu organisé administrativement, un certain nombre d'ONG se déclarent souvent pressées par l'urgence pour outrepasser les règles administratives relatives à leur enregistrement. Dans d'autres pays peu désireux d'être « envahis » par une présence étrangère jugée abusive, ces mêmes règles administratives relatives à l'entrée d'une organisation étrangère constituent un frein plus ou moins légitime à la multiplication du nombre d'ONG dans un pays donné.

4.2.2 Obtention d'une avance de démarrage

Lorsque les modalités de financement du projet prévoient le versement d'une avance de démarrage, l'organisation maître d'œuvre doit généralement en faire la demande conformément aux procédures du bailleur de fonds. Dans le cas de projets en développement, cette avance permet de réaliser des activités préparatoires à la réalisation du plan de mise en œuvre. Cela évite ainsi à l'organisation d'avoir à assumer des coûts de démarrage à même son budget de fonctionnement dans un contexte où les organisations ne disposent pas généralement de budget pour ce faire.

Pour des projets humanitaires, l'avance de démarrage n'existe pas ou existe peu. Chaque organisation doit idéalement disposer d'une avance de fonds qui lui permettra de financer les premières opérations d'assistance ainsi que les premiers déploiements de membres du personnel. Il n'est pas évident que cette avance de fonds soit immédiatement refinancée, ou tout simplement financée, par le bailleur concerné. Il y a donc parfois un risque financier à se lancer dans une opération de première urgence, puisqu'on ne peut garantir un financement de la part d'un ou plusieurs bailleurs. Ceci permet de relever l'importance de disposer d'un financement privé, ou d'une allocation de trésorerie, susceptible d'assurer le financement des premières phases d'une réponse humanitaire.

4.2.3 Constitution de l'équipe de projet[2]

Sélection des membres de l'équipe

Comme mentionné au chapitre 2, il arrive fréquemment que les membres de l'équipe de projet devant occuper les postes clés, dont le ou la gestionnaire de projet, soient identifiés lors de l'élaboration du projet. L'expertise présentée au sein de la définition du projet représente bien souvent un critère de sélection par le bailleur de fonds. Durant cette étape initiale, il faut évidemment s'assurer de leur intérêt et de leur disponibilité à participer au projet. Au moment de démarrer le projet, en cas de désistement, leur remplacement doit généralement être approuvé par le bailleur de fonds du projet. Il faut aussi sélectionner les autres membres de l'équipe :

- les membres du personnel du pays de l'organisation maître d'œuvre qui occuperont des postes à temps complet (chargé de projet, soutien administratif et technique, etc.);
- les membres du personnel du pays de l'organisation maître d'œuvre du projet qui effectueront des missions de courte durée dans le pays où se déroule le projet (expert, consultant, etc.);
- les membres du personnel du pays en développement concerné qui deviendront des employés temporaires de l'organisation maître d'œuvre.

Lorsque ces personnes ne sont pas déjà à l'emploi de l'organisation maître d'œuvre du projet, il faut procéder à leur recrutement en suivant les règles en vigueur et des principes d'équité en emploi, ce qui implique généralement :

- l'identification de candidats qui ont les connaissances, les compétences et l'expérience requises;
- la sélection d'un candidat;
- la négociation des conditions de travail avec le candidat retenu;

2. La gestion de l'équipe de projet est discutée dans une autre section de ce chapitre.

- l'obtention de l'approbation du candidat par les instances concernées de l'organisation, et éventuellement par le bailleur de fonds si le poste est stratégique et par les autorités concernées du pays en développement où se déroulera le projet;
- la signature d'un contrat d'engagement.

Toutes les personnes concernées par le projet souhaitent constituer une équipe hautement performante, composée de gens passionnés constamment préoccupés par l'accomplissement de leurs tâches et dont la créativité et l'esprit novateur génèrent des retombées exceptionnelles[3]. Au moment de la sélection des membres de l'équipe de projet, l'intention est donc de constituer une équipe au sein de laquelle:

- chacun des membres est engagé dans la poursuite d'un objectif commun;
- les compétences de chacun sont reconnues;
- l'égalité et le respect de la diversité sont mis de l'avant;
- les rôles et responsabilités sont bien partagés;
- l'énergie est canalisée vers la résolution de problèmes plutôt que dans des conflits ou des rivalités;
- la libre expression de points de vue différents est encouragée;
- les erreurs sont considérées comme des occasions d'apprentissage de façon à stimuler la créativité et l'initiative;
- les membres de l'équipe se fixent des normes de rendement élevées et s'encouragent mutuellement;
- les membres s'identifient à l'équipe.

---

3. SCHERMERHORN et collab. *Comportement humain et organisation*, 4e édition, Saint-Laurent, ERPI, 2010.

La sélection des membres de l'équipe est un exercice délicat et un grand nombre de facteurs doivent être pris en considération[4] :

- attirer des personnes partageant les valeurs qui sous-tendent le projet ;
- attirer des personnes pour qui les objectifs du projet sont importants ;
- rechercher des personnes possédant l'expérience, les connaissances et les habiletés requises par le projet ;
- prendre en compte la nécessité d'inclure des représentants de certaines parties prenantes clés ;
- assurer un processus de sélection équitable et non discriminant ;
- prendre aussi en compte les caractéristiques suivantes :
- l'habileté à résoudre des problèmes ;
  - > la disponibilité ;
  - > les compétences technologiques ;
  - > l'ambition, l'initiative et l'énergie ;
  - > la crédibilité ;
  - > les relations professionnelles.

Dans tous les cas, il faut s'assurer que la personne considérée a les compétences techniques requises pour accomplir les tâches qui lui seront confiées, qu'elle a démontré la capacité de travailler en équipe et qu'elle est en mesure d'œuvrer dans un environnement multiculturel.

La prise en compte des enjeux suivants est aussi essentielle lors de la composition de l'équipe de projet :

- la taille de l'équipe : il faut éviter d'accroître inutilement le nombre de personnes ;
- le niveau d'hétérogénéité de l'équipe : les projets nécessitent souvent la constitution d'une équipe hétérogène, plus « riche » qu'une équipe homogène, mais dont la gestion nécessitera plus de doigté ;

---

4. Sur la base de : Clifford F. GRAY et Erik W. LARSON. *Management de projet*, Montréal, Chenelière Éducation, 2007.

– la concordance des statuts : il faudra gérer les susceptibilités de personnes au statut élevé qui devront faire équipe avec des personnes que seraient leurs subordonnés dans un autre contexte.

Dans le contexte d'une équipe internationale, certains attributs spécifiques sont recherchés de la part des membres, par exemple une expérience dans des projets internationaux, des habiletés à travailler avec des personnes d'autres cultures, une capacité d'adaptation à un nouveau contexte, un intérêt à voyager et des aptitudes à communiquer dans plusieurs langues lorsque requis.

La nature des qualités et attributs propres aux équipes humanitaires n'est pas fondamentalement différente de celle des équipes œuvrant sur des projets de développement. Mais, dans un contexte hautement évolutif, consommateur d'énergies humaines et de moyens matériels, parfois risqué et certainement générateur de stress, la rotation des membres du personnel de « première ligne » comme des membres d'appui dans le cadre du développement d'une crise humanitaire fait qu'un certain nombre de considérations sont en prendre en compte :

- La qualité du leadership dans le cadre d'une réponse à une crise humanitaire est essentielle pour diriger, animer et coordonner une équipe multidisciplinaire de professionnels humanitaires dont la rotation permanente va fragiliser la structure organisationnelle et opérationnelle ;
- La fatigue et « l'usure précoce » des membres du personnel humanitaire dans un contexte de première urgence exigent, de la part de l'organisation, une veille constante sur le nombre de personnes qualifiées disponibles, la mise en œuvre de mesures de repos (*Rest and Relaxation*) pour garantir la santé physique mentale et psychique des équipes ;
- La gestion des équipes internationales et nationales en situation humanitaire est un exercice qui exige de chacun, une grande discipline personnelle et collective, une administration et une gestion des ressources de la part du siège comme de la représentation nationale, qui soient toutes alignées sur la gestion des objectifs, de la performance et, en priorité, sur la satisfaction des besoins fondamentaux des populations nécessiteuses ;

- Une grande partie des principes à suivre de la part des équipes internationales comme nationales repose sur des Codes[5] et Standards minimums[6] qui doivent être compris et mis en œuvre de manière cohérente, professionnelle, au service des bénéficiaires comme en coopération avec les administrations locales légitimes.

Mentionnons également la possibilité d'obtenir des « certifications spécifiques » du personnel en gestion de projet. Ces certifications s'obtiennent en suivant certaines formations spécifiques offertes par des organisations reconnues dans le milieu. Le Project Management Institute (PMI) offre ce type de certification en gestion de projet et certaines organisations internationales le font de plus en plus dans le domaine humanitaire.

Il arrive fréquemment que l'équipe doive être complétée plus tard durant le déroulement du projet, les préoccupations mentionnées ici concernant la composition de l'équipe sont alors tout aussi pertinentes.

La signature de contrats s'avère essentielle pour l'engagement des membres qui ne sont pas des employés permanents de l'organisation maître d'œuvre du projet. Ces contrats sont généralement établis sur la base des pratiques habituelles de l'organisation en matière de gestion des ressources humaines. Dans le cas des membres de l'équipe qui sont des ressortissants du pays en développement où se déroule le projet, les contrats d'engagement doivent respecter les dispositions du Code du travail du pays concerné. L'unité d'appui de l'organisation du bailleur de fonds, lorsqu'il y en a une dans le pays concerné, peut généralement fournir un modèle de contrat et davantage d'informations à ce sujet. La consultation des organisations internationales (ONU, organisations non gouvernementales internationales [ONGI]) locales permet aussi de comprendre les règles locales en matière d'engagement, de contractualisation et de gestion administrative. Dans certaines circonstances exceptionnelles, à l'instar d'une crise humanitaire importante, les ONG présentes comme les ONG

---

5. Codes de conduite : *Principes de comportement pour le Mouvement international de la Croix-Rouge et du Croissant-Rouge et pour les ONG lors des opérations de secours en cas de catastrophe*, 1994.
6. *La Charte humanitaire et les standards minimums de l'intervention humanitaire*, Le Projet Sphère, édition 2011, http://www.sphereproject.org/sphere/fr/manuel/

nouvellement arrivées doivent tenter de se concerter pour fixer des règles de ressources humaines, et en particulier des barèmes de salaires (échelles salariales), qui soient idéalement similaires, ceci dans le but d'empêcher le « tourisme organisationnel », par lequel les meilleurs éléments nationaux tenteront de se tourner vers les organisations qui offrent les meilleures conditions d'embauche. Ce phénomène peut non seulement engendrer une rotation accélérée des cadres locaux entre organisations, mais aussi entre les administrations locale et nationale et organisations non gouvernementales ou internationales.

Les enjeux liés à la gestion de l'équipe de projet, une fois le projet démarré, sont couverts dans une autre section de ce chapitre.

Identité de l'équipe

Le plus tôt possible, de façon à favoriser l'émergence du sentiment d'appartenance à l'équipe, le ou la gestionnaire devrait chercher à donner une identité propre à l'équipe de projet[7] :

- donner un nom à l'équipe ou utiliser le nom du projet pour identifier l'équipe ;
- fournir, si possible, un espace de travail commun (regrouper les membres de l'équipe dans les mêmes locaux ou leur fournir une plateforme de communication leur permettant de bien travailler à distance) ;
- utiliser les réunions pour stimuler le sentiment d'appartenance à l'équipe ;
- instaurer des rituels.

Par rituels, on entend des activités qui réunissent les membres de l'équipe dans un contexte moins formel que les réunions de projet, par exemple en faisant précéder les réunions d'un petit-déjeuner pris en commun, en prenant l'habitude de prendre ensemble le repas du midi une fois par mois. En contexte humanitaire, quand c'est possible, il arrive que des rencontres d'équipe soient organisées en dehors des zones touchées par la crise. À titre d'exemple, pour le séisme en Haïti, une ONG internationale avait

7. Clifford F. GRAY et Erik W. LARSON. *Management de projet*, Montréal, Chenelière Éducation, 2007.

décidé d'amener son équipe humanitaire passer une journée de repos à Kenscoff, une montagne dans l'arrondissement de Port-au-Prince. La matinée était réservée au renforcement des capacités (évaluation, autoformation, etc.) et l'après-midi était pour la détente ainsi que le développement de l'esprit d'équipe. Le fait de se retrouver dans un tout nouvel environnement peut s'avérer bénéfique pour faire le plein d'énergie et de nouvelles idées en prenant un peu de recul.

Le plus tôt possible, en commençant par un atelier de démarrage, le ou la gestionnaire de projet devrait proposer, sur la base des valeurs qui sous-tendent le projet, une vision qui animera l'équipe et lui permettra d'atteindre des résultats de haut niveau. Une vision est une «image mentale» représentant ce que les membres de l'équipe réaliseront ensemble, elle doit[8] notamment:

- pouvoir être communiquée facilement; appeler au dépassement, susciter la passion;
- être une source d'inspiration pour les membres de l'équipe.

4.2.4 Ouverture du bureau du projet

Pour un projet d'envergure s'étalant sur plusieurs années, il est la plupart du temps nécessaire de disposer d'un bureau de projet afin de fournir un lieu de travail aux membres de l'équipe de projet (notamment au gestionnaire de projet sur le terrain) œuvrant à temps plein sur le terrain et aux membres de l'équipe effectuant des missions de courte durée. De plus, le fait de disposer d'un local contribue à donner de la visibilité au projet.

Plusieurs cas d'espèce peuvent se présenter:

- Lorsque l'organisation maître d'œuvre du projet dispose déjà de locaux dans le pays concerné, il est possible qu'il y ait suffisamment d'espace pour loger le nouveau projet.
- Lorsqu'une organisation partenaire dispose de locaux dans le pays concerné, il est possible qu'il y ait suffisamment d'espace pour loger le projet, cela nécessite généralement la signature d'un protocole d'entente ou d'un contrat de location.

8. Clifford F. GRAY et Erik W. LARSON. *Management de projet*, Montréal, Chenelière Éducation, 2007.

- Lorsque le bailleur de fonds dispose d'une unité d'appui aux projets qu'il finance dans le pays concerné, il peut arriver qu'il dispose de locaux qui peuvent être mis à la disposition des projets qu'elle finance. Ici aussi, la signature d'un protocole d'entente ou d'un contrat de location est nécessaire.
- Dans les autres cas, il faut trouver des locaux adéquats disponibles en location et signer un bail avec le propriétaire. L'assistance de l'unité d'appui du bailleur de fonds, s'il y en a une dans le pays concerné, peut s'avérer grandement facilitante.

Il est primordial d'obtenir une couverture d'assurance pour le feu, le vol et la responsabilité civile qui sera en vigueur dès l'entrée dans les locaux. Il faut aussi penser à l'abonnement à l'électricité et à la distribution de l'eau potable, de même qu'au service de ménage. La location de locaux dans un pays du Sud doit aussi se faire sur la base des dispositions en vigueur dans le pays concerné.

4.2.5 Location de logements

Lorsque le projet implique l'affectation à long terme de membres de l'équipe de projet dans le pays concerné, il faut leur trouver des logements (villa ou appartement) en tenant compte du fait que certains seront possiblement accompagnés de leur famille. Il faut évidemment dans chaque cas :

- signer un bail de location avec le propriétaire ;
- obtenir une couverture d'assurance pour le feu, le vol et la responsabilité civile ;
- effectuer les démarches requises pour l'abonnement à l'électricité, à la distribution d'eau potable et au ménage ;
- faire valider par un responsable « sécurité » des Nations Unies (United Nations Departement of Safety and Security [UNDSS]), du siège ou de toute autre institution privée que les conditions de sécurité (protection des personnes, des biens, des actifs, du matériel roulant, etc.) soient effectives et actualisées sur une base régulière.

Il peut arriver que la location d'une villa ou d'un appartement de passage servant à loger les membres de l'équipe effectuant des missions de courte durée soit plus économique que de les loger dans un hôtel. Ici aussi, l'assistance de l'unité d'appui de l'organisation bailleur de fonds, lorsqu'il y en a une dans le pays concerné, peut s'avérer précieuse. En situation humanitaire, il est bien évident que la question du logement des équipes revêt une dimension tout autre ; elle peut devenir critique, voire improvisée, quand il s'agit de loger, sur une base subite, des centaines de secouristes et travailleurs internationaux étrangers. Par exemple, à la suite du séisme de 2010 en Haïti, les bâtiments non sécuritaires ont contraint de nombreux humanitaires à dormir pendant plusieurs semaines dans des tentes à l'abri des risques d'effondrement. Après avoir fait inspecter des maisons par des experts (ingénieurs en bâtiments ou autres), les organisations ont pu transférer les membres de leur personnel dans des habitations bien souvent louées. L'on peut assister dès lors à un engorgement très rapide des ressources locales (maisons, eau, électricité, moyens de déplacement, etc.), à l'émergence d'une inflation rapide créée par la demande de biens rares, à une éventuelle dollarisation de l'environnement, tout cela avec des impacts souvent négatifs sur de fragiles équilibres économiques locaux.

4.2.6 Acquisition de biens et de services

Selon l'envergure du projet, il peut s'avérer nécessaire de faire l'acquisition :

- de mobilier pour le bureau du projet ;
- de mobilier pour le ou les logements des membres affectés à long terme dans le pays concerné ;
- d'équipement pour le bureau du projet : ordinateurs, imprimantes, projecteurs, numériseurs, téléphones, télécopieurs, photocopieuses, etc. ;
- des fournitures de bureau nécessaires (papier, cartouches d'encre, etc.) ;
- d'un ou plusieurs véhicules automobiles.

Pour les projets de coopération internationale, ces acquisitions sont souvent possibles en franchise, et l'assistance de l'unité d'appui de l'organisation bailleur de fonds, lorsqu'il y en a une dans le pays concerné, peut s'avérer utile. Dans le cas de catastrophes subites, l'État hôte prend souvent des dispositions autorisant l'importation de biens libres de droits pour une période donnée, dans le but d'accélérer l'arrivée de biens humanitaires, d'équipements, de véhicules et autres matériels de la part des équipes de secours. Dans tous les cas, les opérations d'acquisition (ou de *procurement*) doivent se faire dans le respect des règles de l'organisme bailleur de fonds concernant les approvisionnements. L'acquisition de biens (des véhicules, des ordinateurs, etc.) ou de services (par exemple, s'il faut recourir à des sous-traitants ou à des consultants) doit se faire en conformité avec les règles de l'organisation et celles du bailleur de fonds du projet. Ces acquisitions passent souvent par un processus compétitif qui comporte plusieurs étapes :

- élaboration des termes des spécifications ou de référence ;
- rédaction d'un document d'appel à propositions (appel d'offres) ;
- élaboration d'une grille d'évaluation des propositions ;
- constitution d'un jury d'évaluation ;
- publication d'avis d'appel à propositions ;
- évaluation des propositions ;
- négociation avec le fournisseur retenu et préparation d'un contrat ;
- signature d'un contrat avec le fournisseur retenu.

Dans le cas de l'acquisition de biens, avant d'autoriser le paiement des factures, il faut s'assurer, lors de la réception, qu'ils sont conformes aux spécifications exigées ; dans le cas de travaux donnés à forfait à des firmes ou à des consultants, il faut s'assurer que le travail a été effectué sur la base du mandat et que les résultats attendus sont effectivement *livrés*. L'acquisition de biens et de service ne concerne pas uniquement le démarrage du projet, certaines acquisitions peuvent être nécessaires plus tard dans la mise en œuvre du projet. Les points soulevés ci-dessus sont alors tout aussi pertinents.

4.2.7 Signature de protocoles avec les partenaires

Dès que la décision est prise d'aller de l'avant avec la mise en œuvre du projet, l'organisation maître d'œuvre devrait en informer ses organisations partenaires nationales et celles du pays du Sud concerné. Généralement, des protocoles d'entente sont signés avec ces organisations. Ces protocoles d'entente distribuent clairement les rôles et responsabilités de chacune des parties.

La signature de protocoles avec des partenaires opérationnels est un acte qui peut être motivé par diverses raisons : désir de coopérer avec un partenaire local expérimenté et bien connu de l'organisation ; désir de s'associer avec des partenaires nouveaux intéressés à un partenariat pour assurer la mise en valeur des forces de chacune des parties ; ou encore, le partenariat peut être une étape obligée à suivre dans le pays donné, sans laquelle il ne peut être question de laisser une organisation internationale opérer seule. La raison d'être du partenariat, comme le choix du partenaire, peut donc revêtir un caractère politique, aux conséquences administratives pas toujours évidentes ou faciles à gérer (diversité des pratiques opérationnelles, administratives et de direction). Chaque décision doit être donc mûrement réfléchie et une analyse des opportunités et menaces, comme des forces et faiblesses de chacune des organisations, peut représenter un préalable important.

4.2.8 Gestion des normes et politiques de sécurité

Pour nous permettre de retenir rapidement les principes devant guider le comportement d'un travailleur en situation de gestion d'un projet en DIAH, un concept simple est mis de l'avant : ***Sécurité = f (5P*5C).*** Dans cette formule simple, les « **5P** » que nous mettrons de l'avant seront : « **P**hysique » (notre intégrité physique), « **P**sychologique » (notre intégrité et santé psychologique), « **P**opulations » (les populations dont nous avons la responsabilité), « **P**ersonnel » (les membres du personnel qui travaillent pour notre organisation) et « **P**ropriétés » (les actifs et les biens matériels du projet ou de l'organisation). Les « **5P** » sont les éléments constitutifs que nous devons protéger lors de la mise en place du plan de sécurité. Pour mettre ce dernier en action, une série d'actions concertées doivent être engagées et regroupées sous le vocable des « **5C** » (soit les principes et actions de Compréhension, de Communication, de Contingence, de Coordination et de Capitalisation), lesquels coordonneront la préparation et la réponse à l'insécurité ambiante. La figure 68 synthétise cette réflexion très mnémotechnique :

Figure 68
*SÉCURITÉ = F (5P*5C)*

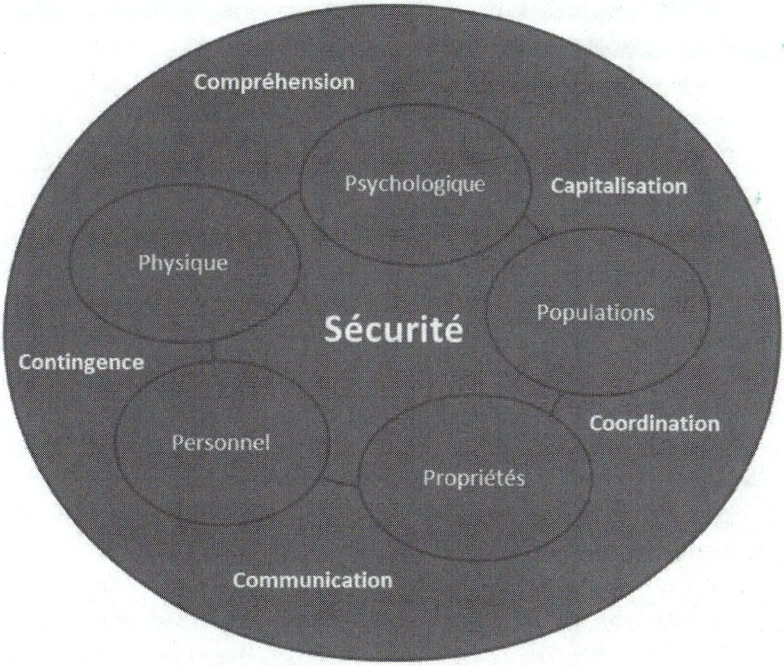

De façon plus spécifique :

- **Sécurité** « **Physique** », ou préservation de notre intégrité physique. Pour notre sécurité personnelle, il faut commencer évidemment par organiser la protection physique de notre personne. Les mesures extrêmes peuvent aller à rouler avec un gilet pare-balles dans un véhicule blindé, voire à porter un casque quand il y a risque d'explosion. De manière plus simple, la sécurité physique d'une personne doit s'organiser dans deux espaces essentiels : celui de son bureau et celui de sa maison, ainsi que les moyens pour s'y rendre ou en revenir (véhicules du projet ou de l'organisation). Pour ces deux espaces, un ensemble de mesures de sécurité physique doivent être engagées (renforcement des entrées et des sorties, obstacles d'accès, serrures, systèmes de communication, lumières, gardes, escorte, véhicules à blindage ou à sécurité renforcée, système d'alarme ou d'alerte, etc.) dans le but de protéger sa personne contre toute atteinte ou agression physique. Dans un contexte de projet DIAH, la limite à ne pas franchir est de penser arriver soi-même à régler sa propre sécurité en s'armant et en le faisant savoir. On franchit alors irrémédiablement une limite qui est celle de sa neutralité déclarée par rapport aux éventuels éléments hostiles, surtout quand votre présence physique peut être interprétée comme faisant partie d'un groupe ou d'un autre;

- **Sécurité «Psychologique»** – Toute action ou simplement le fait de traverser des moments difficiles dans un milieu «hostile» joue sur le mental, les nerfs et les émotions d'un grand nombre de membres du personnel engagés dans des actions de DIAH. À l'instar des militaires, ou d'autres catégories de professionnels exposés à des situations humainement difficiles à vivre, les travailleurs de projets de DIAH, particulièrement les travailleurs humanitaires, peuvent être sujets à des traumatismes psychologiques de différentes natures, le plus connu étant l'état de stress post-traumatique, plus connu sous l'acronyme de «ÉSPT». Il n'y a pas de recettes miracles pour se protéger contre ce genre de risque qui peut affecter le novice comme le travailleur aguerri, sans distinctions. Dans les organisations humanitaires les plus sérieuses, l'on considère qu'il est souvent tout aussi important de prévenir que de guérir. Souvent, des séances «prédépart» en compagnie d'un ou d'une psychologue permettent d'apprendre les signes précurseurs ou détecteurs d'alerte qu'il est bon de connaître. Aussi, au retour, ces mêmes organisations obligent les travailleurs à aller rencontrer ce même psychologue pour dresser un «bilan de santé mentale». Certaines organisations mettent aussi sur pied des réseaux «de pair à pair (*P2P*)» pour permettre à des personnes qui rentrent du terrain de rencontrer une personne «qui leur ressemble» et de confiance (de la même organisation, du même corps de métier, etc.) et d'inviter les deux à engager un dialogue pour que l'écoutant puisse éventuellement détecter chez celui qui revient du terrain certains signes de dérangement mental ou émotionnel qui pourraient justifier d'inviter la personne à aller consulter un professionnel. La sécurité psychologique des membres du personnel repose donc autant sur le «connais-toi toi-même» que sur le «connais quelqu'un qui puisse t'aider». Elle repose sur la croyance humble que personne n'est au-dessus de toutes les visions ou émotions qu'il peut être amené à traverser, et qu'il est important d'utiliser les ressources et conseils de ses pairs ou de son organisation pour préserver, ou redresser, sa santé mentale ou psychologique.

- **Sécurité des membres du «Personnel»** – Les membres du personnel d'une organisation peuvent être exposés à de multiples attaques externes. Dans certains pays, entre la perception de quelques groupes que travailler au sein d'une organisation humanitaire est synonyme de «pacte avec l'ennemi» et face à la menace de kidnapping, la sécurité des membres du personnel national est une tâche compliquée. Rien ne permet, en droit international, de donner une place particulière au personnel national – sauf en DIH lorsque les membres sont clairement identifiés comme faisant partie de la Croix-Rouge ou du Croissant-Rouge. Rien n'oblige non plus les organisations internationales ou les Nations Unies (NU) de pouvoir éloigner, voire dans le pire des cas évacuer, les membres du personnel national, ceci alors que le personnel international est le premier à être sorti de la zone en cas d'aggravation de la situation, soit comme personnel «non essentiel», soit comme «personnel essentiel» en phase ultime d'une opération d'évacuation. En cas de crise grave, la sécurité du personnel national reste donc aléatoire et il est exposé aux risques majeurs que le personnel international a souvent le privilège de fuir. Si la situation s'aggrave progressivement, il est néanmoins possible de pouvoir anticiper la venue d'événements graves et d'assurer le maintien de son personnel par divers moyens: paiement anticipé de salaires, éloignement provisoire, voire éloignement dans un autre pays, renforcement de leurs mesures de sécurité individuelles voire idéalement le maintien des opérations de l'organisation par le personnel national alors que le personnel international est provisoirement absent (on tombe alors dans une situation de *remote control* pour des opérations jugées dangereuses). Ces circonstances dépendent beaucoup des conditions locales de mise en œuvre et de leur faisabilité au niveau pratique. Elles sont mieux acceptées si elles sont préalablement discutées et négociées avec le personnel lui-même, les membres du personnel étant souvent ceux qui sont les plus en mesure de proposer des mesures de mitigation ou de protection qui leur permettront de passer en sécurité une période trouble.

- **Sécurité des «Propriétés»** – Quelle que soit leur importance, en cas de situation difficile ou extrême, la situation des actifs, biens matériels et autres produits informatiques, logistiques, etc., reste celle sur laquelle priment toutes les autres considérations relatives aux vies des personnes, du personnel et des populations affectées. Diverses mesures de mitigation peuvent être mises en place (renforcement de la sécurité, éloignement des biens, vente anticipée, assurances, location opposée à achat, etc.) pour ne pas trop exposer une organisation aux coûts engendrés par une situation de vols, pillages ou autres destructions. Il faut simplement s'assurer que la valeur des biens susceptibles de faire l'objet de menaces physiques soit minimisée autant que faire se peut. Les «Propriétés» doivent être placées tout en bas dans l'ordre des priorités à mettre en œuvre en matière de plan de contingence de sécurité ou d'évacuation de poste.
- **«Populations»** – À l'instar du personnel dont une organisation a la responsabilité, la sécurité des populations, soit le principe même de leur protection physique, reste l'élément le plus problématique à gérer quand s'accumulent les menaces, les agressions ou les intimidations. Comment leur faire comprendre qu'elles ne sont pas seules à être exposées, mais que l'organisation censée veiller sur elles peut elle-même être susceptible de quitter les lieux pour cause d'insécurité ? Un dialogue avec les principales catégories de personnes visées est envisageable et peut donner des pistes constructives en matière de mitigation des risques associés à la protection des personnes. Mais une organisation ne peut porter la responsabilité ultime de l'abandon si les situations de sécurité s'aggravent et finissent par menacer directement les vies de son personnel ou encore la sienne. Les organisations humanitaires ont coutume de dire que c'est quand elles sont parties qu'arrivent les équipes du Comité international de la Croix-Rouge (CICR) pour s'occuper de la gestion la plus aiguë d'un conflit international ou interne. Il peut donc parfois exister un «transfert de compétences» entre organisations, concernant la

protection des populations vulnérables, particulièrement avec l'appui d'une Croix-Rouge nationale.

Le Projet Sphère (La Charte humanitaire et les standards minimums de l'intervention humanitaire[9]) rappelle dans son introduction comment les droits les plus fondamentaux associés à l'intervention humanitaire doivent guider la pratique humanitaire du point de vue de la protection, et particulièrement, de la manière dont les organisations peuvent éviter d'exposer à de nouvelles souffrances la population touchée par une catastrophe et l'aider à accéder à une plus grande sécurité. Le troisième de ses quatre principes de protection de base, *protéger la population touchée par une catastrophe contre toute souffrance physique et psychologique résultant d'actes de violence ou de coercition*, concerne *la protection contre les actes de violence et les mesures coercitives visant à contraindre ou à persuader des personnes d'agir contre leur gré, par exemple de prendre les armes, d'être déplacées de force ou d'être empêchées de se déplacer, ou de subir des traitements ou des châtiments dégradants.*

Sur la base de l'expérience des professionnels et des agences appliquant des principes de protection dans un contexte humanitaire, Sphère nous invite à considérer trois catégories d'activités de protection, lesquelles sont perçues comme interdépendantes et pouvant être conduites simultanément[10]:

- ***Préventives*: *empêcher les menaces physiques ou les violations de droits*** ou limiter l'exposition ou la vulnérabilité à ces menaces et violations. Cette démarche comprend également les efforts visant à créer un environnement propice au respect des droits des femmes, des hommes, des filles et des garçons de tous âges, conformément au droit international;
- ***Réactives*: *mettre un terme aux violations observées*** en réagissant lorsque des actes de violence et autres violations de droits se produisent;
- ***Correctives*: *porter remède*** aux violations passées ou présentes par des mesures de réparation et de réadaptation, en apportant des soins de santé, un appui psychosocial, une assistance juridique et d'autres services et soutiens, et en

9. Le Projet Sphère, troisième édition, 2011, *Les principes de protection*, p. 29-54, http://www.sphereproject.org/sphere/fr/manuel/
10. *Ibidem*, p. 36.

aidant la population affectée à en bénéficier et à faire valoir ses droits.

Les menaces qui pèsent sur une population touchée par une catastrophe sont le résultat de décisions, actes ou politiques délibérés, et bon nombre des interventions envisageables dans le cadre de la protection consistent à faire changer ces comportements et ces politiques : *le travail de sensibilisation effectué par les agences humanitaires et d'autres, comme les organisations de défense des droits de la personne, est au cœur de l'effort visant à susciter ce changement.*

Les cinq actions proposées sont en mesure d'appuyer la préparation et le déploiement d'une politique de sécurité, préventive comme réactive, dans le cadre de la gestion d'un projet DIAH pour les raisons suivantes :

- **Compréhension** – Toute mise en place d'une politique de sécurité préventive, comme réactive, doit reposer sur une compréhension approfondie des acteurs en place, des risques éventuels (voir le contenu portant sur la « Gestion des risques ») encourus par l'organisation et son personnel, des mesures de mitigation possibles ainsi que des dispositions à engager pour prévenir tout risque excessif portant atteinte à l'intégrité des personnes comme de la gestion des opérations ;
- **Contingence** – Dresser un plan de contingence de l'ensemble des dispositions à engager en cas de menaces à la sécurité du personnel ou de l'organisation fait partie des responsabilités principales du chef de mission, tâche qui peut dans certaines organisations importantes être déléguée à un responsable de la sécurité. Les fonctions de ce dernier seront d'évaluer le niveau d'exposition du personnel, populations à charge et biens de l'organisation, d'anticiper et d'organiser les mesures préventives comme réactives à mettre en œuvre en cas de menace imminente, de communiquer les dispositions à prendre à l'ensemble des parties concernées et, sur une base régulière et récurrente, de mettre à jour les dispositions proposées pour les adapter au développement des circonstances locales ;

- **Communication** – L'axe principal de la gestion d'une politique préventive ou réactive de sécurité repose sur une communication organisée, efficace, constante et fiable entre toutes les parties du personnel et de l'organisation pour assurer l'efficacité de la réponse, la simultanéité des échanges et la coordination des interventions à mener en cas de réponse rapide. La croissance des moyens technologiques mis à disposition des équipes opérationnelles comme des sièges permet le plus souvent de nos jours d'organiser une réponse rapide, fluide, sans interférence et coordonnée;
- **Coordination** – La fonction de coordination est multiforme et dépend de l'architecture organisationnelle de l'institution responsable des opérations, des réseaux d'acteurs et de parties prenantes nationales, internationales ou locales (*clusters*, responsables nationaux, siège de l'organisation, agences des Nations Unies, ONG locales ou internationales, bailleurs de fonds, ambassades nationales, etc.) qui peuvent appuyer l'ensemble des étapes préparatoires comme de réponse dans le cadre de la gestion d'une crise de nature sécuritaire;
- **Capitalisation** – Toute expérience relative à la gestion de questions de sécurité dans une situation spécifique dégage un ensemble de leçons apprises sur la capacité de l'organisation à faire face à une menace de type similaire dans le futur, dans un contexte similaire, voire dans un autre pays et dans d'autres circonstances. La capitalisation de l'expérience permet d'organiser les réponses futures, d'améliorer les fonctions de communication et de contingence face à d'autres scénarios et de transmettre les leçons apprises au personnel à tous les niveaux de l'organisation.

4.2.9 Ateliers de démarrage

Un atelier de démarrage poursuit plusieurs objectifs[11], soit fournir aux participants un aperçu du projet, répondre à certaines préoccupations sur le plan interpersonnel et établir le modèle de coopération entre les différents intervenants. Il doit donc être

11. Adapté de: Clifford F. GRAY et Erik W. LARSON. *Management de projet*, Montréal, Chenelière Éducation, 2007.

préparé avec soin par le gestionnaire de projet, lequel gardera à l'esprit que c'est à cette occasion que plusieurs des intervenants font un premier contact réel avec le projet et se font une première impression de sa capacité à gérer le projet. Dans le cas de projets en développement international et action humanitaire, il est important que cet atelier soit convivial et vulgarisé afin que les personnes, qui ne sont pas nécessairement des spécialistes en gestion de projet, puissent se familiariser avec le projet et poser les questions qui faciliteront leur compréhension.

En plus d'aider la compréhension de la nature du projet, cet atelier permet d'aborder des aspects liés davantage au fonctionnement du projet notamment la prise de décision, le niveau de participation et les relations interpersonnelles. Il est fortement suggéré de réaliser un atelier dans le pays de l'organisation maître d'œuvre du projet. Cet atelier réunit généralement un responsable de l'organisation maître d'œuvre du projet, le gestionnaire de projet, les membres de l'équipe affectés à long terme au projet et les représentants des organisations partenaires nationales. Il importe également de réaliser un atelier dans le pays du Sud concerné. Cet atelier réunit généralement, dans un premier temps le gestionnaire de projet, un responsable de l'organisation maître d'œuvre du projet et les représentants des organisations partenaires du pays du Sud concerné. Dans un deuxième temps, un autre atelier réunira les membres de l'équipe de l'organisation maître d'œuvre et les membres de l'équipe qui sont ressortissant du pays du Sud concerné.

4.3 GESTION DE LA RÉALISATION DES ACTIVITÉS

4.3.1 Élaboration des termes de référence des activités

Les membres de l'équipe à qui sera confiée la réalisation des activités prévues dans la structure de fractionnement du projet (voir chapitre 3) doivent savoir précisément ce qui est attendu d'eux. C'est la raison pour laquelle le gestionnaire, éventuellement appuyé par des chargés de projets ou coordonnateurs de composantes si l'envergure du projet le justifie, doit spécifier avec précision chacune des activités. Le document qui résulte de cette activité se nomme, dans le jargon du développement international, « les termes de référence ». Ces termes de référence (TDR)

TDR

doivent fournir une description précise de chacune des activités et présenter, dans un document de quelques pages :

1. le contexte et la justification de l'activité ;
2. l'objectif poursuivi par l'activité ;
3. le résultat final concret de la réalisation de l'activité (le ou les livrables) ;
4. la méthodologie à utiliser ;
5. le plan de travail prévu et les échéances à respecter pour réaliser l'activité ;
6. le profil de compétence de la ou des personnes requises pour la réalisation de l'activité ;
7. les rôles et les responsabilités de chacun des intervenants qui faciliteront la réalisation de l'activité ;
8. le niveau d'effort de chacun des intervenants ;
9. l'appui requis par le projet (appui administratif, technique et logistique) ;
10. les obligations en matière de rapports à produire à la suite de l'activité.

Les TDR sont remis à la personne au sein de l'équipe qui réalise l'activité, ce qui lui permettra de bien se préparer. Lorsque la réalisation de l'activité doit être confiée à une organisation sous-traitante ou à un consultant à la suite d'un processus compétitif, les TDR seront annexés à l'appel à propositions. Une fois le marché accordé, ils seront annexés au contrat. Les prestations de la firme, de l'ONG ou du consultant pourront être évaluées sur la base des termes de référence.

Lorsqu'une seule personne intervient dans la réalisation d'une activité, les termes de référence de l'activité deviennent ceux de la personne concernée. Par contre, lorsque plusieurs personnes interviennent dans la réalisation de l'activité, il est souhaitable d'établir des termes de référence spécifiques pour chaque intervenant. Dans le cas des consultants avec lesquels il faudra signer un contrat, la chose est impérative.

4.3.2 Coordination des activités

Le gestionnaire de projet, éventuellement appuyé par des chargés de projet ou des coordonnateurs de composantes si l'envergure du projet le justifie, doit gérer la réalisation de l'ensemble des activités en tenant notamment compte des liens de préséance tels que décrits dans le chapitre 3. À l'approche du début de la réalisation d'une activité, il doit s'assurer que:

- toutes les activités préliminaires sont complétées de façon satisfaisante ou le seront vraisemblablement à la date prévue;
- les ressources humaines et les ressources matérielles requises sont effectivement disponibles;
- les termes de référence ont été remis et expliqués aux personnes concernées lors d'une séance d'information (*briefing*) en personne ou par des outils de communication à distance;
- les autorisations requises, s'il y a lieu, ont été obtenues;
- les contrats qui devaient être signés, s'il y a lieu, l'ont été;
- les aspects logistiques liés au transport et à l'hébergement des ressources humaines ont été réglés conformément aux règles auxquelles est soumis le projet;
- les avances requises pour permettre aux ressources humaines impliquées d'acquitter certaines dépenses remboursables ont été versées conformément aux règles auxquelles est soumis le projet.

4.3.3 Suivi de la réalisation des activités et de la performance du projet

Le gestionnaire du projet doit suivre de façon continue l'évolution du projet: le calendrier de réalisation, les dépenses encourues, l'utilisation des ressources, la mise en œuvre des activités, la production des résultats, la gestion des risques, etc. Cela s'obtient grâce au suivi qui permet la collecte, l'analyse et l'exploitation systématiques et continues des informations de gestion afin de favoriser une prise de décision efficace et une performance optimale du projet. Rappelons que le suivi s'appuie sur des modalités qui ont été élaborées lors de la définition (chapitre 2) et de la planification du projet (chapitre 3).

Le suivi relève de la responsabilité de la gestion interne, il peut toutefois être complété, dans le cas des projets d'envergure, par un suivi externe effectué par un consultant mandaté par le bailleur de fonds. Un suivi externe peut s'avérer utile en apportant un point de vue indépendant, un conseil technique complémentaire et une image globale à l'intention des décideurs.

Suivi de la réalisation des activités dans la dimension technique et contrôle de la qualité

Au terme de l'exécution de chacune des activités, il faut s'assurer :

- du suivi des indicateurs prévus au cadre de mesure du rendement ;
- qu'un rapport d'activités répondant aux exigences des termes de référence est présenté dans les délais prescrits dans les termes de référence ;
- que le ou les « livrables » de l'activité ont été produits en quantité et en qualité conformément aux spécifications prescrites dans les termes de référence. Si tel n'est pas le cas, une solution doit être identifiée le plus tôt possible sur la base de l'analyse de l'écart observé. La solution idéale étant celle qui assure le rétablissement de la qualité sans occasionner de retard et sans augmenter les coûts. Lorsque la chose s'avère impossible, il peut être nécessaire de soulever le problème avec les parties prenantes clés, notamment avec le bailleur de fonds du projet.

Suivi dans la dimension temps et contrôle de l'échéancier

Au début et au terme de l'exécution de chacune des activités, il faut :

- remplacer la date prévue par la date réelle dans le calendrier d'exécution du projet ;
- analyser la situation afin d'identifier la cause de l'écart appréhendé ou constaté s'il y a eu écart ;

- projeter dans le temps les incidences d'un éventuel retard appréhendé ou constaté ;
- rechercher une solution pour accélérer l'exécution du projet si nécessaire, la solution idéale étant une solution qui ne génère pas d'augmentation du budget. Lorsque la chose s'avère impossible, il peut être nécessaire de soulever le problème avec les parties prenantes clés, notamment avec le bailleur de fonds du projet.

Suivi par étape en fonction du contexte et du moment de la crise humanitaire

En contexte humanitaire, la définition des phases de suivi permet de mieux cerner les besoins de suivi et d'évaluation en fonction de leur nature particulière dans le temps. Le Projet Sphère[12] nous donne une bonne lecture de ces différentes étapes :

- *Évaluations initiales* – Ces dernières sont généralement entreprises dans les heures qui suivent une catastrophe, et peuvent être basées sur des informations indirectes ou des données préexistantes. Elles sont essentielles pour déterminer les besoins en secours urgents ;
- *Évaluations par étapes* – Les évaluations initiales rapides serviront de base aux évaluations ultérieures plus poussées, qui approfondiront (sans les répéter) les constatations initiales. À certains égards, Sphère recommande de faire preuve de prudence, car des évaluations répétées sur des sujets délicats (comme la violence liée au genre par exemple) peuvent accentuer la détresse des communautés et des personnes.

L'évaluation n'est pas juste un processus permettant de mesurer dans le temps l'atteinte des objectifs fixés par une intervention. Une dimension qualitative intervient en transversal du processus de mise en œuvre des opérations humanitaires, comme dans ces cas précis :

- *Évaluation de la vulnérabilité* – Cette évaluation reconnaît que « les risques auxquels sont exposées les personnes suite à une catastrophe varient en fonction des groupes et des

12. Projet Sphère. (2011). p. 69 à 72, Standard essentiel 3 : évaluation.

individus[13] ». Certaines personnes sont vulnérables en raison de facteurs individuels (comme l'âge, ce qui peut être le cas des très jeunes ou des très âgés) ou la maladie (comme les personnes vivant avec le VIH ou le sida). D'autres facteurs contextuels et sociaux peuvent aussi contribuer à la vulnérabilité, « comme la discrimination et la marginalisation (par exemple, déficit de statut et de pouvoir des femmes et des filles), l'isolement social, la dégradation de l'environnement, la variabilité climatique, la pauvreté, le fait de ne pas posséder de terre, la mauvaise gouvernance, l'appartenance à un groupe ethnique, à une classe ou à une caste, les convictions religieuses ou les attaches politiques[14] » ;

- *Évaluation des capacités* – L'anthropologue Mary Anderson[15] a démontré en quoi il était important de compter sur le fait que les communautés ont des capacités qui les aident à faire face à une catastrophe et à s'en relever. Nombre de leurs mécanismes d'adaptation sont durables et bénéfiques, mais d'autres peuvent être dommageables, avec des effets qui pourraient se révéler nuisibles à long terme (comme la vente de biens, de bétail, le retrait des enfants de l'école). Les évaluations doivent donc identifier les stratégies positives qui augmentent la résilience, mais aussi rechercher les raisons qui conduisent à adopter des stratégies négatives ;
- *Évaluation de la sécurité* – Évaluer la sécurité de la population affectée et de la population hôte à chaque étape du processus, de l'évaluation initiale aux évaluations ultérieures, afin d'identifier les menaces d'actes de violence et de toute forme de coercition, ainsi que de refus de moyens de subsistance ou de déni de droits fondamentaux de la personne. Considérant les rapports sociaux inégaux favorisant l'exacerbation de l'insécurité et des actes violents envers certains groupes, une analyse genrée du contexte est conseillée.

Critères de vulnérabilité

13. *Ibidem.*
14. *Ibidem.*
15. Mary Anderson, « Do No Harm/Local Capacities for Peace Projects », voir http://www.conflictsensitivity.org/other_publication/do-no-harm-local-capacities-for-peace-project/

Suivi dans la dimension coût et contrôle du budget

Au terme de l'exécution de chacune des activités, il faut :

- remplacer les estimations de coût par les coûts réels dans le budget du projet ;
- analyser la situation afin d'identifier la cause d'un éventuel écart ;
- projeter dans le temps les incidences d'un éventuel dépassement de coût constaté ;
- rechercher une solution pour respecter le budget du projet si nécessaire, la solution idéale étant une solution qui ne réduit pas la qualité tout en respectant l'échéance. Lorsque la chose s'avère impossible, il peut être nécessaire de soulever le problème avec les parties prenantes clés, notamment avec le bailleur de fonds du projet.

Suivi de la mise en œuvre des stratégies transversales et de la durabilité

En plus de suivre la réalisation des activités du projet, il est nécessaire d'effectuer un suivi des activités touchant les stratégies transversales telles que définies dans le chapitre 2, soit la réduction de la pauvreté, l'égalité entre les femmes et les hommes, ainsi que la protection de l'environnement. Un suivi des indicateurs du cadre de mesure du rendement relié à ses dimensions transversales doit donc être effectué.

Le suivi de la mise en œuvre de la stratégie de durabilité implique :

- le suivi qualité des activités de renforcement des capacités dans chacune des dimensions ;
- le suivi des indicateurs de renforcement des capacités prévus au cadre de mesure du rendement ;
- le suivi de la participation à la mise en œuvre et aux processus décisionnels du projet ;
- le suivi de l'appropriation des résultats du projet par les bénéficiaires ;
- le suivi de l'évolution de la capacité de faire face aux coûts récurrents s'il y a lieu.

Implication de la haute direction de l'organisation

Dans le processus de suivi, il est important d'impliquer les parties prenantes au projet, mais aussi la haute direction de l'organisation maître d'œuvre, car compte tenu des écarts constatés, il y a parfois des décisions stratégiques à prendre. La haute direction doit ainsi être informée de l'état du projet et des problèmes (risques) survenus durant la période précédente, confirmer ou modifier les extrants du projet dans les trois dimensions et adopter le plan d'exécution de la période à venir. Il arrive également que la haute direction doive arbitrer les conflits qui peuvent survenir entre le gestionnaire de projet et les gestionnaires fonctionnels tels que présentés dans le chapitre 2 et prendre les décisions qui s'imposent.

Outils de suivi et système d'information de gestion

Il existe plusieurs outils de gestion permettant de faire le suivi du projet et ceux-ci peuvent varier en fonction du bailleur de fonds qui pourra avoir ses outils et exigences en matière de suivi et auxquels il faut s'adapter. Il est possible de développer ses propres outils qui faciliteront le suivi de façon simple et efficace, à l'exemple du tableau suivant qui présente un tableau de suivi des décisions sur la base des indicateurs du cadre de mesure et de performance.

TABLEAU 42
OUTIL DE DOCUMENTATION DU SUIVI

EXTRANT DU PROJET :						
INDICATEURS	RÉSULTATS	CIBLES	ÉCART/ VARIATION	CAUSES/ORIGINES/ FACTEURS	ACTIONS CORRECTRICES ET MOBILISATRICES	
					Actions entreprises	Où en est-on rendu ?

Des outils plus élaborés peuvent également être mis en place. Si le projet a été planifié à l'aide du logiciel Microsoft Project, il est possible d'entrer dans le logiciel les informations permettant de faire le suivi du projet dans les trois dimensions. Ce suivi exige une bonne connaissance préalable du logiciel. Il est aussi possible de mettre en place un tableau de bord de gestion qui permet de présenter de façon intégrée et schématique l'ensemble des indicateurs du projet. Le tableau de bord de gestion peut également être présenté à l'aide de logiciel, notamment Excel. Il existe des ouvrages spécifiques à ce sujet qu'il est possible de consulter pour en savoir davantage à ce sujet[16]. Des ONG d'une certaine envergure ont également développé leurs propres outils de suivi informatisés adaptés à leurs besoins et à la réalité de leur projet. En France, le logiciel Sigmah (présenté au chapitre 3) permet de faciliter la gestion des projets humanitaires en améliorant certaines fonctionnalités clés, en particulier le suivi de l'état d'avancement des projets et des financements, ainsi que la définition et le suivi des indicateurs à différents niveaux (projet, pays, région, institution)[17].

Peu importe les outils utilisés et l'envergure du projet, il est important que chaque projet puisse bénéficier d'un système qui permet de colliger l'information de gestion pertinente pour le suivi et le contrôle. Le projet donnera en effet lieu à la production d'une quantité importante de données devant être consignées efficacement pour réussir la mise en œuvre du projet et son suivi. Le tableau suivant est une illustration de l'information de gestion utile à consigner dès le début du projet.

16. Voir : Pierre VOYER. *Tableaux de bord de gestion et indicateurs de performance*, 2e édition, PUQ, 1999, 446 pages.
17. http://www.urd.org/Developpement-d-un-systeme#outil_sommaire_0

TABLEAU 43
INFORMATIONS DE GESTION À CONSIGNER

DOMAINES DE SUIVI	EXEMPLES D'INFORMATION DE GESTION À CONSIGNER
Gestion des ressources humaines	Feuilles de temps relativement au niveau d'effort des ressources du projet à chacune des activités
	Les contrats du personnel affecté au projet
	Les rapports d'évaluation du personnel affectée au projet
	Procédures en matière de sécurité
Approvisionnement	Contrats avec les fournisseurs
	Rapports d'inventaire
Communication	Procès-verbaux de réunion
	Rapports de mission
	Rapports d'activités
Finances et logistique	Rapports de dépenses et pièces justificatives
	Cartes d'embarquement liées aux moyens de transport

Dans les projets en DIAH, il est important d'impliquer l'ensemble des parties prenantes au projet et surtout de faire un suivi de projet compréhensible et accessible afin que chacun puisse l'alimenter en information pertinente. Il est intéressant de convenir d'un vocabulaire et d'une terminologie adaptés au contexte du projet et de développer un système d'information simple, itératif et alimenté par les données qui proviennent du terrain. Par exemple, comme le suivi d'un projet vise à recueillir de l'information auprès de gens très souvent peu familiarisés avec la gestion de projet, il s'avère laborieux d'utiliser des termes comme « extrants » ou « indicateurs ». Il faut aussi noter que, dans des projets en DIAH, la langue usuelle des partenaires n'est pas nécessairement l'anglais ou le français. L'approche à privilégier doit plutôt être pragmatique et axée sur des échanges qui leur permettront d'expliquer les réalisations dans leurs mots.

4.3.4 Mise en œuvre de la stratégie de gestion des risques

Sur la base des informations consignées dans le chapitre 2, la mise en œuvre de la stratégie de gestion des risques implique :

– le déploiement des mesures préventives définies et, éventuellement, de mesures préventives additionnelles afin de prévenir de nouveaux risques compte tenu de l'évolution de la situation;

- l'exercice d'une veille afin de détecter les indicateurs de risques (événements déclencheurs);
- le déclenchement au besoin des mesures d'urgence (mesures de secours) prévues si elles apparaissent toujours pertinentes ou l'identification de nouvelles mesures plus adaptées;
- le suivi des résultats de la mise en œuvre des mesures d'urgence.

4.3.5 Mise en œuvre de la stratégie de gestion des parties prenantes

La stratégie de gestion des parties prenantes élaborée lors de la définition du projet doit accompagner la réalisation des activités. Elle implique généralement le déploiement d'une stratégie d'influence qui vise à:

- susciter et maintenir les appuis requis;
- obtenir les collaborations nécessaires;
- atténuer les effets négatifs des oppositions au projet.

De façon à s'assurer que ces objectifs soient atteints, il faut apprécier périodiquement le résultat de la mise en œuvre de la stratégie et l'adapter à l'évolution de la situation.

4.3.6 Gestion financière du projet

En conformité avec les règles de l'organisation et celles du bailleur de fonds du projet, il faut généralement:

- ouvrir un compte spécifique pour le projet dans le système comptable de l'organisation;
- ouvrir un compte bancaire spécifique pour le projet et établir les modalités d'émission des chèques;
- procéder aux demandes d'avance au bailleur de fonds conformément au contrat ou à l'accord de contribution;
- obtenir les autorisations de dépenses requises;
- procéder au paiement des ressources humaines intervenant dans le projet (salaires – éventuellement avec avantages sociaux – ou honoraires);

- paiement des avances pour les dépenses remboursables admissibles que les ressources humaines doivent engager;
- remboursement des dépenses remboursables admissibles que les ressources humaines doivent engager, en tenant compte des avances éventuellement versées;
- paiement des comptes à payer pour l'acquisition de biens ou de services;
- tenue des livres comptables;
- production des rapports financiers périodiques.

4.3.7 Gestion des changements

Malgré tous les soins que l'on peut mettre à la planification, les choses ne se passent pas toujours comme prévu et il faut alors composer avec l'évolution de la situation, et apporter des changements au plan de mise en œuvre. Il faut alors:

- identifier le changement à apporter et les sources possibles de résistance;
- dresser la liste des effets prévus du changement proposé sur les résultats, sur le calendrier et sur le budget;
- examiner, évaluer et approuver ou non le changement;
- faire part du changement aux parties prenantes concernées;
- attribuer la responsabilité d'effectuer les changements;
- modifier le cadre logique, le calendrier et le budget;
- suivre le déroulement de la mise en œuvre du changement.

4.3.8 Production des rapports narratifs et financiers

Tous les bailleurs de fonds exigent des rapports narratifs (rapports de progrès) qui doivent rendre compte du déroulement du projet, des extrants produits et des résultats (effets et impacts) atteints. La fréquence de production des rapports varie généralement en fonction de l'envergure du projet, mais dans tous les cas, un rapport annuel est exigé. Une revue de projet (voir plus loin la section portant sur les revues de projet) devrait précéder la production du rapport annuel (éventuellement celle de chacun des rapports). Ces rapports doivent être axés sur les résultats et ne pas se limiter aux activités réalisées. Lorsqu'un comité directeur (comité de pilotage) du projet existe, le rapport narratif annuel est généralement présenté au comité en même temps que le rapport financier annuel et que le plan de travail de l'année à venir. Si la structure de gestion inclut un comité consultatif, le rapport est généralement soumis à ce comité avant d'être acheminé au comité directeur. Voici la table des matières type d'un rapport narratif.

Figure 69

TABLE DES MATIÈRES D'UN RAPPORT NARRATIF

- Liste des acronymes et abréviations
- Remerciements
- Table des matières
- Sommaire exécutif
- Introduction
- Contexte dans lequel s'est déroulé le projet durant la période couverte par le rapport
- Déroulement du projet durant la période couverte
  - Activités réalisées et extrants produits
  - Écart entre le réalisé et le prévu au niveau du calendrier de réalisation
  - Analyse des écarts (conséquences sur l'échéancier)
  - Problèmes rencontrés, mesures prises pour les résoudre et conséquence pour la poursuite du projet
- Extrants produits depuis le début du projet
- Résultats à court terme, à moyen terme (effets) et à long terme (impact) obtenus durant la période couverte et depuis le début du projet
- Résultats obtenus de la mise en œuvre des stratégies transversales
- Résultats obtenus de la mise en œuvre de la stratégie de durabilité
- Gestion du projet: problèmes rencontrés, mesures prises, conséquences pour la poursuite du projet
- Leçons apprises
- Annexes
- Cadre logique à jour
- Procès-verbal de la réunion du comité consultatif, s'il y a lieu

Les bailleurs de fonds exigent aussi des rapports financiers. Une fréquence trimestrielle semble être la norme, au minimum un rapport annuel sera exigé. Les bailleurs fournissent généralement un gabarit de tableau qui doit impérativement être utilisé. Dans tous les cas, il s'agit de rapprocher les dépenses réelles des dépenses prévues et les écarts doivent être justifiés. Un écart supérieur à ceux autorisés (par exemple, 10% sur les dépenses de personnel ou 20% sur des dépenses d'activité) est parfois difficile à expliquer *a posteriori*. Il est donc très important, en cours de réalisation du projet, d'anticiper ou de signaler tôt dans le temps la raison de ces écarts et leur justification, et de les faire accepter par le bailleur de fonds.

Les prévisions de dépenses pour la prochaine période, basées sur le plan de travail annuel de la prochaine période, sont généralement présentées et servent de base à une demande d'avance de fonds. Lorsqu'un comité directeur du projet existe, le rapport financier annuel, après consultation éventuelle d'un comité consultatif, est généralement présenté au comité en même temps que le rapport narratif annuel et que le plan de travail de l'année à venir.

4.3.9 Production des plans de travail annuels (PTA)

Lorsqu'un projet se déroule sur plusieurs années, tous les bailleurs de fonds exigent un plan de travail annuel qui doit généralement être approuvé par le comité directeur du projet lorsqu'un tel comité existe. Le contenu type d'un PTA est le suivant :

Figure 70

CONTENU TYPE D'UN PTA

- Liste des acronymes et abréviations
- Remerciements
- Table des matières
- Sommaire exécutif
- Introduction
- Contexte dans lequel se déroule le projet
- Extrants produits et résultats atteints à ce jour par rapport à la planification
- Leçons apprises de la réalisation du projet à ce jour
- Extrants et résultats prévus durant l'année à venir
- Extrants et résultats prévus de la mise en œuvre des stratégies transversales durant l'année à venir
- Extrants et résultats prévus de la mise en œuvre de la stratégie de durabilité
- Description des activités et des tâches prévues durant l'année à venir
- Stratégie de gestion des risques pour l'année à venir
- Calendrier de réalisation du projet pour l'année à venir
- Calendrier de réalisation du projet mis à jour
- Calendrier de mobilisation des ressources pour l'année à venir
- Calendrier de mobilisation des ressources pour le reste du projet mis à jour
- Budget pour l'année à venir
- Budget du projet mis à jour
- Annexe : Cadre logique à jour

4.3.10 Revues de projet

La production des rapports narratifs devrait être précédée de deux opérations de revue de projet :

- une au niveau de l'équipe de projet ;
- une réunissant les parties prenantes clés (au sein du comité consultatif si un tel comité a été créé).

Dans les deux cas, il s'agit :

- d'analyser tous les aspects du déroulement du projet dans son contexte durant l'année écoulée ;
- d'analyser les résultats obtenus ;
- de tirer des leçons de l'expérience.

4.3.11 Suivi externe

Dans le cas de projet de grande envergure ou de haute complexité, les bailleurs de fonds de l'aide au développement recourent parfois aux services d'un agent de suivi externe au projet qui fait rapport au bailleur de fonds. L'agent de suivi passe en revue et commente les données de référence (données de base) associées aux indicateurs de rendement, la valeur des indicateurs de rendement et les rapports narratifs et financiers du projet. Il effectue aussi des missions sur le terrain et assiste, au besoin, aux réunions des comités. Il peut aussi prodiguer des conseils sur les aspects techniques de la mise en œuvre du projet. Les rapports de l'agent de suivi externe sont généralement partagés avec l'organisation responsable de la mise en œuvre du projet et avec son comité directeur.

Dans le cadre de projets humanitaires, un nombre croissant d'organisations ont recours à la mise en œuvre de « *Real Time Evaluation* » ou RTE, ou encore des évaluations interagences (OCHA), lesquelles analysent très peu de temps après la mise en place d'une opération humanitaire (de 3 à 6 mois) la façon dont les opérations ont été gérées, tant au siège qu'au niveau du terrain. Le côté très précoce de l'évaluation dans le cycle de développement de l'intervention humanitaire doit entre autres permettre de corriger ce qui ne se déroule pas normalement, de dégager les premières leçons apprises qui vont nourrir la réflexion sur la transition à venir entre l'humanitaire, la reconstruction et le développement, et de permettre à l'organisation d'opérer les changements organisationnels, administratifs ou opérationnels qui s'imposent.

4.4 GESTION DE L'ÉQUIPE ET RÔLE DU GESTIONNAIRE DE PROJET

4.4.1 Les dimensions humaines et comportementales

Lors de la mise en œuvre du projet, le gestionnaire appelé aussi « directeur du projet » a un rôle fondamental à jouer. Toutes les tentatives de cerner les compétences qui caractérisent les gestionnaires de projet qui réussissent accordent une importance primordiale au leadership. On trouve dans la documentation sur le comportement organisationnel de nombreuses définitions de la notion de leadership, elles gravitent toutes autour de l'exercice du pouvoir pour influencer ses collaborateurs en vue de l'atteinte des objectifs de l'organisation, du projet dans le contexte de la gestion de projet. C'est aussi le processus permettant de soutenir les efforts individuels et collectifs en vue de l'atteinte d'objectifs communs (Schermerhorn et collab., 2010).

On a d'abord cherché à comprendre le leadership en cernant les traits personnels des personnes considérées comme des leaders tels que la résistance au stress, le désir d'accomplissement, la confiance en soi, les attitudes cognitives, etc. Selon les théories des traits personnels, ce sont principalement des attributs personnels qui permettent de distinguer les leaders des non-leaders et de prédire les succès d'un leader. Les gestionnaires posséderaient un ensemble de traits personnels qui les distingueraient des autres individus. Les gestionnaires de projet pourraient s'inspirer de cette liste pour se donner un plan de développement personnel et professionnel. Au-delà des traits personnels que possèdent les leaders, il est possible de s'intéresser à ce qu'ils font. On a cherché à identifier ces comportements qui ont mené aux théories des comportements des leaders. Comme l'illustre la figure ci-dessous, cela a permis de définir deux styles de leadership[18].

18. Adaptée de : J. R. SCHERMERHORN et collab. *Comportement humain et organisation*, Saint-Laurent, ERPI, 2010.

Figure 71
STYLES DE LEADERSHIP

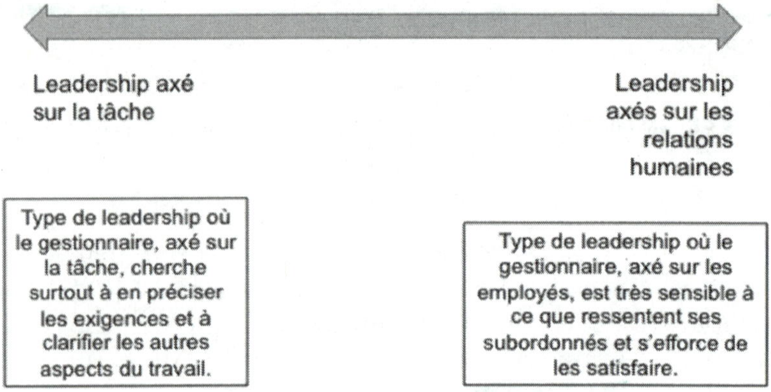

L'expérience tend à démontrer que les gestionnaires de projet axés sur les relations réussiraient mieux que ceux axés strictement sur la tâche. L'idéal pour un gestionnaire de projet est toutefois un équilibre entre ces deux pôles en prenant en considération la dimension interculturelle dans le cas des gestionnaires de projets internationaux.

Une recherche visant à répertorier les compétences des gestionnaires de projet en DIAH au sein d'ONG[19] (Brière et collab., 2015) a ainsi permis de dégager un groupe de compétences liées à la dimension humaine et comportementale, notamment les compétences liées au contexte local et culturel. Les résultats montrent effectivement que sur les 11 compétences répertoriées, 10 concernent les aspects humains. En plus de mettre l'accent sur les compétences humaines et comportementales, particulièrement les compétences personnelles, les résultats indiquent de toute évidence l'importance des compétences liées au contexte local et culturel. Il est à cet égard pertinent de constater toute la valeur qu'accordent les gestionnaires aux compétences à posséder au sujet de l'environnement dans lequel se déroulent les projets. En plus de l'importance accordée aux compétences

19. Cette recherche a interrogé 28 personnes qui avaient été ou étaient encore gestionnaire de projet, gestionnaire de programme ou directeur de projet, les autres occupaient ou avaient occupé des fonctions de gestion dans des ONG, dans des territoires couvrant presque tous les continents. Les domaines díintervention des ONG étaient variés (aide humanitaire, coopératives, santé, éducation, líaide à líenfance, droits de la personne, entrepreneuriat, etc.).

humaines et comportementales, les compétences de gestion ressortent aussi de cette recherche. Les résultats présentent un ensemble d'éléments liés aux habiletés de gestion, soit la gestion de projet, la gestion financière, l'organisation du travail, la gestion de l'information et la gestion des personnes. Le tableau suivant synthétise le détail de chacune des compétences mentionnées au sein de cette recherche.

TABLEAU 44
COMPÉTENCES DES GESTIONNAIRES DE PROJET

COMPÉTENCES	DÉTAILS
Adaptabilité	Aspects logistiques Différences culturelles Outils utilisés
Ensemble de connaissances	Générales Domaines d'expertise Gestion de projet Développement international Interculturelles
Habiletés de gestion	Projet Financière Organisation du travail Information Personnes
Communication	Rédaction Écoute Expression orale Résolution de conflits
Qualités personnelles	Capacité de travail Gestion du stress Humilité Patience Rigueur Intuition Engagement
Aptitudes relationnelles	Travail d'équipe Négociation Création d'un lien de confiance
Leadership	Mobilisation Vision stratégique Lecture de l'environnement
Éthique	Pratiques de gestion Demandes individuelles Comportements personnels
Réseau et savoir local	Experts locaux Parties prenantes Réseaux
Renforcement des capacités	Organisations locales Formation du personnel
Gestion du changement	Stratégies

La capacité d'adaptation à la réalité du terrain est la compétence qui a été le plus soulevée par les répondants de l'étude. Selon les personnes rencontrées, il faut s'adapter à plusieurs niveaux. L'adaptation peut se faire à un niveau logistique, par exemple lors de son arrivée sur le terrain, il faut s'adapter à la ville, se trouver une maison, se louer un véhicule, etc. Il faut également adapter ses connaissances parce que chaque projet est un nouveau défi. L'adaptation doit également se faire selon les différentes cultures. L'adaptation signifie aussi pour les gestionnaires rencontrés de développer des outils selon le niveau d'éducation des parties prenantes aux projets. Selon plusieurs des répondants, il faut donc éviter les solutions faites à l'avance et partir avec ce que l'on voit dans les milieux. Il faut également s'adapter en fonction des activités à réaliser sur le terrain.

Les résultats ont montré également l'importance de détenir, pour les gestionnaires de projet rencontrés, un ensemble de connaissances permettant la réalisation de tâches variées. Les données mettent ainsi de l'avant la qualité d'être un généraliste et que ces connaissances s'ajoutent à celles liées directement au champ d'expertise dans lequel se déroulent les projets. Des connaissances en gestion de projet sont aussi requises. Comme le milieu de la coopération internationale est en constante évolution, les gestionnaires doivent aussi avoir des connaissances actualisées dans le domaine du développement. Compte tenu de la dimension interculturelle, des connaissances linguistiques et de la culture locale sont également requises.

Les habiletés de gestion figurent également parmi les compétences mises de l'avant par les gestionnaires rencontrés. Les habiletés en gestion de projet telles que le respect des échéances et du budget ont été soulevées. Plusieurs témoignages indiquent, plus spécifiquement, la nécessité d'avoir des habiletés en gestion financière et l'aptitude à mettre en place des mécanismes de contrôle financier dans un contexte où les règles financières ne sont pas les mêmes pour tous les intervenants. Des habiletés sont particulièrement requises pour l'organisation du travail, surtout lorsque l'organisation gère plusieurs projets ainsi que pour la gestion de l'information. La reddition de compte aux bailleurs de fonds est une habileté soulevée dans ce contexte. Des habiletés en gestion des personnes et des ressources humaines ont aussi été soulevées par les répondants comme la gestion de conflits, la pour les gestionnaires de projet

santé, la sécurité, les aspects interculturels, le recrutement, la motivation et la gestion des équipes. La gestion des équipes a été mentionnée comme étant une habileté particulièrement appréciée dans les projets d'action humanitaire, car le taux de rotation des équipes, les niveaux de stress, la gestion du changement sont grandement élevés. Les habiletés liées à la motivation du personnel concernent la reconnaissance du travail, la possibilité de croissance personnelle, la présence d'une ambiance de travail saine et la réalisation du projet. La gestion du stress et de la fatigue cumulée est aussi un élément à prendre en compte, obligeant souvent les organisations à mettre sur pied des politiques de « R & R » (*Rest and Relaxation*) en humanitaire pour protéger le personnel contre un risque de fatigue extrême.

Les aptitudes en communication concernent en majeure partie les communications écrites et orales. Selon plusieurs gestionnaires, cette compétence s'applique également dans la rédaction des nombreux rapports requis en gestion de projet. La communication verbale a également été soulevée, particulièrement l'écoute des gens en provenance du contexte local surtout dans la perspective de renforcement des capacités et d'appropriation locale. Les résultats montrent également la capacité de communiquer clairement ses idées portant sur la nature du projet. Cette compétence en communication est, selon les répondants, particulièrement importante, compte tenu de la distance et des dimensions interculturelles. Une bonne connaissance de la langue facilite la communication dans ce contexte. Les compétences en communication sont particulièrement importantes en situation de conflit, notamment avec les personnes au sein du projet. Les conflits peuvent être engendrés dans la communication écrite, notamment par les courriels.

Certaines qualités personnelles liées au savoir-être ont également été mentionnées par les gestionnaires. Parmi les qualités mises de l'avant, mentionnons la capacité de travail liée aux conditions souvent difficiles du terrain, la capacité à gérer son stress, l'humilité, la patience, la rigueur, l'intuition et le sens de l'engagement. Les aptitudes relationnelles font également partie des compétences soulevées par les gestionnaires interviewés, notamment la capacité d'interaction, de travailler en équipe et la capacité de négociation. Il faut aussi être capable de créer un lien de confiance avec les partenaires. Le leadership est une compétence valorisée par plusieurs répondants, particulièrement dans le domaine du développement pour lequel il faut savoir innover et où il importe de mobiliser les gens vers l'implantation des changements nécessaires à la réalisation du projet. Il faut également avoir une vision stratégique, car dans un projet de développement, les retombées peuvent se vivre après trois ou quatre ans. Il est également nécessaire d'être capable de bien lire son environnement afin de comprendre rapidement les besoins et de faire des liens entre la nature des problèmes identifiés, les solutions proposées et les ressources à disposition, dans le court comme le long terme. Cette lecture de l'environnement doit également se faire sur la base d'un esprit critique. Elle est une fonction transversale fondamentale et permanente, et chaque membre de l'organisation devrait rester en « esprit de veille » pour rapporter à l'organisation les changements pressentis dans son environnement immédiat.

Les dimensions éthiques ont aussi été soulevées par les répondants, notamment dans la gestion des flux financiers, comme des relations avec les pairs, les équipes et les contreparties nationales. Des dimensions éthiques ont été soulevées également en regard du comportement du gestionnaire face à certaines demandes individuelles. La dimension éthique au plan personnel a été mentionnée par certains répondants pour qui leurs comportements doivent être irréprochables à l'égard de leurs employés et suivre un code d'éthique.

Toujours selon la recherche de Brière et collab. (2015), les résultats indiquent l'importance d'être capable d'utiliser le savoir local afin de s'assurer que le travail effectué est conforme aux réalités du terrain. Il importe dans ce contexte de pouvoir également valoriser ce savoir local dans la réalisation des projets. L'utilisation du savoir local passe inévitablement par la capacité du gestionnaire à impliquer les parties prenantes dans tout le cycle de vie du projet. Il importe également d'avoir un réseau de contacts locaux puisque les gestionnaires de projet doivent alors mobiliser des sources de financement et des partenariats.

Les données recueillies illustrent aussi l'importance pour les gestionnaires d'être compétents dans le renforcement des capacités des organisations et des membres du personnel. Ce renforcement des capacités se fait par l'habileté du gestionnaire à accompagner les organisations et les partenaires locaux dans les changements à mettre en œuvre. Ce renforcement s'exerce donc plus spécifiquement auprès du personnel notamment par l'entremise de différents programmes de formation. Pour plusieurs répondants, il est devenu important de développer des compétences comme formateurs. Enfin, la gestion du changement est une compétence qui a été soulignée par certains répondants pour lesquels il est important d'être capable de mettre en place des stratégies de changement dans la mise en œuvre des projets.

4.4.2 L'équipe de projet

Compte tenu de l'importance de la dimension humaine des projets de DIAH, la constitution et la gestion de l'équipe de projet par le gestionnaire, représente une étape importante dans le démarrage du projet. Pour qu'un groupe soit considéré comme une équipe, il doit y avoir un engagement collectif à mettre leurs compétences respectives pour atteindre un objectif commun et pour produire les résultats escomptés au sein du projet.

Tout comme les êtres humains passent par plusieurs phases durant leur vie, une équipe passe par différents stades de développement, c'est ce qu'illustre la figure suivante[20] :

Figure 72

PHASES DE DÉVELOPPEMENT D'UNE ÉQUIPE

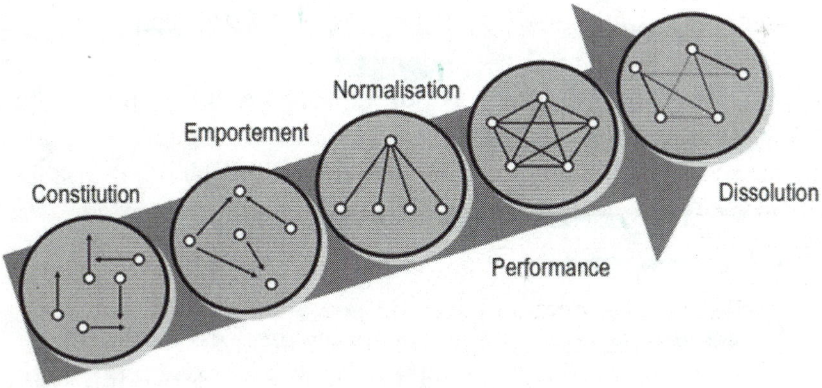

20. Adapté de : Stephen P. ROBBINS et Nancy LANGTON. *Organizational Behavior*, Third Canadian Edition, Toronto, Pearson Prentice Hall, 2003.

4.4.2.1 Le stade « constitution » du développement de l'équipe de projet

Ce premier stade de développement correspond à la constitution de l'équipe qui a été présentée plus tôt dans ce chapitre à la section portant sur le démarrage du projet. La préoccupation principale dans cette première phase est l'entrée des membres dans le groupe. Les membres de l'équipe font connaissance, ils cherchent à découvrir quel est le comportement acceptable en ce qui a trait au projet (rôle de chacun, tâche à accomplir, rendement attendu), et aux relations interpersonnelles. Cette phase s'achève lorsque les individus commencent à se considérer comme faisant partie d'une équipe.

Les principaux enjeux pour les individus durant cette phase sont[21] :

- de mieux se connaître ;
- de déterminer plus clairement les comportements acceptés ou attendus ;
- de préciser la raison d'être du groupe ;
- de préciser les règles de fonctionnement du groupe.

Le gestionnaire de projet doit donc accorder beaucoup d'importance à l'entrée des individus dans l'équipe afin qu'ils deviennent, le plus rapidement possible, « membres de l'équipe ». Il doit notamment[22] :

- s'assurer que les membres ont les compétences et les caractéristiques personnelles requises ;
- donner une identité à l'équipe, notamment en développant une vision commune ;
- clarifier la finalité, les orientations, les objectifs du projet ;
- définir et clarifier les rôles et les attentes ;
- fixer des règles claires concernant les comportements à adopter au sein de l'équipe ;
- donner l'exemple par ses propres comportements ;
- établir les objectifs, les plans d'action, les procédures.

---

21. Adapté de : SCHERMERHORN et collab. *Comportement humain et organisation*, 4e édition, Saint-Laurent, ERPI, 2012, p. 222.
22. Adapté de : Yves SOTIAUX. *Management d'équipe projet*, 2e édition, Le Mans, GERESCO Édition, 2009.

Les rôles au sein de l'équipe

Un niveau élevé d'incertitude caractérise la phase « constitution » du développement de l'équipe, chacun des membres se demande notamment quel sera son rôle au sein de l'équipe. Ils ont besoin de savoir ce qu'on attend d'eux et ce qu'ils peuvent attendre des autres. Un rôle est un ensemble d'attentes associées à un poste ou à une fonction au sein d'une équipe. Si un membre de l'équipe n'est pas certain du rôle qui lui revient, il y a ambiguïté de rôle et il ne pourra pas donner sa pleine mesure. En plus de s'assurer que chacun comprend bien quelles seront ses attributions au sein de l'équipe, le gestionnaire de projet doit s'assurer qu'il n'y a pas surcharge ou insuffisance de rôle[23] :

- Il y a surcharge lorsque les attentes à l'égard de la personne sont trop élevées et que cette personne se sent submergée par la charge de travail.
- Il y a insuffisance lorsque les attentes à l'égard d'une personne sont trop faibles et que cette personne se sent sous-utilisée.

Il est primordial d'établir des attentes réalistes et explicites quant à la contribution de chacun.

Il faut aussi éviter les conflits de rôle. Il y a conflit de rôle lorsqu'un membre de l'équipe ne parvient pas à répondre aux attentes liées à son rôle parce qu'elles sont contradictoires ou incompatibles. On détermine quatre formes de conflit de rôle[24] :

- Le conflit de rôle créé par le gestionnaire de projet lorsqu'il formule des attentes contradictoires à un membre de l'équipe.
- Le conflit de rôle créé par plusieurs « demandeurs », notamment dans le cas de la structure matricielle lorsqu'un membre de l'équipe n'arrive pas à concilier les attentes de son supérieur hiérarchique avec celles du gestionnaire de projet dans lequel il intervient.

Conflits de rôle

23. SCHERMERHORN et collab. *Comportement humain et organisation*, 4e édition, Saint-Laurent, ERPI, 2010, p. 255.
24. Adapté de : SCHERMERHORN et collab. *Comportement humain et organisation*, 4e édition, Saint-Laurent, ERPI, 2010, p. 255.

conflits de rôle

- Le conflit entre la personne et le rôle qu'elle doit tenir, par exemple lorsqu'un membre de l'équipe estime ne pas avoir les compétences requises pour réaliser les tâches qui lui sont assignées.
- Le conflit entre les divers rôles d'une même personne, par exemple lorsqu'un membre de l'équipe n'arrive pas à trouver un équilibre entre son rôle au sein de l'équipe et les autres rôles qu'il joue au sein de la société, notamment dans sa famille.

Les règles de base et les normes de l'équipe

Dès l'atelier de démarrage, les membres de l'équipe, en plus de comprendre quelles seront leurs responsabilités au sein de l'équipe, doivent savoir comment ils vont travailler ensemble, autrement dit quelles sont les règles de base qui régiront le fonctionnement de l'équipe. Il faut établir[25] :

- comment seront effectuées les activités ;
- comment se fera la coordination ;
- comment on procédera au suivi ;
- comment on gérera les changements ;
- quelles seront les relations avec les parties prenantes ;
- comment les membres de l'équipe interagiront entre eux.

On appelle « normes » les règles qui régissent les interactions entre les membres de l'équipe en déterminant les comportements acceptables et non acceptables (par exemple, les retards aux réunions) au sein de l'équipe. De telles normes[26] contribuent à clarifier les attentes inhérentes à l'appartenance à l'équipe, permettent aux membres de l'équipe de structurer leur comportement et de prévoir celui des autres, aident les membres à acquérir une orientation commune et renforcent la culture de l'équipe. Il y a des normes en matière :

25. Adapté de : Clifford F. GRAY et Erik W. LARSON. *Management de projet*, Montréal, Chenelière Éducation, 2007.
26. SCHERMERHORN et collab. *Comportement humain et organisation*, 4e édition, Saint-Laurent, ERPI, 2010, p. 255.

- d'*éthique*. Par exemple: « Au sein de cette équipe, chacun des membres évite de se placer en situation de conflit d'intérêts. » Ou encore: « Au sein de cette équipe, nous n'acceptons pas de cadeaux de la part de fournisseurs de biens ou de services. »
- de *fierté personnelle et organisationnelle*. Par exemple: « Au sein de cette équipe, aucun des membres ne dénigre un autre membre. » Ou encore: « Chacun des membres de l'équipe met de l'avant le bien-fondé du projet chaque fois que l'occasion se présente. »
- de *réalisation*. Par exemple: « Au sein de cette équipe, nous ne ménageons pas nos efforts pour produire des résultats au-delà des attentes. »
- de *soutien* et d'*assistance mutuelle*. Par exemple: « Au sein de cette équipe, les idées de chacun des membres sont considérées. » Ou encore: « Au sein de cette équipe, nous venons en aide aux membres en difficulté. »
- d'*amélioration* et de *changement*. Par exemple: « Au sein de cette équipe, les membres sont constamment à la recherche de nouvelle façon de faire pour accroître la performance. »
- d'*équité* et d'*égalité*. Par exemple: « Au sein de cette équipe, les membres sont respectueux des règles et des façons de faire envers les femmes et les hommes. »

Le gestionnaire de projet peut chercher à favoriser l'adoption de normes positives[27]:

- en sélectionnant judicieusement les membres de l'équipe;
- en agissant lui-même de manière à être un modèle;
- en encourageant les membres de l'équipe;
- en s'assurant que les membres de l'équipe ayant besoin de formation l'obtiennent effectivement;
- en manifestant sa satisfaction pour souligner les comportements souhaitables adoptés par les membres de l'équipe;
- en faisant le nécessaire lorsqu'un membre de l'équipe est incapable d'adopter les comportements recherchés, ce qui peut aller jusqu'à l'exclusion du membre en question.

---

27. Sur la base de: SCHERMERHORN et collab. *Comportement humain et organisation*, 4e édition, Saint-Laurent, ERPI, 2010, p. 256.

Une façon de rendre les normes moins abstraites est d'élaborer une charte de l'équipe de projet qui énonce clairement les normes et les valeurs de l'équipe. La charte d'une équipe est un document qui présente la raison d'être d'une équipe, la vision qui l'anime et les règles de comportement qu'elle fait siennes. Lorsque l'on se donne une telle charte, elle est signée par chacun des membres de l'équipe.

4.4.2.2 Le stade « emportement » du développement de l'équipe de projet

Cette deuxième phase est marquée par un niveau élevé d'émotivité et de tension entre les membres du groupe. Tout en acceptant leur appartenance à l'équipe, les membres résistent aux contraintes que le projet et l'équipe imposent à leur individualité. Des conflits peuvent donc survenir durant cette période. Les individus commencent à se comprendre les uns les autres et des efforts sont déployés pour trouver des façons de faire le travail tout en satisfaisant les besoins individuels. À mesure que les conflits se résolvent, les membres acceptent le leadership du gestionnaire de projet.

Les principaux défis pour les individus durant cette phase sont[28] d'éviter le développement d'inimitiés qui déclenchent des conflits internes et la formation de clans ou d'alliances. Il importe aussi de lever les obstacles qui gênent la réalisation des objectifs du groupe, de comprendre et d'accepter le style de chacun et enfin, de trouver les meilleurs moyens d'atteindre les objectifs tout en satisfaisant les besoins individuels.

Durant cette phase, le gestionnaire de projet doit gérer les attentes de membres de l'équipe et les motiver, notamment en :

- fournissant un environnement de travail adéquat (éliminer les facteurs d'insatisfaction);
- exerçant un leadership mobilisateur;
- étant clairs concernant ses objectifs comme gestionnaire de projet;
- informant chacun des membres de l'équipe des objectifs qui lui est affecté;

---

28. Adapté de: SCHERMERHORN et collab. *Comportement humain et organisation*, 4e édition, Saint-Laurent, ERPI, 2010, p. 222.

- s'assurant que les rôles et les responsabilités sont assignés aux bonnes personnes ;
- faisant en sorte que les tâches assignées aux membres de l'équipe les enrichissent du point de vue professionnel ;
- fournissant une formation appropriée, lorsque requise ;
- prévenant l'apparition du phénomène de paresse sociale (*social loafing*) ;
- évitant que des clans se forment au sein de l'équipe de projet (clivage) ;
- étant un exemple ;
- encadrant (*coaching*) et encourageant, sans toutefois être constamment au-dessus de l'épaule de chacun ;
- pratiquant l'écoute active ;
- faisant la connaissance des membres de l'équipe, s'intéresser à eux personnellement ;
- incitant à la performance ;
- étant ferme lorsque nécessaire ;
- permettant à chacun de *grandir* ;
- gérant les conflits ;
- accordant une importance aux symboles (identité, logo, rituels...).

Exercice du leadership du gestionnaire de projet

Malgré l'appellation « gestionnaire de projet », le responsable de la mise en œuvre du projet (on voit aussi l'expression « directeur de projet ») ne doit pas être uniquement un « gestionnaire » c'est-à-dire quelqu'un qui planifie, organise le travail, suit et contrôle la réalisation des activités. Parce que la prise en compte du facteur humain est essentielle à la réussite des projets[29], il doit être un leader, c'est-à-dire qu'il doit :

- fournir une vision, donner la direction ;
- inspirer le travail d'équipe ;
- motiver et soutenir.

29. Zachary WONG. *Human Factors in Project Management*, San Francisco, John Wiley & Sons, 2007.

Le style de leadership exercé par un gestionnaire de projet ne doit donc pas être centré uniquement sur la tâche, il doit aussi être axé sur la dimension socioaffective en étant sensible à ce que ressentent les membres de l'équipe de projet et en prenant en considération leurs attentes. Il est opportun d'exercer un leadership que l'on qualifie de transformationnel, c'est-à-dire un leadership qui survient lorsque le gestionnaire de projet amène les membres de l'équipe à élargir leurs horizons et à mieux comprendre et à s'approprier les objectifs du projet. Un leader transformationnel incite les membres de l'équipe à voir au-delà de leur propre intérêt pour envisager celui des autres.

De plus, au sein d'une équipe hautement performante, le partage du leadership est une exigence fondamentale, car la satisfaction des besoins de l'équipe en matière de tâches et de relations harmonieuses est une responsabilité collective[30].

La figure 73[31] présente les activités par lesquelles s'exerce le leadership. On distingue les activités de leadership liées aux tâches, celles qui contribuent à la réalisation proprement dite du projet, et les activités de leadership liées aux relations, celles qui permettent à l'équipe de maintenir sa cohésion et sa vitalité en tant qu'entité sociale en évolution[32].

Figure 73
ACTIVITÉS LIÉES AU STYLE DE LEADERSHIP

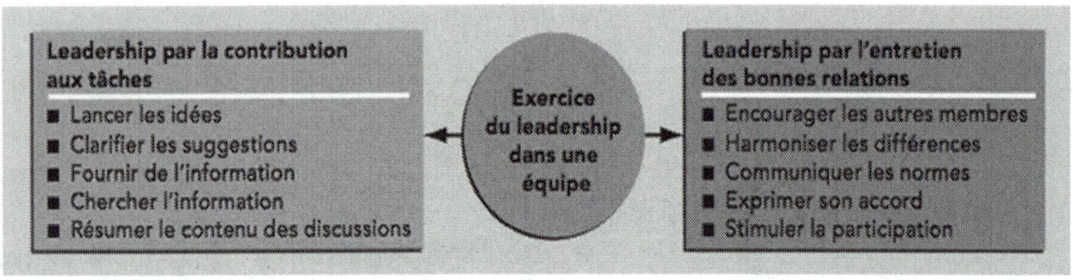

30. SCHERMERHORN et collab. *Comportement humain et organisation*, 4e édition, Saint-Laurent, ERPI, 2010, p. 253.
31. Source : SCHERMERHORN et collab. *Comportement humain et organisation*, 4e édition, Saint-Laurent, ERPI, 2010, p. 254.
32. SCHERMERHORN et collab. *Comportement humain et organisation*, 4e édition, Saint-Laurent, ERPI, 2010, p. 253-254.

Paresse sociale

La paresse sociale se manifeste par une diminution du rendement de certains membres de l'équipe de projet, ceux-ci étant portés à fournir moins d'efforts en situation de travail collectif qu'en situation de travail individuel. Deux raisons peuvent expliquer ce phénomène[33]: soit que la contribution personnelle est moins évidente dans le contexte d'un travail en équipe ou que certains individus préfèrent laisser aux autres la charge du travail. Certaines mesures peuvent être prises par le gestionnaire de projet pour prévenir ou atténuer ce phénomène[34]:

- déterminer clairement les rôles et les tâches de chaque membre de l'équipe;
- renforcer la responsabilité individuelle en rendant apparente la contribution de chacun au travail collectif;
- lier les récompenses de chacun à sa contribution au rendement du groupe.

Une récompense peut être symbolique, par exemple le fait de reconnaître une contribution exceptionnelle lors d'une réunion de l'équipe. Plutôt que d'engendrer la diminution du rendement, il arrive que le travail en équipe produise l'effet souhaitable inverse, la facilitation sociale. Le travail en équipe peut effectivement avoir un effet dynamisant et stimulant qui agit comme un catalyseur sur le rendement d'un membre de l'équipe, à condition que cette personne ait les compétences requises pour la tâche[35].

Évitement des clivages

Lorsqu'une équipe est hétérogène, on peut compter sur une diversité qui peut s'avérer bénéfique pour le projet. Toutefois, le clivage, c'est-à-dire la formation de clans, une situation dans laquelle les membres s'identifient davantage au sous-groupe qu'à l'équipe, peut s'avérer contre-productif et générateur de conflits. Les clivages peuvent découler également des rapports inégalitaires

---

33. SCHERMERHORN et collab. *Comportement humain et organisation*, 4e édition, Saint-Laurent, ERPI, 2010, p. 218.
34. SCHERMERHORN et collab. *Comportement humain et organisation*, 4e édition, Saint-Laurent, ERPI, 2010, p. 219.
35. SCHERMERHORN et collab. *Comportement humain et organisation*, 4e édition, Saint-Laurent, ERPI, 2010, p. 219.

existants basés sur le genre, l'appartenance ethnique, l'âge, la classe sociale, etc. Le gestionnaire doit éviter le développement d'une telle situation, notamment en utilisant les réunions d'équipe, en multipliant les interactions entre les membres de l'équipe et en instaurant des rituels impliquant tous les membres, bref en renforçant la cohésion au sein de l'équipe.

Gestion des conflits

Les conflits survenant au sein d'une équipe de projet, en plus d'affecter le bien-être psychologique de membres de l'équipe, peuvent nuire considérablement à l'atteinte des objectifs du projet. Lorsqu'il est impossible de les prévenir, il s'avère nécessaire de les « gérer ».

Deux approches de gestion sont possibles. 1) Le recours à des stratégies indirectes qui ne s'attaquent pas de front aux problèmes et qui ne nécessitent pas le recours aux membres de l'équipe dans leur résolution, et 2) le recours à des stratégies directes qui veulent s'attaquer aux causes sous-jacentes du conflit.

Les principales stratégies de gestion indirecte des conflits sont[36] :

- la diminution de l'interdépendance : le gestionnaire de projet peut par exemple s'organiser pour minimiser les contacts entre deux membres de l'équipe ayant des personnalités incompatibles ou qui sont en situation de conflits ;
- l'appel aux objectifs communs pour faire valoir la nécessité de l'interdépendance au-delà des intérêts individuels ;
- le recours à la hiérarchie : soumettre le problème aux autorités ;
- le recours à des scénarios, par exemple en utilisant les réunions d'équipe de projet pour apaiser les tensions et susciter des accords qui permettent le bon déroulement du projet.

36. SCHERMERHORN et collab. *Comportement humain et organisation*, 4e édition, Saint-Laurent, ERPI, 2010, p. 424-425.

Les stratégies directes de gestion de conflit font appel à un niveau plus ou moins élevé d'affirmation de soi de la part de chacune des parties et de coopération entre les parties au conflit. La figure 74[37] présente les quatre stratégies de gestion directe de conflits en fonction des niveaux d'affirmation de soi et de coopération.

Figure 74

STRATÉGIE DE GESTION DES CONFLITS

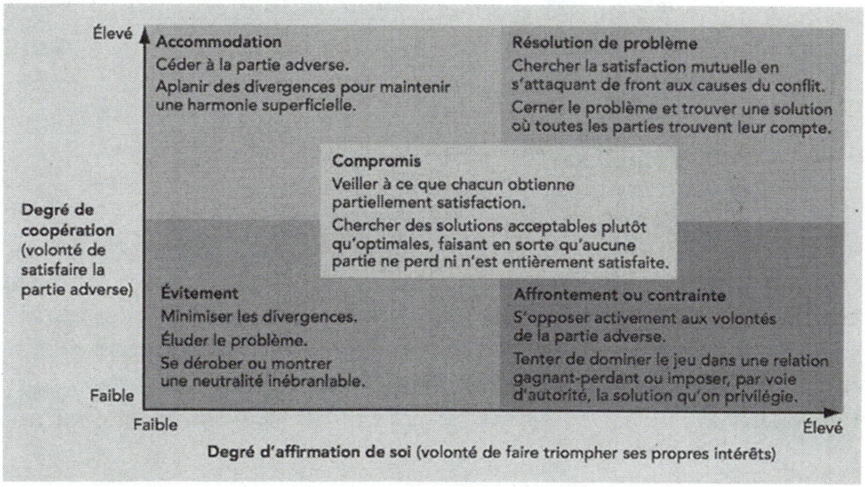

Dans la mesure où le temps et les ressources le permettent, et si chacune des parties souhaite parvenir à une véritable résolution du conflit, la stratégie « résolution de problème » devrait être utilisée pour obtenir une réelle résolution du conflit. C'est la seule stratégie susceptible de créer une situation **gagnant-gagnant** au terme du processus.

Les stratégies « évitement », « accommodation » et « compromis » génèrent des situations **perdant-perdant** : personne n'obtient satisfaction et les causes sous-jacentes demeurent en place, le conflit est susceptible de resurgir. On peut recourir à la stratégie « évitement » lorsque l'enjeu n'est pas très important pour calmer les esprits et gagner du temps en espérant que la situation évoluera pour le mieux. La stratégie « accommodation » est envisageable

37. SCHERMERHORN et collab. *Comportement humain et organisation*, 4e édition, Saint-Laurent, ERPI, 2010, p. 426.

lorsque l'enjeu est plus important pour l'autre partie, ou pour considérations futures. La stratégie « compromis » peut être utilisée pour en arriver à un arrangement temporaire lorsque les enjeux sont complexes, ou pour en arriver à une solution lorsque le temps presse.

Le recours à la stratégie « affrontement ou contrainte » peut s'imposer pour en arriver à un arrangement temporaire lorsque les enjeux sont complexes, ou pour en arriver à une solution lorsque le temps presse, ou encore lorsqu'une mesure impopulaire s'impose. L'issue du recours à cette stratégie est une situation **gagnant-perdant**, ici aussi les causes sous-jacentes du conflit demeurent en place.

4.4.2.3 Le stade « normalisation » du développement de l'équipe de projet

Durant cette phase, les relations se développent et l'équipe affiche de la cohésion. Les sentiments de camaraderie et de responsabilité partagée envers le projet se renforcent. Elle est complétée lorsque l'équipe a assimilé un ensemble commun d'attentes relatives à ce qui constitue un comportement acceptable. Le groupe commence à se comporter comme une entité coordonnée. Les principaux enjeux pour les individus durant cette phase sont[38] :

- le maintien du climat d'harmonie qui s'est installé au sein de l'équipe ;
- le maintien de l'accent sur les activités à réaliser et sur les résultats à produire ;
- le maintien d'un certain réalisme, l'équipe est encore en développement.

Durant cette phase, le gestionnaire de projet doit exercer un suivi de la performance de l'équipe afin de détecter d'éventuels dysfonctionnements et revitaliser l'équipe au besoin. Il doit aussi, chaque fois que la chose est pertinente et possible, favoriser la prise de décision en équipe en évitant la pensée de groupe, soit l'absence constante d'une variété de points de vue, d'opinions, d'idées.

38. Adapté de : SCHERMERHORN et collab. *Comportement humain et organisation*, 4e édition, Saint-Laurent, ERPI, 2010, p. 222.

Évaluation de l'équipe

Le gestionnaire de projet doit avoir une préoccupation continue pour l'évaluation de la performance et du fonctionnement de l'équipe. Évaluer une équipe c'est évaluer[39] :

- ce qui a été produit, les résultats atteints ;
- le processus de mise en œuvre et les ressources utilisées ;
- le développement personnel et professionnel des membres de l'équipe ;
- l'apprentissage collectif, le développement de la capacité de travailler ensemble.

Cette évaluation continue de l'équipe peut faire apparaître des dysfonctionnements, par exemple[40] :

- des objectifs qui ne sont pas atteints ;
- des problèmes de communication ;
- installation de la pensée de groupe ;
- les critiques personnelles de certains membres de l'équipe par d'autres ;
- des réunions peu satisfaisantes ;
- la mauvaise compréhension des objectifs ;
- le faible niveau d'engagement des membres de l'équipe ;
- des conflits qui perdurent au sein de l'équipe.

Revitalisation de l'équipe

Il peut s'avérer nécessaire de procéder à une revitalisation de l'équipe. Plusieurs stratégies sont utilisables pour dynamiser une équipe qui s'essouffle : 1) l'introduction de nouveaux rituels pour resserrer les liens entre les membres de l'équipe ; 2) l'intervention d'un responsable de haut niveau pour bien marquer l'importance du projet pour l'atteinte d'objectifs stratégiques et insister sur la nécessaire contribution de chacun des membres de l'équipe à la réussite du projet ; 3) l'organisation d'une activité de consolidation d'équipe (*Team Building*). Une opération de consolidation d'équipe

---

39. Adapté de : Thierry PICQ. *Manager une équipe projet*, Paris, Dunod, 1999.
40. Sur la base de : Gary DESSLER. *La gestion des organisations*, Saint-Laurent, ERPI, 2009.

est une série d'actions planifiées visant à recueillir et à analyser des données sur le fonctionnement d'une équipe, puis à amorcer des changements pour faciliter la collaboration entre les membres et améliorer l'efficacité opérationnelle de l'équipe[41].

Prise de décision en équipe

L'exercice d'un leadership partagé, dont il a été question plus tôt dans ce chapitre, implique que, chaque fois que la chose est possible, il convient de prendre les décisions en équipe. Ce processus de prise de décision présente plusieurs avantages :

- la quantité et la variété des informations disponibles aux fins de décision sont accrues ;
- les membres de l'équipe ont une meilleure compréhension des enjeux ;
- un plus grand nombre d'options diverses peut émerger des discussions ;
- la participation à la prise de décision entraîne généralement un niveau d'engagement supérieur dans sa mise en œuvre.

Pour faciliter la prise de décisions en équipe, le gestionnaire de projet peut suivre les conseils suivants en vue de parvenir à un consensus[42] :

- veiller à ce que tous les membres de l'équipe participent de façon équitable ;
- ne pas argumenter aveuglément, tenir compte des réactions des membres de l'équipe aux points de vue exprimés ;
- faciliter la libre expression d'idées et ne pas chercher à imposer les siennes ;
- laisser les désaccords se manifester, ne pas chercher à les masquer ou les éviter en soumettant la décision au vote, en la marchandant ;

---

41. Adapté de : SCHERMERHORN et collab. *Comportement humain et organisation*, 4e édition, Saint-Laurent, ERPI, 2010, p. 249.
42. Adapté de : SCHERMERHORN et collab. *Comportement humain et organisation*, 4e édition, Saint-Laurent, ERPI, 2010, p. 234. Et de : Gary DESSLER. *La gestion des organisations*, Saint-Laurent, ERPI, 2009.

- faire en sorte que les nouvelles informations, les idées neuves et les opinions dissidentes fassent l'objet de discussions;
- ne pas changer d'idée uniquement pour parvenir plus vite à un accord;
- faire la distinction entre une idée et son évaluation;
- discuter de toutes les hypothèses, mais voir à ce que les efforts visent à chercher une solution qui peut être mise en œuvre plutôt que de discuter de ce qui ne peut être changé;
- ne pas envisager la décision comme une compétition qui fait forcément des gagnants et des perdants, chercher des solutions qui conviennent à tous.

Un danger guette toutefois l'équipe lors de prises de décisions collectives, la pensée de groupe. Il s'agit d'une tendance, chez les membres d'une équipe où la cohésion est forte, à perdre tout sens critique. Les membres deviennent peu disposés à critiquer les idées et les suggestions des autres, pour préserver la cohésion de l'équipe. Ce phénomène constitue une menace sérieuse à la qualité de la prise de décision collective[43]. Le tableau suivant[44] présente certaines mesures qui peuvent être prises pour éviter l'apparition de la pensée de groupe.

TABLEAU 45
MESURES PRÉVENTIVES POUR LA PENSÉE DE GROUPE

MESURE	EXPLICATION
Légitimer les divergences d'opinions	Le gestionnaire de projet assigne le rôle d'évaluateur critique à chacun des membres de l'équipe.
Mettre l'accent sur l'impartialité	Le gestionnaire de projet adopte un point de vue impartial sur les grandes questions plutôt que d'exprimer ses préférences au départ.
Diviser l'équipe en sous-groupes	L'équipe est divisée en sous-groupes qui se rencontrent séparément pour ensuite être amenés à surmonter leurs divergences d'opinions.

43. Adapté de: SCHERMERHORN et collab. *Comportement humain et organisation*, 4e édition, Saint-Laurent, ERPI, 2010, p. 222.
44. Adapté de: SCHERMERHORN et collab. *Comportement humain et organisation*, 4e édition, Saint-Laurent, ERPI, 2010, p. 222.

MESURE	EXPLICATION
Consulter les parties prenantes	Chacun des membres de l'équipe consulte les parties prenantes avec lesquelles il est en relation.
Consulter des spécialistes externes	Des spécialistes extérieurs à l'équipe sont invités aux réunions afin de donner leur opinion et éventuellement contester les vues des membres de l'équipe.
Attribuer le rôle d'« avocat du diable »	Le rôle d'avocat du diable est confié tour à tour aux membres de l'équipe.
Interpréter les signaux d'avertissement	Des réunions peuvent être organisées pour analyser les signaux en provenance de l'environnement du projet.
Se donner une dernière chance	Après en être arrivé à un consensus, se donner un peu de temps de réflexion et tenir une réunion de la dernière chance afin de permettre aux membres de l'équipe d'exprimer les doutes qu'ils pourraient avoir à la suite de la réflexion.

4.4.2.4 Le stade « performance » du développement de l'équipe de projet

À ce stade, la structure de l'équipe est parfaitement au point et acceptée par tous, l'équipe est pleinement fonctionnelle. L'énergie des membres du groupe n'est plus mobilisée pour la constitution du groupe, mais pour effectuer le travail.

Durant cette phase[45] :

- l'équipe peut maintenant s'acquitter de tâches complexes et gérer les désaccords avec créativité ;
- les membres de l'équipe, généralement satisfaits, sont stimulés par les objectifs qu'ils poursuivent de concert ;
- l'équipe doit s'améliorer continuellement, tant sur le plan des relations que sur celui des résultats ;
- l'équipe doit continuer à saisir les occasions, à relever les défis et à s'adapter aux changements.

Durant cette phase, le gestionnaire de projet doit continuer à motiver l'équipe, à s'assurer du maintien de la cohésion et à faire le suivi de la performance de l'équipe.

45. Adapté de : SCHERMERHORN et collab. *Comportement humain et organisation*, 4e édition, Saint-Laurent, ERPI, 2010, p. 222.

4.4.2.5 Le stade « dissolution » du développement de l'équipe de projet

Durant cette phase de la vie d'une équipe de projet, une équipe forcément temporaire, les membres se préoccupent du démembrement du groupe. Certains se réjouissent du succès du projet alors que d'autres se sentent déprimés à l'idée de quitter leurs coéquipiers.

Le gestionnaire de projet doit anticiper cette phase et :

- effectuer un bilan (*debriefing*) avec chacun des membres de l'équipe ;
- procéder à l'évaluation de la performance de chacun des membres de l'équipe ;
- souligner les contributions exceptionnelles ;
- aider les membres de l'équipe à faire le deuil du projet ;
- faciliter la transition, la sortie de l'équipe au terme du projet.

Séances de bilan (debriefing) de fin de projet

Les séances de bilan (*debriefing*) avec chacun des membres de l'équipe devraient leur permettre de répondre aux questions suivantes[46] :

- Dans quoi avons-nous été performants ? Pour quelle raison ?
- Comment l'équipe a-t-elle été perçue et comment croit-il avoir été perçu ?
- Quelles sont les leçons de l'expérience ? Que doit-on retenir pour d'éventuels projets ?
- Comment le projet l'a-t-il enrichi du point de vue professionnel (nouvelles connaissances, nouvelles compétences) ?
- Comment envisage-t-il le déroulement de sa carrière à la suite du projet qui se termine ?

---

46. Adapté de : SCHERMERHORN et collab. *Comportement humain et organisation*, 4e édition, Saint-Laurent, ERPI, 2010, p. 222.

Gestion des carrières au terme du projet

Dans le cas des membres de l'équipe qui sont des employés permanents de l'organisation maître d'œuvre, le gestionnaire de projet devrait faciliter la réintégration de ces personnes dans la structure permanente de l'organisation ou au sein d'une autre équipe de projet. Dans le cas où des membres de l'équipe qui ont un contrat à durée déterminée qui se termine avec la fin du projet, le gestionnaire de projet devrait aussi faciliter la transition, par exemple en proposant leur candidature pour des postes dans d'autres projets.

4.4.3 Les équipes virtuelles

Les nouvelles technologies de l'information rendent possible la mise en œuvre de projets, notamment de DIAH, en tout ou en partie par des équipes virtuelles. Une équipe virtuelle est une équipe dont les membres travaillent à distance les uns des autres, en utilisant les nouvelles technologies de l'information et des communications[47]. Pour les besoins de cet ouvrage, rappelons certains éléments à prendre en compte lors de la mise en œuvre des projets, soit de prévoir des réunions à des moments fixes, d'informer l'équipe de l'avancement des travaux, d'établir un système pour garder en mémoire l'emploi du temps des membres de l'équipe, d'établir un code de conduite et des normes claires de fonctionnement, d'être sensible à la culture même si la distance la rend plus difficile à décoder, de former les membres de l'équipe aux moyens de communication utilisés, de prévoir dans le plan de projet le temps et le budget pour les équipes virtuelles et enfin, d'organiser quelque rencontres en personne.

4.5 CLÔTURE DU PROJET

La fin d'un projet peut survenir de différentes façons:

- **Clôture prématurée:** Il est possible qu'une décision d'arrêt du projet soit prise avant la date prévue de fin du projet, plusieurs situations peuvent mener à une telle décision, par exemple:

47. SCHERMERHORN et collab. *Comportement humain et organisation*, 4e édition, Saint-Laurent, ERPI, 2010.

> une catastrophe (comme le séisme de janvier 2010 en Haïti) qui met à l'arrêt les projets de développement pour donner la priorité des interventions à l'humanitaire ;
> un changement important d'orientation politique du pays concerné ou de priorité du bailleur de fonds ;
> une rupture du canal de financement à la suite des audits financiers ;
> une évaluation en cours d'exécution démontrant que le projet a perdu sa pertinence en raison de changements survenus ou encore que des problèmes majeurs remettant en question sa raison d'être ou sa faisabilité.

- **Clôture perpétuelle :** Certains projets semblent ne jamais se terminer, on va de prolongation en prolongation, parfois en faisant des ajouts au niveau des extrants du projet. Dans plusieurs de ces cas, cette situation révèle des erreurs de conception ou de planification. Il n'est pas impossible aussi que cette situation soit liée au fait que certains membres de l'équipe de projet ou certaines parties prenantes externes au projet n'ont pas intérêt à ce que le projet se termine.
- **Clôture normale :** Les extrants du projet sont produits, ce qui ne veut pas nécessairement dire qu'ils ont le niveau de qualité attendu ou que l'échéance et le budget ont été respectés. L'évaluation de fin de projet (voir le chapitre suivant) permettra de vérifier si le projet a été une réussite dans ses trois dimensions (technique, temps et coût).

Dans le cas de la clôture normale d'un projet, plusieurs tâches sont à accomplir :

– vérification de l'exécution de toutes les activités du projet ;
– transfert de responsabilité de l'organisation à son partenaire, s'il y a lieu ;
– transfert final de responsabilités à la communauté, s'il y a lieu ;
– rétrocession des équipements de l'organisation à son partenaire, s'il y a lieu ;
– vérification du transfert réel des compétences requises ;

- vérification de la mise en place des systèmes d'entretien, s'il y a lieu;
- vérification de la couverture des dépenses récurrentes, s'il y a lieu;
- obtention d'une attestation du fait que tous les engagements contractuels ont été remplis;
- obtention du paiement des sommes encore dues;
- fermeture des livres comptables du projet;
- tenue d'une réunion de fin de projet;
- tenue d'une revue finale de projet;
- libération des membres de l'équipe de projet et gestion de leur réaffectation, s'il y a lieu;
- rédaction du rapport de fin de projet;
- partage sous différentes formes de l'expérience à un auditoire plus large que celui du projet afin de partager les leçons apprises;
- célébration de la fin du projet!

Il arrive qu'on effectue une évaluation de fin de projet ou un audit financier (vérification comptable) du projet, des opérations présentées dans le chapitre suivant.

4.5.1 Réunion de fin de projet

Une fois que le gestionnaire de projet s'est assuré que tout ce qu'il y avait à faire a effectivement été fait, il devrait organiser une dernière réunion de l'équipe de projet. Les points suivants devraient être à l'ordre du jour de cette réunion: bilan de la réalisation du projet dans chacune de ses trois dimensions (technique, temps et coût); problèmes non résolus et actions à prendre; bilan de la gestion du projet; bilan du fonctionnement de l'équipe; remerciements; identification des leçons apprises; suite du projet et préparation de la revue finale de projet.

4.5.2 Revue finale de projet

Au-delà de la réunion de fin de projet qui ne concerne que les membres de l'équipe de projet, il convient d'organiser une revue finale de projet à laquelle devraient participer les acteurs suivants :

- représentant de la haute direction de l'organisation maître d'œuvre du projet ;
- représentants du ou des bailleurs de fonds, s'il y a lieu ;
- représentants des organisations partenaires ;
- représentants des parties prenantes clés ;
- gestionnaire de projet ;
- membres de l'équipe de projet.

Les points à couvrir lors de cette opération de revue finale de projet devraient être notamment les extrants produits ; les problèmes non résolus et actions à prendre ; la concrétisation des résultats de développement escomptés (effets et impact) ; les termes de référence de l'évaluation de fin de projet ; les remerciements ; les leçons apprises ; les suites du projet et la clôture formelle.

4.5.3 Rapport de fin de projet

Un rapport de fin de projet devrait être produit. La table des matières générique d'un tel rapport est la suivante est illustrée dans la figure suivante :

Figure 75

TABLE DES MATIÈRES D'UN RAPPORT DE FIN DE PROJET

- Liste des acronymes et abréviations
- Remerciements
- Table des matières
- Sommaire exécutif
- Introduction
- Contexte dans lequel s'est déroulé le projet
- Déroulement du projet
- Activités réalisées et extrants produits
  - Écarts entre le réalisé et le prévu au niveau du calendrier de réalisation
  - Analyse des écarts
  - Problèmes rencontrés, mesures prises pour les résoudre
- Extrants produits
- Résultats à court terme, à moyen terme (effets) et à long terme (impact) obtenus
- Résultats obtenus de la mise en œuvre des stratégies transversales
- Résultats obtenus de la mise en œuvre de la stratégie de durabilité
- Gestion du projet : problèmes rencontrés, mesures prises
- Leçons apprises
- Annexes
  - Versions consécutives du cadre logique
  - Versions consécutives du cadre de mesure du rendement
  - Procès-verbal de la réunion du comité consultatif, s'il y a lieu.

Ce rapport, après consultation éventuelle d'un comité consultatif, devrait être approuvé par le comité directeur du projet avant d'être transmis officiellement au bailleur de fonds.

***

Ce quatrième chapitre avait pour objectif de présenter les étapes et les démarches permettant la mise en œuvre du projet. Comme mentionné en introduction, cette phase du cycle de vie est souvent sous-estimée dans les ouvrages portant sur la gestion de projet compte tenu de l'importance accordée à la conception et à la planification du projet. Ce chapitre a ainsi montré les différentes considérations et activités nécessaires durant cette phase pour laquelle une grande adaptation est requise de la part du gestionnaire de projet et de son équipe. La mise en œuvre du projet représente un défi constant entre conserver le plan initial et s'adapter aux événements qui émergent du terrain.

CHAPITRE 5

L'évaluation du projet de développement international et d'action humanitaire

5.1 INTRODUCTION

Ce cinquième chapitre porte sur l'évaluation d'un projet. Il présente la pertinence d'une telle démarche ainsi que sa complémentarité et ses distinctions avec le suivi du projet. Les types d'évaluation et leurs enjeux sont également décrits. Selon différents axes, ce chapitre suit les diverses étapes d'une évaluation et prodigue enfin certains conseils aux évaluateurs qui entreprennent cet exercice.

Lors des chapitres précédents, la planification des modalités de suivi et d'évaluation, et la réalisation des activités de suivi dans le cadre de la gestion de la mise en œuvre du projet ont été présentées. L'évaluation du projet doit être effectivement abordée dans toutes les étapes du cycle de vie du projet, car elle doit être définie et planifiée et elle se réalise lors de la mise en œuvre du projet, soit à mi-parcours ou à la fin du projet. Il arrive également qu'une évaluation rétrospective soit réalisée après la clôture d'un projet par l'organisation maître d'œuvre du projet ou le bailleur de fonds. Cette évaluation est plutôt rare, mais elle sera quand même présentée dans ce chapitre tout comme l'évaluation de mi-parcours ou de fin de projet.

5.2 PERTINENCE DE L'ÉVALUATION DE PROJET

Selon l'OCDE[1], l'évaluation est l'examen systématique et objectif d'un projet, d'un programme ou d'une politique, en cours ou complété, incluant sa conception, sa mise en œuvre et ses

1. OCDE. (2002). *Glossary of Key Terms in Evaluation and Results Based Management*, Paris, OCDE et CAD.

résultats. Le but est de déterminer la pertinence et l'accomplissement des objectifs, l'efficacité, l'impact et la viabilité des actions de développement. Une évaluation devrait fournir de l'information crédible et utile permettant d'intégrer les leçons apprises lors du processus de prise de décision du maître d'œuvre du projet ou des donateurs.

5.3 COMPLÉMENTARITÉ ET DISTINCTIONS AVEC LE SUIVI

Différence entre suivi et évaluation

Alors que le suivi vise à mettre en lumière l'état de la situation dans la mise en œuvre du projet en regard des activités, de l'utilisation des ressources et des résultats attendus, l'évaluation cherche à savoir pourquoi les résultats ont ou n'ont pas été atteints. Elle vise à expliquer les causes des écarts possibles. L'évaluation touche les questions liées au « pourquoi », c'est-à-dire ce qui a provoqué les changements, alors que le suivi met davantage en lumière les questions liées au « comment », soit l'enchaînement des activités ou le processus ayant mené à des résultats fructueux (ou infructueux). Les questions de « conformité et responsabilité », c'est-à-dire si les activités planifiées ont réellement été réalisées comme prévu, sont également abordées au moment du suivi[2].

Le suivi est un outil de contrôle de gestion continu du projet tandis que l'évaluation a un caractère ponctuel. L'évaluation se déroule ainsi à un moment précis dans le projet et ne dure qu'environ quelques semaines selon l'envergure du projet. Le contrôle se préoccupe davantage des détails du projet (activités, ressources, etc.) alors que l'évaluation le considère dans sa globalité (impacts, changements durables, etc.). Le contrôle relève du gestionnaire de projet et de son équipe qui réalise en continu le suivi, alors que l'évaluation est menée par une personne ou une équipe externe de façon à garantir l'objectivité. Cette évaluation est généralement réalisée par un consultant ou une équipe de consultants externes. S'il arrive que le gestionnaire du projet et son équipe réalisent une évaluation du projet, celle-ci sera qualifiée d'évaluation interne.

---

2. Jody Zal KUZEK et Ray C. RIST. *Vers une culture du résultat*, Washington DC, Banque mondiale, 2006. Cet ouvrage est accessible à l'adresse suivante : http://www.perfeval.pol.ulaval.ca/sites/perfeval.pol.ulaval.ca/files/publication_251.pdf

Le suivi et l'évaluation sont donc complémentaires :

- *Complémentarité séquentielle*, ce qui signifie que l'information issue du suivi peut générer des questions auxquelles l'évaluation répondra plus tard – ou inversement, de l'information issue de l'évaluation peut mener à un suivi dans de nouveaux champs ou domaines.
- *Complémentarité de l'information*, c'est-à-dire que le suivi et l'évaluation peuvent utiliser les mêmes données, par exemple le cadre logique, mais posent des questions et structurent l'analyse différemment.
- *Complémentarité interactionnelle*, qui fait en sorte que les gestionnaires se servent en même temps du suivi et de l'évaluation pour mener leurs initiatives de développement au sein du projet et contribuer à améliorer l'efficacité des ressources allouées et l'efficience du projet.

Il faut cependant garder à l'esprit que l'évaluation, bien que complémentaire au suivi, s'en distingue de plusieurs façons :

- Sa *portée* est plus large, car il s'agit de savoir si ce sont les bons résultats et les bonnes stratégies qui ont été déterminés et non seulement si l'utilisation des ressources est adéquate. Dans la chaîne des résultats, l'évaluation concerne davantage les extrants, les effets et l'impact du projet, alors que le suivi concerne davantage les intrants, les activités et les extrants.
- Sa *fréquence* est moindre puisque l'évaluation se déroule, comme mentionné précédemment, généralement à mi-parcours, à la fin du projet ou de façon rétrospective après la clôture du projet, alors que le suivi s'effectue de façon continue.
- Les *personnes impliquées* sont différentes, car ce sont en général des évaluateurs externes indépendants pour plus d'objectivité.
- Les *utilisateurs des rapports* diffèrent dans le cas des évaluations de fin de projet et rétrospectives puisque les utilisateurs sont généralement des spécialistes du développement au sein des organismes bailleurs de fonds plutôt qu'uniquement les membres de l'équipe de projet dans le cas du suivi.

5.4 TYPES D'ÉVALUATION

Bien que certains désignent l'analyse préalable d'un projet qui mène à sa sélection et à son financement comme une évaluation *ex ante*, on distingue généralement trois types d'évaluation.

L'*évaluation en cours d'exécution* ou intermédiaire ou formative est généralement à mi-parcours du projet. En plus de couvrir les aspects techniques et la gestion du projet, le bien-fondé du projet, les résultats attendus et les stratégies sont aussi remis en question. Cette évaluation vise à faire le point sur le déroulement du projet à tous points de vue, à mesurer le niveau d'atteinte des résultats et à s'assurer du bien-fondé du projet. Il s'agit d'une opération ponctuelle effectuée par un consultant indépendant ou par une équipe de consultants, généralement mandatés par le bailleur de fonds. Les principaux objectifs de cette évaluation sont :

- de s'assurer que les lignes directrices applicables en matière de gestion de projet sont suivies ;
- de s'assurer de l'utilisation efficiente des ressources à la disposition du projet ;
- d'identifier des solutions aux problèmes que connaît le projet et accroître la probabilité de réussite du projet ;
- de s'assurer de la réalisation des stratégies transversales, dont l'égalité femmes/hommes ;
- de mesurer le niveau de réalisation des extrants du projet ;
- d'apprécier la probabilité de concrétisation des résultats de développement du projet (effets et impact) ;
- de détecter les éventuels effets pervers du projet ;
- de fournir l'occasion d'échanges d'idées, d'information, de solutions et de stratégies avec l'équipe de projet ;
- d'apprécier l'efficacité de la gestion du projet ;
- de s'assurer que l'organisation qui met en œuvre le projet a la capacité de le mener à terme ;
- de tirer les leçons de l'expérience.

L'*évaluation de fin de projet* ou sommative est centrée sur les leçons à tirer du projet du point de vue technique et du point de vue de la gestion. On cherche à apprécier les résultats à court terme et, en se projetant dans le temps, à savoir si la concrétisation des effets et des impacts est vraisemblable. Les objectifs d'une évaluation de fin de projet sont les suivants :

- déterminer si les lignes directrices applicables en matière de gestion de projet ont été suivies ;
- chercher à savoir si les ressources à la disposition du projet ont été utilisées de façon efficiente ;
- déterminer si toutes les activités planifiées ont été réalisées et si elles l'ont été comme prévu ;
- déterminer si les extrants du projet ont été produits conformément aux spécifications de départ ;
- apprécier la réalisation des stratégies transversales, dont l'égalité femmes/hommes ;
- apprécier la probabilité de concrétisation des résultats de développement du projet (effets et impact) ;
- apprécier la durabilité (viabilité) ;
- détecter les éventuels effets pervers du projet ;
- fournir l'occasion d'échanges d'idées, d'information, de solutions et de stratégies avec l'équipe de projet et les parties prenantes ;
- apprécier l'efficacité de la gestion du projet ;
- apprécier le niveau de satisfaction de l'équipe du projet et des parties prenantes ;
- tirer les leçons de l'expérience.

Le projet étant terminé, il n'est toutefois pas possible dans ce type d'évaluation de mettre à profit les leçons apprises dans le projet, elles serviront dans le futur. L'évaluation de fin de projet peut toutefois permettre de savoir si les conditions qui assureront la durabilité (viabilité) des effets positifs du projet sont réunies.

Au moment de l'évaluation en cours d'exécution et de l'évaluation de fin de projet, *un audit financier* peut être réalisé à la demande du bailleur de fonds. Cet audit, contrairement aux différents types d'évaluation, ne s'intéresse pas à la chaîne des résultats du projet. Une opération d'audit financier (vérification comptable), généralement demandée dans le cas de projets de grande envergure, vise à[3] :

---

3. Commission européenne. *Gestion du cycle de projet*, Bruxelles, 2004.

- apprécier la légalité et la régularité des dépenses et des « revenus » du projet, c'est-à-dire leur conformité avec les lois et règlements et avec les règles et critères contractuels applicables ;
- vérifier que les fonds alloués au projet ont été utilisés de façon efficiente ;
- vérifier que les fonds alloués au projet ont été utilisés de façon *économique*, c'est-à-dire dans le respect d'une gestion financière saine ;
- s'assurer que les fonds alloués au projet ont été effectivement utilisés aux fins auxquelles ils étaient destinés.

Une telle opération doit être effectuée par un expert-comptable habilité à effectuer des vérifications comptables.

L'*évaluation rétrospective* ou *ex-post* est centrée sur l'appréciation des effets et des impacts du projet. On cherche à savoir si les hypothèses de développement qui sous-tendent la chaîne des résultats se vérifient dans la réalité. On appelle aussi ce type d'évaluation « évaluation d'impact ». L'évaluation rétrospective veut déterminer si les résultats de développement (les effets et l'impact) constatés sont attribuables au projet et vise à améliorer certaines approches au développement à un niveau plus global, et ce dans différents secteurs d'intervention. Elle essaie de déceler quelle portion des effets et de l'impact attestés a été causée par l'intervention (le projet), et ce qui pourrait avoir été causé par d'autres événements ou conditions. L'objectif est d'attribuer les changements observés à des causes spécifiques. Ce type d'évaluation est difficile, surtout parce qu'elle se produit lorsque l'intervention est terminée (de façon à ce que les effets et l'impact aient eu le temps de se concrétiser). Plus le temps passe entre l'intervention et la tentative de trouver les causes du changement, plus il est probable que d'autres facteurs interféreront d'une façon négative ou positive. Cependant, ce type d'évaluation pourra statuer sur :

- la pertinence du projet (fallait-il le faire ?) ;
- son efficacité (les extrants ont-ils induit les effets recherchés ?) ;
- la durabilité (viabilité) des effets du projet ;
- la concrétisation de l'impact recherché.

Le type d'évaluation que l'on privilégie pour un projet dépend des exigences des bailleurs de fonds et de la durée et de la complexité du projet. Généralement, le bailleur des fonds spécifie dans le document contractuel qui octroie le financement le type d'évaluation qu'il souhaite voir se réaliser dans le projet. Il peut même accorder un montant spécifique pour la réalisation de cette évaluation. Sinon, le montant alloué à celle-ci doit être planifié à même le budget du projet. Généralement, un projet qui dure au-delà de cinq ans peut prévoir deux évaluations soit une à mi-parcours et une à la fin du projet.

Quel que soit le type d'évaluation, des principes directeurs doivent présider à la réalisation de l'évaluation externe. Le processus doit être *impartial* et *indépendant* par rapport aux personnes qui ont conçu, planifié et mis en œuvre le projet. Cela implique que les personnes qui évaluent le projet ne font pas partie de l'équipe de projet. La *crédibilité* de l'évaluation doit ainsi être assurée grâce à l'intervention d'experts indépendants et compétents et à la transparence du processus, c'est-à-dire que personne ne vient interférer dans la production et la diffusion des résultats de l'évaluation. Même si l'évaluation est confiée à des personnes externes au projet, la *participation* des parties prenantes au processus d'évaluation est essentielle afin de garantir que les différents aspects et points de vue soient pris en compte. Cela implique évidemment la participation du gestionnaire de projet et de son équipe qui assure la coordination de l'intervention. Ceux-ci préparent les termes de références de l'évaluation, appuient les évaluateurs dans la logistique (prise de rendez-vous, déplacements, etc.) et dans la collecte des données et enfin, participent à des séances de bilan (*debriefing*) sur les résultats de l'évaluation. Cette évaluation doit ainsi être *utile* dans les observations et recommandations qu'elles génèrent grâce à la fourniture en temps utile aux décideurs d'une information pertinente, claire et concise.

D'autres types d'évaluations revêtent un caractère particulier en matière humanitaire. Selon ALNAP, l'évaluation de l'action humanitaire (EAH) peut être définie comme « un examen systématique et objectif de l'action humanitaire dans le but de tirer des leçons permettant d'améliorer la politique et la pratique, ainsi que d'augmenter la redevabilité[4] ». La plupart des évaluations humanitaires se concentrent sur le niveau projet, programme, *cluster* ou sectoriel. Le niveau projet se spécialise sur une intervention humanitaire avec des objectifs, des ressources et un calendrier de mise en œuvre spécifiques. Le niveau programme est axé sur l'évaluation d'un ensemble d'interventions présentant un objectif humanitaire global. Plus particulières à l'action humanitaire, les évaluations au niveau *cluster*[5] évaluent de multiples projets au sein d'un plus grand programme. Il existe aussi des interventions au niveau sectoriel, soit l'évaluation d'un groupe d'interventions dans un secteur, contribuant à l'accomplissement d'un objectif humanitaire spécifique. L'évaluation peut couvrir une partie d'un pays, un pays entier ou plusieurs pays.

En sus des types d'évaluation précités qui prévalent de manière identique dans le monde humanitaire, il n'est pas rare de trouver certains types d'évaluation qui présentent des caractères plus spécifiques[6] :

- Évaluation en temps réel : Cette évaluation, réalisée un, trois ou six mois après une crise humanitaire particulière, évalue l'opération humanitaire au fur et à mesure qu'elle se déroule, en appréciant la réponse à la crise au regard des critères d'évaluation, voire encore par rapport à des normes spécifiques, ce qui en fait alors une évaluation normative. Une évaluation normative peut évaluer le développement d'un projet au regard de standards, normes ou encore du droit humanitaire ou du Code de conduite des ONG. Certaines organisations, à l'instar de l'UNICEF, ont comme politique d'opérer de manière systématique une évaluation en temps réel lors d'interventions humanitaires de type

---

4. ALNAP. *Active Learning Network for Accountability and Performance in Humanitarian Action,* Évaluation de l'action humanitaire, Guide pilote, www.alnap.org/EHA, p. 52-53.
5. Les *clusters*, ou groupes sectoriels, sont les regroupements thématiques d'agences des Nations Unies, du Mouvement de la Croix-Rouge, des ONG internationales et nationales, œuvrant sur une même thématique dans le cadre d'une crise humanitaire (par exemple, *Cluster* Sécurité alimentaire, *Cluster* Protection, etc.). Les *clusters* sont le plus souvent sous la coordination d'une agence « *lead* » du système des Nations Unies, voire d'un Département ministériel national, ou encore d'une ONG internationale (comme ACF, ou *Save the Children*).
6. ALNAP, *ibidem*, p. 54-60.

« L3[7] ». L'OCHA a remplacé la notion d'évaluations en temps réel, par des « évaluations interagences » qui permettent aux agences de travailler ensemble pour dégager les forces et faiblesses d'une intervention en réaction à une crise humanitaire donnée.

- Évaluation de l'ensemble du système : Dans des situations de réponse exceptionnelle, il n'est pas rare qu'un ensemble d'organisations se regroupent pour évaluer la réponse à une crise humanitaire majeure, comme ce fut le cas dans le cadre de la Coalition pour l'évaluation des opérations de secours et de relèvement après le tsunami de 2004 dans l'Océan indien.
- Évaluation des mécanismes de financement : Ce type de financement porte sur une série d'interventions financées par un même mécanisme, par exemple l'évaluation des projets de la FAO financés par le CERF de l'ONU, ou encore l'évaluation réalisée par Universalia Management Group sur l'outil des ERF[8] – lequel octroie des fonds locaux en réponse à une crise humanitaire locale à des ONG nationales et internationales.
- Évaluation de processus : De nombreuses évaluations en temps réel contiennent une part importante d'évaluation de processus. La grande évaluation conjointe de la réponse humanitaire de la crise au Rwanda (1996) était, à l'origine, une évaluation de processus devant aider à mieux comprendre la nature des actions mises en œuvre par les agences en réponse à la crise humanitaire majeure de 1994. La plupart des évaluations humanitaires sont un mélange d'évaluation de processus et d'évaluation d'impact.

---

7. Les interventions de type L3 sont considérées comme les plus importantes en matière d'impact humanitaire pour les populations, les États hôtes, les pertes en vies humaines comme les dégâts matériels, et celles qui requièrent une intervention majeure de la réponse humanitaire de la part de tous les acteurs (par exemple, Syrie [depuis 2011], Typhoon Haiyan [2013], séisme au Népal [2015], etc.). Voir, par exemple, *Real-Time Evaluation of UNICEF's Response to the Typhoon Haiyan in the Philippines,* UNICEF, 2014. http://www.unicef.org/evaldatabase/index_74613.html
8. Universalia Management Group. *Évaluation de l'outil ERF* (Emergency Response Fund) d'OCHA, 2013.

L'évaluation de l'action humanitaire est souvent différente des évaluations de projets de développement, particulièrement à cause du contexte de crise au sein duquel elles se déploient. Les évaluateurs doivent faire face à un certain nombre de risques ou de contraintes, au moment de mener à bien des évaluations humanitaires, qui doivent être comprises et présentées dans le rapport final de l'évaluation. Citons-en quelques-unes[9] :

- l'urgence et le chaos des secours humanitaires – dans un scénario d'évaluation, les documents de planification et de suivi peuvent être rares, d'où l'idée de construire une chronologie de la crise et de l'action humanitaire à évaluer ;
- le manque de données de référence – les données peuvent avoir été détruites lors de la catastrophe ou ne plus être pertinentes ; il faudra interroger les bénéficiaires ou les opérateurs locaux pour leur demander dans quelle mesure les conditions ont changé et pourquoi ;
- le renouvellement du personnel : il existe un très fort taux de roulement de personnel dans le cadre d'opérations humanitaires, en particulier le personnel expatrié, ce qui complique le travail d'évaluation au moment de trouver et d'interroger les informateurs clés. Une façon de compenser cette réalité est d'organiser des entrevues téléphoniques ou encore des enquêtes en ligne ;
- la division des points de vue : les conflits peuvent accentuer ou renforcer les différences de points de vue et rendre les événements sujets à des interprétations très diverses, d'où l'intérêt de rassembler autant de points de vue différents que possible et de s'assurer que différents avis soient représentés dans le rapport d'évaluation ;
- la perte de confiance en raison de la politisation ou d'un traumatisme : lors de conflits et d'autres crises humanitaires où peur, maltraitance et traumatismes se sont multipliés, il peut être difficile d'obtenir des réponses approfondies et précises aux questions posées, d'où la nécessité d'organiser des méthodes de collecte de données et des manières de s'engager avec les populations affectées qui soient sensibles aux traumatismes et aux peurs ;

---

9. EAH, ALNAP, *op.cit*, p. 27-30.

– l'insécurité et le manque d'accès : très souvent, les questions de sécurité peuvent compliquer, particulièrement dans des environnements de conflit, l'accès à des populations affectées ou bénéficiaires. Il faudra parfois explorer des manières innovantes de réaliser l'évaluation à distance ;
– le manque de lignes de responsabilité claires : dans un environnement de réponse à une crise, le manque de responsabilités clairement définies entre acteurs humanitaires peut gêner la redevabilité et l'attribution de l'impact, particulièrement quand un grand nombre d'acteurs sont présents. Il est alors plus pertinent de se concentrer sur la contribution plutôt que sur l'attribution, voire envisager d'explorer l'impact combiné d'un certain nombre d'organisations ou de la réponse humanitaire internationale dans son ensemble ;
– la pression horaire sur la population affectée comme sur le personnel des organisations de mise en œuvre : dans les deux scénarios, quand personnes et personnel disposent de peu de temps pour se consacrer à une activité d'évaluation, il est important d'éviter les activités chronophages (comme des groupes de discussion) et d'utiliser plutôt des évaluations de groupe, ou encore d'utiliser l'observation directe au sein des opérations.

5.5 AXES D'ÉVALUATION

L'évaluation examine différents aspects du projet, de façon plus systématique. On parle d'axes d'évaluation pour lesquels différentes questions sont posées :

- **Pertinence (bien-fondé du projet) :** Les résultats recherchés par le projet correspondent-ils aux problèmes qu'ils étaient censés résoudre ainsi qu'à l'environnement dans lequel le projet a œuvré ?

- **Efficience :** Les extrants du projet ont-ils été obtenus à un coût raisonnable ? De quelle façon les ressources ont-elles donné lieu aux activités prévues en ce qui concerne la qualité, la quantité et la durée ? Quelle est la qualité des extrants obtenus ? Cela nécessite en général que l'on compare d'autres approches permettant d'obtenir les mêmes extrants pour vérifier si le processus adopté était le plus efficient.

- **Efficacité :** Les extrants ont-ils contribué à l'obtention des effets du projet ? De quelle façon les hypothèses de risques ont-elles affecté cette réalisation et comment ces risques ont-ils été gérés ? De quelle façon les résultats de la mise en œuvre des stratégies transversales sont-ils pris en compte ?

- **Impact :** Quelle est l'atteinte des résultats à long terme ? Quel est l'impact du projet sur l'environnement et sa contribution à une politique plus large ou à des objectifs sectoriels ?

- **Durabilité (viabilité) :** Quelle est la probabilité de voir les avantages produits par le projet continuer après que le financement extérieur a cessé ? De quelle façon les aspects d'appropriation par les bénéficiaires ont-ils été soutenus ?

Ces critères adoptés par le CAD de l'OCDE se basent sur les problèmes les plus communs rencontrés dans les projets de développement. Quelques années plus tard, le CAD de l'OCDE a adapté ces critères pour l'évaluation de l'action humanitaire (EAH) dans des situations d'urgence complexes, ajoutant les critères de couverture, de cohérence, de coordination et de protection[10].

- **Couverture :** Dans quelle mesure l'aide atteint-elle les principaux groupes de population affectés par la crise ? Par exemple, dans quelle mesure la distribution alimentaire cible-t-elle les plus vulnérables et participe-t-elle à diminuer les inégalités, notamment genrées ?

- **Cohérence :** Dans quelle mesure existe-t-il une cohérence entre les politiques de sécurité, de développement, de commerce, militaires et humanitaires, et dans laquelle toutes ces politiques prennent-elles en compte les considérations humanitaires et liées aux droits de la personne ? La cohérence peut se présenter souvent comme une question politique qui peut ne pas être pertinente. Mais se poser cette question engage une réflexion sur sa pertinence.

- **Coordination :** La coordination est parfois intégrée dans le critère d'efficacité plutôt que traitée comme un critère indépendant. Elle vise à comprendre dans quelle mesure les

10. EAH, ALNAP, *op. cit.*, p. 62-67.

interventions de différents acteurs sont harmonisées, promulguent une synergie commune et évitent les lacunes, les doublons et les conflits liés aux ressources.

- **Protection :** En quoi les actions engagées assurent-elles ou promeuvent-elles – ou *a contrario* menacent-elles – la protection des populations, en particulier des groupes les plus vulnérables ? Les actions de programmation sont-elles mises en œuvre dans le cadre d'une approche basée sur les droits, tout en garantissant la satisfaction de leurs besoins vitaux fondamentaux ? Les actions engagées menacent-elles le principe de *Do No Harm* qui impose le respect de la protection des populations face à des actions et des opérations qui pourraient présenter des effets négatifs pour ces dernières ?

Les axes d'évaluation que nous avons présentés concernent la chaîne des résultats du projet, comme l'illustre la figure qui suit.

Figure 76
CHAÎNE DE RÉSULTATS

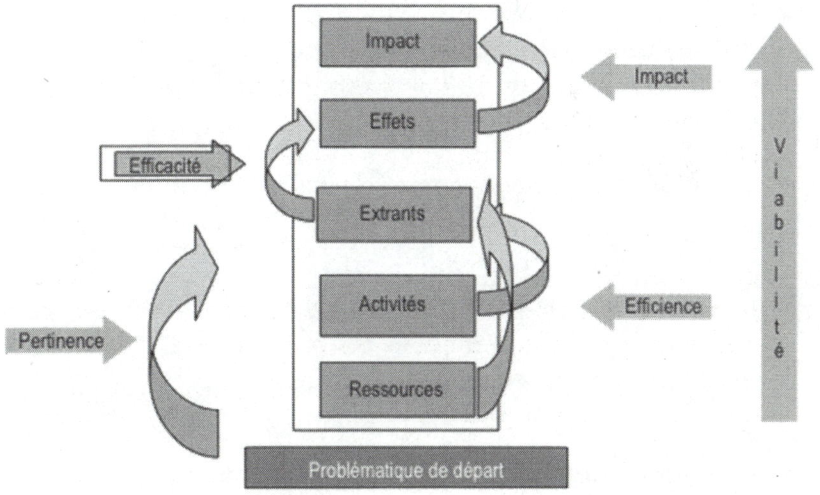

Adapté de : Commission européenne. (2004). *Gestion du cycle de projet*, Bruxelles.

5.6 ÉTAPES D'UNE ÉVALUATION

Comme nous l'avons vu au chapitre 3, l'évaluation en cours d'exécution doit avoir été planifiée dans le calendrier de réalisation du projet. La réalisation d'une évaluation de mi-parcours ou finale est un processus qui nécessite plusieurs étapes.

La première étape est la rédaction du document appelé « cadre de référence de l'évaluation » par le gestionnaire du projet ou le responsable de l'évaluation au sein de l'équipe de projet. Ce cadre, qui peut varier en fonction des exigences de différents bailleurs de fonds, contient généralement les informations suivantes :

- Contexte de l'évaluation ;
- Description du projet ;
- Objectif de l'évaluation (par exemple, fournir des informations de qualité en quantité suffisante pour pouvoir apprécier, en toute connaissance de cause, les réalisations du projet, son efficience, son efficacité, sa pertinence, son impact prévisible sa viabilité ainsi que des changements à apporter) ;
- Méthodologie proposée pour réaliser l'évaluation (analyse de documents, entrevues de personnes clés, groupes nominaux, outils de collecte à développer, etc.) ;
- Mandat spécifique donné à ou aux évaluateurs ;
- Profil de l'évaluateur (compétences recherchées en matière de connaissances du domaine du projet, des pays visés, capacité linguistique, etc.) ;
- Documents à consulter pour prendre connaissance du projet ;
- Personnes, groupes ou organisations à rencontrer parmi les parties prenantes du projet ;
- Calendrier de réalisation proposé à l'évaluateur ;
- Montant alloué pour l'évaluation ;
- Annexes pertinentes (notamment le cadre logique et le cadre de mesure du rendement du projet).

Voici les principaux points clés sur lesquels l'évaluation devrait se pencher[11] :

– la conformité du projet et le soutien qu'il apporte par rapport au cadre et au programme de développement dans lequel il s'inscrit ;
– la participation des parties prenantes à la gestion et à la mise en œuvre du projet, et le niveau de l'appropriation locale ;
– la bonne exécution du projet en ce qui concerne l'efficience (fourniture de moyens, contrôle des coûts et gestion des activités) et l'efficacité (résultats obtenus et progression vers les objectifs fixés) ;
– les questions d'égalité entre les femmes et les hommes doivent être suivies de façon spécifique et systématique ;
– la gestion du projet et la mesure dans laquelle les décisions sont prises en temps voulu pour faciliter une mise en œuvre efficace et la résolution de problèmes ;
– la qualité de la planification du travail, de la budgétisation et de la gestion des risques ;
– la qualité de la gestion et de l'information et le degré d'information des parties prenantes par rapport aux actions du projet (y compris les bénéficiaires et les groupes cibles) ;
– les perspectives de durabilité des avantages – y compris (le cas échéant) la viabilité financière et le financement des coûts récurrents, l'entretien du matériel et des biens, le développement de capacité institutionnelle et l'appropriation locale, l'impact sur l'environnement, l'acceptabilité sociale, etc.

Une fois ce document complété, il est diffusé sous différentes formes (site Web, système d'appel d'offres, etc.) afin que des consultants intéressés par la réalisation de cette évaluation puissent se manifester. Le choix de l'évaluateur est un enjeu crucial, notamment pour garantir l'objectivité de l'évaluation. Il est important pour l'évaluateur de n'avoir aucun lien avec l'organisation mettant en œuvre le projet, ou avec des partenaires impliqués dans le projet et de n'avoir pas été impliqué dans la

11. Adapté de : Commission européenne. *Gestion du cycle de projet*, Bruxelles, 2004.

planification et dans la mise en œuvre du projet. Il est important également que l'évaluateur puisse bénéficier du respect de tous les acteurs impliqués dans le projet et aille une grande prédisposition à l'écoute. Les connaissances techniques nécessaires à une bonne compréhension du projet et des enjeux sous-jacents ainsi qu'une expérience préalable en matière d'évaluation, idéalement dans le contexte dans lequel se déroule le projet, sont aussi des atouts à considérer.

La sélection de l'évaluateur ou de l'équipe d'évaluateurs se fait généralement par le bailleur de fonds en concertation avec la direction du projet. S'il faut mobiliser une équipe pour faire l'évaluation, les exigences d'indépendance doivent être les mêmes pour tous les membres de l'équipe. Par contre, en ce qui concerne l'expérience préalable, on pourra être moins exigeant pour les membres d'équipe que pour le chef d'équipe responsable de l'évaluation.

Une fois le ou les consultants choisis, la troisième étape vise à organiser une séance de travail préparatoire afin d'échanger sur le projet. À la suite de cette rencontre, le consultant élabore un plan de travail qui devra être approuvé par la direction du projet. Ce plan de travail reprend essentiellement les rubriques du cadre de référence de l'évaluation comme présenté précédemment, mais l'évaluateur propose généralement des adaptations et des ajouts en fonction de son expertise et de sa méthode d'évaluation. Les rubriques d'un tel plan de travail sont les suivantes :

- une vue d'ensemble du projet à évaluer (contexte national, objectifs, sommes injectées, portée, résultats escomptés, participation des intéressés, etc.);
- un profil de l'évaluation (raison d'être de l'évaluation, objectifs, principales clientèles, analyse des groupes intéressés, stratégie générale, etc.);
- une description de la méthodologie (cadre d'évaluation, examen des dossiers et de la documentation, évaluation d'échantillons, observation directe, questionnaires, entretiens dirigés, semi-dirigés ou libres avec des témoins privilégiés, groupes de consultation, difficultés prévues, etc.);
- un exposé des rôles et responsabilités de chacun;

- un calendrier de travail (échéanciers, charge de travail, etc.);
- les exigences concernant la présentation de rapports (rapport préliminaire, rapport final).

Une fois constitué, ce plan de travail est présenté à l'ensemble des membres de l'équipe de projet pour qu'ils puissent appuyer l'évaluateur dans la réalisation de l'évaluation tant du point de vue logistique que pour les éléments privilégiés dans la collecte d'information (analyse documentaire, entrevues, groupes de discussion, enquêtes, observations, etc.). Les données collectées sont par la suite exploitées et analysées et elles feront l'objet d'une validation lors de bilans (*debriefing*). Sur la base des constats qu'il sera amené à faire, on s'attend de l'évaluateur à ce qu'il fasse des recommandations visant à faciliter la réussite du projet.

Dans son guide de l'évaluation, la coopération canadienne[12] prodigue des conseils pertinents aux évaluateurs concernant la préparation et la réalisation d'une mission d'évaluation. Le tableau suivant présente de façon synthétisée ces principaux conseils.

TABLEAU 46
CONSEILS AUX ÉVALUATEURS

CONSEILS	DÉTAILS
Faites participer les intéressés.	Dès le départ, l'évaluateur doit établir une stratégie de consultation des principaux intéressés sur place. Afin que personne ne soit oublié, il peut être utile de dresser à l'avance une liste de ces personnes. Il importe d'établir un esprit de collaboration et de coopération avec l'équipe de projet et les parties prenantes et de mettre en place de bons canaux de communication.
Sachez choisir les bonnes données.	Il n'est pas indispensable de recueillir tous les éléments d'information. Il faut savoir choisir de façon à obtenir le meilleur résultat possible avec les ressources imparties. Utilisez des données vérifiables sinon précisez la nature subjective d'une information.
Soyez ouvert aux idées nouvelles.	Attendez-vous à ce que les données recueillies vous apprennent quelque chose. Vous pourriez découvrir de nouvelles façons d'obtenir de meilleurs résultats. Acceptez l'idée d'avoir à prendre des décisions à mi-parcours dictées par l'intuition afin de profiter d'occasions pouvant se révéler intéressantes.

12. Agence canadienne de développement internationale. *Guide de l'évaluation à l'ACDI*; 2004.

CONSEILS	DÉTAILS
Parlez de ce que vous apprenez.	Vous devez profiter des occasions qui se présenteront de parler de ce que vous apprenez aux intéressés (pendant la collecte de données) afin d'établir votre crédibilité et de bonnes relations.
Présentez un tableau complet de la situation.	Veillez à faire un compte rendu exact, factuel et réaliste de la situation sur le terrain. Il n'est pas rare que les rapports ne comportent que de « bonnes nouvelles », les problèmes de développement étant passés sous silence.
Respectez le contexte local et adaptez-vous.	Apprenez à bien connaître le contexte local et à toujours tenir compte des intérêts en jeu (et de leurs incidences). Les caractéristiques économiques, sociales, politiques et culturelles locales peuvent compter quand il s'agit de voir ce que l'on peut accomplir. Faites preuve de sensibilité culturelle et respectez les croyances et coutumes locales.
Évitez de surcharger les personnes interrogées.	Les évaluations dérangent parce qu'elles imposent une surcharge de travail et perturbent les activités courantes. Tenez-vous-en à l'essentiel de façon à déranger le moins possible.
Ne perdez pas votre objectif de vue.	Pour que les intéressés et les partenaires vous aident à atteindre vos objectifs, vous devez exercer un certain leadership. Il est important de faire souvent mention des progrès accomplis afin de motiver les participants et de renseigner la direction de projet et le bailleur de fonds. Il importe de demeurer centré sur les questions concernant le projet et non pas sur qui a fait quoi et se comporter de telle sorte que les intervenants dans le projet ne se sentent pas menacés par l'évaluation. Réglez rapidement les problèmes qui se présentent en évitant de laisser les conflits interpersonnels empoisonner l'atmosphère.
Respectez les règles.	Votre évaluation sera crédible dans la mesure où vous respecterez les normes déontologiques. Il est essentiel de faire preuve de compétence dans l'exécution de vos tâches, d'intégrité dans vos relations avec les autres et de responsabilité sur le plan du rendement.
Respectez le plan de travail tout en restant ouvert.	Le plan de travail vous indique comment satisfaire les attentes. Il vous montre comment répondre aux questions posées au départ. Pour que l'évaluation donne les résultats escomptés, cette marche à suivre doit être respectée. Or, la réalité sur le terrain comporte souvent des obstacles pouvant nuire à l'application du meilleur des plans de travail. Pour les surmonter, il faut savoir faire preuve de souplesse, de créativité et d'imagination.
Anticipez les problèmes d'information susceptibles de surgir.	Vous devrez peut-être faire preuve d'initiative et d'entregent pour régler certains problèmes, par exemple : le refus de reconnaître l'existence de données ; l'absence de données ; le manque d'information ou sa piètre qualité ; les problèmes de fiabilité ; les contradictions entre les données ; le caractère délicat de certains renseignements difficiles à divulguer ; les preuves de fautes commises.

CONSEILS	DÉTAILS
Sachez surmonter les difficultés.	Il n'est pas rare que l'évaluateur rencontre des difficultés imprévues sur le terrain. Dans certaines situations, les litiges se règlent en appliquant les règles de déontologie ou des pratiques de gestion éprouvées. Mais il arrive que la situation soit plus complexe, certains problèmes exigeant alors des solutions particulières. Outre le soutien des hauts responsables, une certaine facilité à négocier peut devenir un atout précieux dans les pays en développement. La recherche d'un consensus et les compromis se révèlent souvent les seuls recours pragmatiques pour calmer les partenaires locaux sans mettre l'issue de l'évaluation en péril. Pour arriver à surmonter les difficultés, il est souvent préférable de chercher la bonne solution en discutant avec les partenaires et les intéressés de ce qu'il convient de faire.

Aussi, depuis que le MAECD a introduit des dispositions pour que les activités de suivi et d'évaluation puissent être directement couvertes dans le cadre du budget d'une opération humanitaire (à hauteur de 50% des coûts d'une évaluation externe), ce dernier s'assure que toute ONG « demande à la DAHI – Direction de l'assistance humanitaire internationale – de participer à l'établissement du cadre de référence de l'évaluation[13] ». Elle insiste aussi pour que le rapport final de l'intervention permette d'exploiter l'intervention engagée sous forme de « leçons retenues », lesquelles doivent permettre :

- de résumer les principales stratégies de gestion du risque appliquées ;
- d'énumérer les éléments positifs du projet que l'on pourrait reproduire et les éléments négatifs que l'on devrait éviter ;
- d'inclure les changements recommandés dans les interventions de secours d'après l'expérience du projet ;
- d'expliquer de quelle façon les résultats du projet seront diffusés dans l'intérêt d'autrui, et indiquer l'efficacité de la stratégie de retrait.

Les données, une fois recueillies, donneront lieu formellement à des constats et des recommandations qui seront d'abord présentés dans un rapport provisoire afin d'être discutés et, enfin, dans le rapport final. Ce dernier est généralement remis aux bailleurs de fonds, aux membres de l'équipe et aux principales

13. Lignes directrices, 2013, *op. cit.*, p. 41 et 49.

parties prenantes du projet. Dans son guide de l'évaluation[14], la coopération canadienne prodigue des conseils pour la rédaction d'un rapport d'évaluation :

- Dès le début de l'évaluation, gardez à l'esprit l'usage qui sera fait de ses résultats. Au moment de formuler vos recommandations et de décrire les leçons tirées, pensez à en faciliter la mise en application. Limitez-en le nombre selon leur valeur et leur importance.
- Adressez-vous à tous les auditoires clés. Il est important d'être sensible aux différences entre les connaissances, les compétences et les besoins en information de différents auditoires. Le lecteur dont les connaissances spécialisées sont très limitées devrait pouvoir facilement vous comprendre. Il pourrait être nécessaire de faire traduire votre rapport pour certains auditoires.
- Les gens comprennent mieux et apprennent davantage en lisant un rapport rédigé en termes clairs et concis dans lequel les grands points sont exposés avec précision. Réduisez au minimum le risque que certains passages soient mal interprétés.
- Soignez la présentation visuelle du rapport (orthographe, mise en page, graphiques). Les gens seront plus portés à le lire.
- Reportez-vous souvent au cadre des résultats et des facteurs clés de réussite du bailleur de fonds afin de bien garder à l'esprit les facteurs importants pour lui.
- Il faut veiller à ce que les recommandations soient réalistes compte tenu du contexte sur le plan du développement et applicables à l'intérieur des limites budgétaires.

L'évaluateur doit aussi garder à l'esprit que la valeur d'un rapport d'évaluation ne tient pas au nombre de pages, mais plutôt aux réponses que l'évaluateur a trouvées aux questions posées dans le plan de travail (donc de ses conclusions), à ses recommandations visant les améliorations à apporter et aux leçons

14. Agence canadienne de développement internationale. *Guide de l'évaluation à l'ACDI*, 2004.

apprises dont profiteront d'autres activités de coopération au développement.

Sur la base des recommandations du rapport d'évaluation, pour une évaluation en cours d'exécution notamment, le comité directeur du projet, ou les autorités compétentes, devraient prendre les décisions que s'imposent afin d'assurer la réussite du projet. Ces décisions peuvent concerner un changement de stratégie afin d'accroître la pertinence du projet, des solutions à mettre en œuvre pour résoudre les problèmes auxquels le projet fait face ou des améliorations à apporter pour faire mieux, plus rapidement ou à moindre coût.

Le rapport d'évaluation sera d'autant plus utile que l'évaluation aura été de qualité, concrètement, qu'elle répondra aux critères suivants :

- **Impartialité :** L'information évaluative ne doit contenir aucune distorsion ou aucun préjugé de nature politique ou autre. L'information doit être présentée avec une description de ses forces et faiblesses. Toute information pertinente doit être présentée, et pas seulement celle qui renforce les opinions du gestionnaire.
- **Utilité :** L'information évaluative doit être pertinente, produite en temps opportun et écrite dans un style compréhensible. Elle doit également aborder les questions posées et être présentée sous la forme que le gestionnaire souhaite et comprend le mieux.
- **Conformité technique :** L'information doit se conformer aux normes techniques pertinentes – une conception appropriée, des procédures correctes d'échantillonnage, une formulation précise du questionnaire et des guides d'entrevue, une analyse appropriée des statistiques ou du contenu, ainsi qu'un soutien suffisant pour tirer des conclusions et des recommandations, pour n'en nommer que quelques-unes.
- **Implication des parties prenantes :** Il faut s'assurer que les parties prenantes ont été consultées et impliquées dans l'effort d'évaluation. On doit les inclure dans le processus politique en tant que partenaires actifs si l'on veut qu'elles aient confiance en l'information, qu'elles s'approprient les

résultats et qu'elles intègrent les leçons tirées de l'expérience aux politiques, programmes et projets en cours. Si l'on ne fait que donner l'impression qu'elles sont impliquées, ou qu'on les empêche de s'impliquer, on engendrera des sentiments d'hostilité et de ressentiment envers l'évaluation – et même envers le gestionnaire qui a commandé l'évaluation au départ.

- **Rétroaction et diffusion:** Le partage d'information d'une manière appropriée, ciblée et au moment opportun est souvent une caractéristique qui distingue les évaluations. Il y aura des ruptures de communication, une perte de confiance, de l'indifférence ou de la méfiance envers les résultats si l'information évaluative n'est pas partagée convenablement et fournie à ceux pour qui elle est pertinente.
- **Rentabilité:** On doit dépenser ce qui est nécessaire pour obtenir l'information voulue, mais pas plus. Il n'est pas convenable de recueillir des données à un fort coût qui ne seront pas utilisées – ni d'utiliser des stratégies coûteuses pour recueillir des données lorsque des moyens plus abordables sont disponibles. Le coût de l'évaluation doit être proportionnel aux coûts globaux de l'initiative.

Ainsi, les ressources et la complexité des données peuvent varier en fonction des méthodes utilisées pour colliger les informations lors de l'évaluation (PMD Pro, 2012). La figure 77 présente la relation entre les ressources et la complexité des données d'évaluation.

Figure 77[15]

RELATION ENTRE LES RESSOURCES ET LA COMPLEXITÉ DES DONNÉES

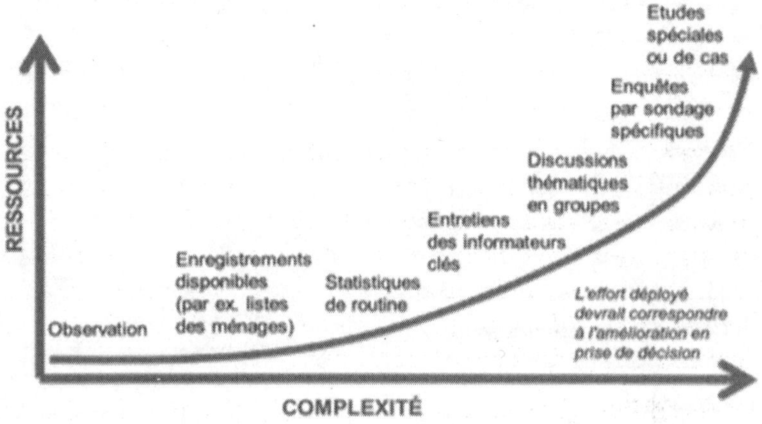

Finalement, dans la rédaction du rapport, certains éléments doivent être mis de l'avant tel que le présente la figure suivante. Comme pour les autres gabarits, la direction du projet ou le bailleur de fonds peut avoir des exigences précises pour la structure du rapport.

15. Source: PMD Pro, 2012.

Figure 78

TABLE DES MATIÈRES DU RAPPORT D'ÉVALUATION

- Liste des acronymes et abréviations
- Remerciements
- Table des matières
- Sommaire exécutif
- Introduction
- Description du projet (brève)
- Contexte dans lequel l'évaluation s'est déroulée
- Méthodologie utilisée
- Constats dans chacun des axes d'évaluation
- Constats relatifs à la gestion du projet
- Leçons apprises
- Recommandations
- Annexes →
  - Termes de référence
  - Cadre logique à jour
  - Cadre de mesure du rendement
  - Liste des documents analysés
  - Liste des organisations et des personnes rencontrées
  - Documents techniques pertinents

***

Ce cinquième et dernier chapitre avait pour objectif de présenter la démarche d'évaluation d'un projet. L'évaluation des projets revêt une importance grandissante en développement international et action humanitaire dans un contexte où, comme mentionné en introduction, les acteurs du domaine sont constamment en quête d'une plus grande efficacité de leurs interventions et d'un meilleur succès des projets qu'ils entreprennent. En ce sens, l'évaluation vient alimenter cette réflexion et les activités réalisées tout au long du cycle de vie des projets actuels et à venir.

Médiagraphie

ABBOTT, D., S. BROWN, et G. WILSON. « Development Management as Reflective Practice », *Journal of International Development*, 19, 2007, p. 187-203.

ACDI. *Politique de l'ACDI en matière d'égalité entre les sexes*, mars 1999.

ACDI. Atelier de formation : Initiation à la gestion axée sur les résultats, janvier 2000.

ACDI. *L'élaboration du plan de mise en œuvre du projet/programme selon l'approche axée sur les résultats*, mars 2001.

ACDI. *Égalité entre les sexes et aide humanitaire : guide des enjeux*, 2003.

ACDI. L'élaboration du plan de mise en œuvre, mars 2011.

Agence canadienne de développement internationale. Guide de l'évaluation à l'ACDI, 2004.

Aide humanitaire internationale, Lignes directrices sur les propositions de financement présentées par les organisations non gouvernementales, Affaires étrangères, Commerce et Développement Canada, août 2013.

ALNAP (Active Learning Network for Accountability and Performance). *Évaluation de l'action humanitaire, Guide pilote*, 2013 [En ligne] www.alnap.org/EHA

ANANTATMULA, V. et M. THOMAS. « Managing Global Projects : A Structured Approach for Better Performance », *Project Management Journal*, 40, 2010, p. 60-72.

AOUN, J. *Les identités multiples*, L'Harmattan, 2012.

AOUN, J. *Gérer les différences culturelles*, Québec, Éditions MultiMondes, 2004.

ARCHIBALD, Russel D. *Managing High-Technology Programs and Projects*, third Edition, New York, John Wiley & Sons, 2003.

ASDI. *La méthode du cadre logique*, 2003.

Association Adéquations. « Fiche 3. Les concepts et les outils à la base de l'approche genre », 2009 [En ligne] http://www.adequations.org/spip.php?article1220.

ATLANI-DUAULT, L. et L. VIDAL (dir.). *Anthropologie de l'aide humanitaire et du développement*, Paris, Armand Colin, 2009.

BACCARINI, D. « The Logical Framework Method for Defining Project Success », Project Management Journal 30 (4), 1999, p. 25-33.

BEAUDET, P. et P. HASLAM. *Enjeux et défis du développement international*, Ottawa, Les Presses de l'Université d'Ottawa, 2014, 493 pages.

BRIÈRE, S. et D. PROULX. « The success of an international development project: lessons drawn from a case between Morocco and Canada/La réussite d'un projet de développement international: leçons d'expérience d'un cas Maroc-Canada », *International Review of Administrative Sciences/Revue internationale des sciences administratives*, vol. 79 (1), 2013, p. 165-186.

BRIÈRE, S., D. PROULX, O. NAVARRO FLORES et M. LAPORTE. « Competencies of projects managers in international NGOs: perception of practitioners », *International Journal of Project Management*, vol. 33, n° 1, 2015, p. 116-125.

Biodiversité et pauvreté: dix questions fréquemment posées – dix implications politiques, IIED, 2011.

BRINKERHOFF, D.W et Janet C. TUTHILL. *La gestion efficace des projets de développement*, Deuxième édition, Kumarian Press, 1991.

CHEVRIER, S. *Gérer des équipes internationales. Tirer parti de la rencontre des cultures dans les organisations*, Québec, PUL, 2012.

CHEVRIER, S. *Le management des équipes interculturelles*, Paris, PUF, 2006.

CIISE, 2000.

Codes de conduite: Principes de comportement pour le Mouvement international de la Croix-Rouge et du Croissant-Rouge et pour les ONG lors des opérations de secours en cas de catastrophe, 1994.

Comment établir le cadre de rendement. Lignes directrices pour des propositions de projets et rapports, Division de l'assistance humanitaire internationale de l'ACDI, avril 2002 (Version mise à jour en juillet 2006).

Commission européenne. Gestion du cycle de projet, Bruxelles, 2004.

COURTOT, H. *La gestion des risques dans les projets*, Paris, Economica, 1998.

CPI, 2009.

CROPPER, J. et collab. *A Guide to the PMD Pro 1: Project Management for Development Professionals – Level 1*, 22 April 2010.

DE SARDAN, J.-P. O. *Anthropologie et développement: essai en socio-anthropologie du changement social*, Karthala Éditions, 1995.

Gary DESSLER. La gestion des organisations, Saint-Laurent, ERPI, 2009.

Égalité entre les sexes et aide humanitaire: guide des enjeux», Aide humanitaire internationale, Affaires étrangères, Commerce et Développement Canada, 2003.

DIALLO, A. et D. THUILLIER. «The success dimensions of international development projects: the perceptions of African project coordinators», *International Journal of Project Management*, 22 (1), 2004, p. 19-31.

DINSMORE, P. C. et L. ROCHA. *Entreprise Project Governance. A Guide to the Successful Management of Projects Across the Organization*, AMACOM, 2012.

GRAY, Clifford F. et Erik W. LARSON. *Management de projet,* Montréal, Chenelière Éducation, 2007, 575 pages.

Groupe URD, 2008.

HARROFF-TAVEL, M. «La diversité culturelle et ses défis pour l'acteur humanitaire», *Cultures et Conflits,* n° 60, 2005, p. 63-102.

HERMANO, V., A. LOPEZ-PARADES, N. MARTIN-CRUZ, et J. PAJARES. «How to manage international development (ID) projects successfully. Is the PMD Pro 1 Guide to the right direction?», *International Journal of Project Management*, 31, 2013, p. 22-30.

HOLCOMBE, S. H., S. L. NAWAZ, A. KAMWENDO et K. BA. «Managing Development: NGO Perspectives?», *International Public Management Journal*, 7 (2), 2004, p. 187-205.

Humanitarian Accountability Project, 2007.

KENDRICK, N. *Project Proposal Writing: A practical toolkit for development professionals*, ELD Publication, 2009.

IKA, L.A. «Les agences d'aide au développement font-elles assez en matière de formulation des facteurs clés de succès des projets?», *Revue management & avenir*, 2 (12), 2007, p. 165-182.

IKA, L., A. DIALLO et D. THUILLIER. «Project management in the international development industry: the project coordinator's perspective», *International Journal of Managing Projects in Business*, 3 (1), 2010, p. 61-93.

IKA, L. A. «Project Management for Development in Africa: Why Projects Are Failing and What Can Be Done About It», *Project Management Journal, 43*(4), 2012, p. 27-41.

JEPSEN, A. L.et P. ESKEROD. «Stakeholder analysis in projects: Challenges in using current guidelines in the real world»,. *International Journal of Project Management*, 27, 2009, p. 335-343.

KHANG D. B. et T. L. MOE. « Success Criteria and Factors for International Development Projects: A Life-Cycle-Based Framework », Project Management Journal, 39 (1), 2008, p. 72-84.

KUZEK, JZ et Ray C. RIST. *Vers une culture du résultat*, Washington DC, Banque mondiale, 2006.

LAMMERINK, M. et I. WOLFFERS (dir.). *Approches participatives pour un développement durable: exemples d'Afrique, d'Amérique latine et d'Asie*, Karthala Éditions, 1998.

LANDONI, P. et B. CORTI. « The Management of International Development Projects: Moving Toward a Standard Approach or Differentiation? », *Project Management Journal*, vol. 42, n° 3, 2011, p. 45-61.

LEBLOND, J.-P. « Peut-on réconcilier l'environnement et le développement? », dans Beaudet et Haslam. Enjeux et défis du développement international, PUO, 2014.

LIENTZ, P. L. et K. P. REA. *International Project Management*, San Diego, Academic Press, 2003, 277 pages.

Lignes directrices sur les propositions de financement présentées par les organisations non gouvernementales, MAECD, 6 août 2013.

LIM C. S. et M. ZAIN. « Criteria of project success: an exploratory re-examination », International Journal of Project Management, 17 (4), 1999, p. 243-248.

MADAULE, S. *Le développement en projets, Conception – Réalisation – Études de cas*, Paris: L'Harmattan, 2005, 265 pages.

MATTEI, J.-F. « Urgence humanitaire, et après? », Économie et Humanisme, n° 375, décembre 2005.

MATVEEV, A. et R.G. MILTER. « The value of intercultural competence for performance of multicultural teams ». *Team Performance Management*, 10 (5-6), 2004, p. 104-111.

MINISTÈRE DES AFFAIRES ÉTRANGÈRES, DU COMMERCE ET DU DÉVELOPPEMENT DU CANADA. [En ligne] http://www.acdi-cida.gc.ca/acdi-cida/acdi-cida.nsf/fra/nat-92213444-n2h (Consulté le 1er avril 2014).

Modèle logique, août 2013.

MOSER, A. Genre et indicateurs: Panorama, Bridge, 2007.

MURIITHI, N. et L. CRAWFORD. « Approaches to project management in Africa: implications for international development projects », *International Journal of Project Management*, 21, 2003, p. 309-319.

OCDE. *Glossary of Key Terms in Evaluation and Results Based Management*, Paris, OCDE et CAD, 2002.

OCDE. *La gestion axée sur les résultats de développement,* 2006.

OCDE. « Les bonnes pratiques émergentes pour une gestion axée sur les résultats de développement », Paris, OCDE, 2006, 190 pages.

OCDE. Traitement des questions sectorielles dans *Pour une meilleure aide au développement. La gestion de l'aide: pratiques des pays membres du CAD,* Éditions OCDE, 2011.

OCDE. « Vers de meilleures pratiques pour l'aide humanitaire. Douze leçons tirées des examens par les pairs réalisés par le CAD », OCDE, 2012, 54 pages.

OCHIENG, E.G. et A.D.F. PRICE. « Managing cross-cultural communication in multicultural construction project teams : The case of Kenya and UK », *International Journal of Project Management.* 28, 2010, p. 449-460.

OKORLEY, E. et E.E. NKRUMAH. « Organisational factors influencing sustainability of local non-governmental organisations : lessons from a Ghanaian context », *International Journal of Social Economics,* 39 (5), 2012, p. 330-341.

ONU, 2005.

ORTIZ ESCALANTE, S. et B. GUTIÉRREZ VALDIVIA. « Planning from below : using feminist participatory methods to increase women's participation in urban planning », *Gender & Development, 23*(1), 2015, p. 113-126.

O'SHAUGHNESSY, W. *La faisabilité de projet,* Les Éditions SMG, 1992.

PICQ, T. Manager une équipe projet, Paris, Dunod, 1999.

PMD Pro 1. *A Guide to the PMD Pro1 : Project Management for Development Professionals,* United Kingdom, PM4NGOS, 2010, 90 pages. [En ligne]

PMD Pro. *Guide du PMD Pro, Gestion de projets pour les professionnels du secteur du développement,* PM4NGOs, 2012, 172 pages.

PROJECT MANAGEMENT BODY OF KNOWLEDGE (PMBOK®). *Guide – 5th Edition,* United States, PMI Publications, 2013, 589 pages.

PROJET SPHÈRE. *La Charte humanitaire et les standards minimums de l'intervention humanitaire,* 2011 [En ligne] http://www.sphereproject.org/sphere/fr/ressources/publications/?search=1&keywords=&language=French&type=0&category=22

PROULX, D. et S. BRIÈRE. « Caractéristiques et succès des projets de développement international : que peuvent nous apprendre les gestionnaires d'ONG ? », *Canadian Journal of Development Studies/Revue canadienne d'études du développement,* vol. 35 (2), 2014, p. 249-264.

RAMAPRASAD, A. et A.N. PRAKASH. « Emergent project management: how foreign managers can leverage local knowledge », *International Journal of Project Management*, Surrey, UK, vol. 21, n° 3, 2003, p. 199-205.

Real-Time Evaluation of UNICEF's Response to the Typhoon Haiyan in the Philippines, UNICEF, 2014. http://www.unicef.org/evaldatabase/index_74613.html.

ROBBINS, S-P. et N. LANGTON. *Organizational Behavior*, Third Canadian Edition, Toronto, Pearson Prentice Hall, 2003.

SAILLANT, F. « Présentation: une anthropologie critique de l'humanitaire », *Anthropologie et sociétés*, *31*(2), 2007, p. 7-23.

SCHERMERHORN, J. R. et collab. *Comportement humain et organisation*, Saint-Laurent, ERPI, 2010, 642 pages.

SMITH, Francis, J. LETHEM, et Ben A. THOOLEN. *L'organisation des projets de développement rural: un essai de synthèse*, Washington, DC, Banque mondiale, document n° 375, mars 1980.

SOTIAUX, Y. *Management d'équipe projet*, 2e édition, Le Mans, GERESCO Édition, 2009.

THOMAS, David C. *Essential of international project management; a cross-cultural perspective*, United States, Sage publications Inc., 2002, 319 paegs.

TOMMASOLI, M. *Le développement participatif: Analyse sociale et logiques de planification*, Karthala Éditions, 2004

TURNER, J-R. The Handbook of Project Management, London, Maidenhead, UK, McGraw-Hill, 1993.

UE, 2008.

Universalia Management Group. Évaluation de l'outil ERF (Emergency Response Fund) d'OCHA, 2013.

VOYER, P. *Tableaux de bord de gestion et indicateurs de performance*, 2e édition, PUQ, 1999.

WONG, Z. Human Factors in Project Management, San Francisco, John Wiley & Sons, 2007.

WYSOCKI, Robert K. *Effective Project Management, Traditional, Agile, Extreme*, 6e édition, Wiley Publishing, 2012, 816 pages.

YOUKER, R. « Managing international development project success », *Project Management Journal*, 30 (2), 1999, p. 6-7.